U0692639

邹广严教育文集

第二卷（2011—2013）

邹广严　著

国家图书馆出版社

2011年8月20日，邹广严院长主持召开锦城学院十年规划研讨会

2012年5月，锦城学院通过四川省学位委员会评审，获批学士学位授予单位。图为锦城学院学位评审委员会成立并举行首次会议

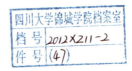

四川大学锦城学院档案室

档 号 2012X211-2

件 号 (47)

四川省教育考试院文件

川教考院〔2012〕21 号

四川省教育考试院
关于四川大学锦城学院调整招生录取批次的复函

四川大学锦城学院：

　　你院《关于调整 2012 年招生录取批次的请示》收悉，经研究，同意你院自 2012 年起在四川省本科第二批录取。经征集志愿后，未完成计划由省里另行安排使用，不得用于录取本科二批线下考生，不能转至本科第三批录取，也不能转至专科批录取。请切实做好招生宣传，确保录取工作顺利进行。

　　感谢你院对我省招生工作的支持。

　　此复。

二〇一二年二月二十八日

主题词：录取 批次 复函

四川省教育考试院办公室　　　　　2012 年 2 月 28 日印发

2012 年 2 月 28 日，四川省教育考试院批准锦城学院自 2012 年起在本科第二批招生录取，锦城学院正式整体跻身二本院校

2012年8月21日，邹广严院长在锦城学院第七届教学改革工作会议暨暑期中层干部学习研讨会上作总结讲话

2012年9月，第一批来自131所学校的182名应届专科毕业生进入锦城学院进行专升本学习

邹广严院长在雨中参加义务除草活动

2012年9月28日，锦城学院隆重举办百人百句读《论语》活动。自此，该活动成为锦城学院每年纪念孔子诞辰的常规活动

2013年11月26日，柬埔寨王国国家旅游、商务高级干部培训班在锦城学院开班，"锦城教育"实现国际化输出

2013年12月4日，教育部发展规划司领导视察锦城学院

目　录

2012年　追求卓越建名校

2013年　构筑愿景"锦城梦"

2011年
蓝图绘就宏图展

这一年，在川招生录取已突破二本线；

这一年，制定《四川大学锦城学院十年发展规划》，编订《四川大学锦城学院教师六大教学法》与《四川大学锦城学院学生十种学习法》；

这一年，明确推行品牌战略，提出"人人是品牌，事事是品牌"。

以学生为主体，以教师为主导，
师生共鸣，开创教学改革新局面

——《四川大学锦城学院教师六大教学法》序

（2011年1月）

大教育家蔡元培先生曾说："要有良好的社会，必先有良好的个人。要有良好的个人，就要先有良好的教育。"学校的根本任务是教书育人，而教书育人的中心环节是教学。教学活动对于人才培养而言，永远都是第一位的、最重要的。

美国学者亚瑟·科恩认为："教学方法是课程学习的核心。大学教育的中心任务不仅在于教什么，更在于怎么教。"

所以，在教学内容确定之后，教学方法是决定性因素。教学方法是教师和学生为实现共同的教学目标，完成共同的教学任务，在教学过程中运用的方式与手段。从前教学方法被称为"教授法"。1927年12月，毛泽东同志在《中国共产党红军第四军第九次代表大会决议案》中所论述的"十大教授法"，就是使用"教授法"一词，包括：启发式（废止注入式）、由近及远、由浅入深、说话通俗化（新名词要解释）、说话要明白、说话要有趣味、以姿势助说话、后次复习前次的内容、要提纲、干部班要用讨论式。后来，人民教育家陶行知先生主张把"教授法"改称为"教学法"。

良好的教学方法是培养学生学习能力、实践能力和创新精神的有效途径，是促进教育教学质量提高的有力抓手，这也是中外教育的差距所在。我国伟大的教育家孔子和古希腊著名教育家苏格拉底，都非常重视教学方法，率先以启发式、互动式、因材施教和讨论课等方式教育学生。

一个成功的课堂应当具备的要素是课前有准备、课中有共鸣、课后有复习。

课前有准备是指教师要了解学生学习的需求、学习的现状、课前预习的情况，并开展有针对性的备课；学生要充分预习授课内容，思考并提出问题，要带着问题进课堂。课前师生都应当做好准备，凡是教学效果好的课程，都是师生课前准备到位的。学生课前的预习程度和教师课前的准备程度对讨论课效果的好坏有直接影响。

邹广严院长颁发《四川大学锦城学院教师六大教学法》

课中有共鸣是指师生在教学互动中产生共振。传统教学以教师为中心，以传授知识为主，形式上的特点是教师讲、学生听，是片面灌输的教学"茶壶理论"。现代教学中，学生是主体，学生要主动，教师是"学习的促进者"，教师和学生要充分互动，形成"共振"。老师讲的内容和学生思考的问题产生碰撞，就会形成"共鸣"，这就是孔子"不愤不启，不悱不发"的启发式教学和探究式学习。

课后有复习是指要有课后答疑和课后练习，教师要提出有挑战性的问题留给学生思考，学生要开展延伸性阅读和研习。课堂结束并不意味着学习的结束，课后学生要到图书馆和网上继续查找资料完成课后作业。

我院自建院以来，就确定了教学工作是学院的中心工作，教学质量是学院的生命线。要进一步提高人才培养质量，就要不断改革和创新教学。因此，我们的工作主题是高举"三大教学改革"的旗帜，让创新的应用型人才"冒"出来。"三大教学改革"包括教学内容、教学方法和教学评价的改革。

要推进教学方法改革，就是不但要教给学生"鱼"，关键是要教学生"渔"。为此，我们在借鉴全世界一流大学行之有效的教学法的基础上，结合我院的人才培养特色，提出并创新了"六大教学法"，予以推行，即案例教学法、项目驱动法、问题导向法、模拟仿真法、以赛促学法与数字平台法。这六种教学法，是总结了当代世界最著名大学、最著名教师的教学实践，结合我国自孔夫子以来的教学特点而提炼出来的方法精粹。用这样的方法教学，将极大地缩短我国高校与世界高等教育的距离，促进学生主动学习、探究学习、合作学习，以更好地培养学生的批判思维和创新精神。

当然，推行"六大教学法"不是不要讲授课，而是在做好课堂讲授的基础上再发展的教学方法，目的是要避免填鸭式、注入式、一言堂或满堂灌等传统的教学方式，以杜绝照本宣科、一坐到底、仅宣读电子教学课件等教学行为，使用启发式、互动式、讨论式等多种方法来教育学生。

"六大教学法"的推广和普及，进一步推动了我院教育手段和教学方法的改革，促使全体教师转变了教育思想，更新了教学观念，深化了教学研究，完善了教学模式，提升了教学效果。教育改革的号角吹响了，"锦城"的目标是建设一流的应用型大学。全体"锦城人"要坚持以改革为动力，创新为手段，实现学院的跨越式发展，以学生为主体，教师为主导，师生共鸣，开创教学改革新局面！

关于"三个不落下"的指示

（2011年3月）

第一个不落下：尽管公共财政的阳光尚未照到民办高校，但我校绝不会让一个因天灾人祸等突发事件导致贫困的学生辍学！

第二个不落下：尽管教育不能保证把每个学生都教好，但只要学生有学习的愿望，我校就会尽最大努力给他提供优质的教育，帮助他完成学业，而不把他落下！

第三个不落下：尽管国家已经实行市场化的就业政策，国家和学校不包就业分配，但只要学生有就业意向，我们定会帮他找到就业岗位，而不把他落下！

应用型大学教学改革创新的探索与实践

——以四川大学锦城学院为例[1]

（2011年4月）

摘　要　教学工作是高校人才培养的中心工作。随着高等教育大众化进程的快速推进，应用型大学要培养适应社会需求的创新型的应用型人才，提高人才培养质量，必须不断改革和创新教学。文章以四川大学锦城学院的探索和实践为例，分析了应用型大学开展教学改革创新的目的、内涵和外延，以期进一步提高教育教学质量，培养创新的应用型人才。

关键词　教学改革；应用型大学；人才培养；创新

学校的根本任务是教书育人，教书育人的中心环节是教学，教学活动是人才培养的首要环节。随着高等教育大众化进程的快速推进，应用型大学要培养适应社会需求的创新型的应用型人才，要进一步提高人才培养质量，必须不断改革和创新教学。

四川大学锦城学院是2005年由教育部批准设立的独立学院，是一所多学科、应用型的综合性大学。自建院以来，学院就确定了教学

---

[1]本文原载于《思想理论教育研究》2011年第4期。

工作是学院的中心工作，提出教学质量是学院的生命线，确定教学工作的主题是"高举'三大教学改革'的旗帜，让创新的应用型人才'冒'出来"。"三大教学改革"包括教学内容、教学方法和教学评价的改革。这是学院内部开展教学改革的一部提纲，也是创新应用型人才培养模式实施的重点。教学改革的目的是以改革为动力，以创新为手段，实现高校自身的跨越式发展；教学改革的内涵是以学生为主体，以教师为主导，开创"师生共鸣"的教学改革新局面；教学改革的外延是以促进学生主动学习为前提，以创新学生自主管理为途径，创造积极向上的优良校风。

一、教学改革的目的：以改革为动力，以创新为手段，实现高校自身的跨越式发展

当前，中国高等教育发展所面临的基本形势，决定了应用型大学的人才培养必须以改革为动力，以创新为手段，促进高校自身的内涵式跨越发展。

第一，"钱学森之问"给全国教育界带来冲击和反思，使高等教育再一次处于全国舆论的风口浪尖上。"这么多年培养的学生，还没有哪一个的学术成就，能跟民国时期培养的大师相比！""为什么我们的学校总是培养不出杰出人才？"这对我国高校人才培养提出了一个难题，更对整个中国高等教育体制和模式提出了新的挑战。如何应对这个挑战，是中国的教育主管部门、每一所大学，特别是大量应用型大学都面临的无法回避的课题。

第二，《国家中长期教育和改革发展规划纲要（2010—2020）》

的颁布和全国及各省教育工作会议的召开，标志着未来十年我国教育改革的重要发展方向，预示着中国教育的春天已经来临。但是，体制改革的"破冰"相当艰巨，"阳光普照"还有一个漫长的过程。作为应用型大学主体之一的民办高校，其发展仍面临着严峻的形势。"管办分离，自主办学"的方向是正确的，但政策落实的时间、力度还是一个问号。经济体制改革三十年的经验证明，作为"经济细胞"的民营企业的推动和促进作用不可缺少。借此，教育体制改革同样应当发挥"教育细胞"（民办高校）更大的作用。

第三，随着财政收入的急剧增长和教育支出达到GDP的4%目标的实现，公办高校的办学经费将继续提升，高等学校之间新的"军备竞赛"不可避免，这将给民办高校的发展带来新的压力。全国教育工作会之后，明确到2012年公办高校的生均拨款水平将不低于1.2万元，并通过中央财政奖励补助来引导地方和公办高校化解债务风险。公办高校的财政支持力度进一步加大，可在教学设备、教师工资等各个方面进一步提升。而非营利性民办高校是公益事业的一部分，财政如何对这部分高校予以适度的支持，国内大部分省份尚无明确政策规定，这无疑增加了民办高校的办学压力，形成了一种完全不对称的竞争。

在财力、物力、人力紧缺的形势下，民办非营利性应用型大学的办学的出路只有一条，即"以改革为动力，以创新为手段，实现高校自身的跨越式发展"。

四川大学锦城学院的做法：

一是充分发挥学术造诣深、教学经验丰富的教师的传、帮、带作用，加快青年教师的培养，促其快速成长，形成一支青年骨干教师的队伍。

二是提高实验室等各项教学设备的利用率，最大限度地发挥教学仪器、设备的综合效益，推动教育教学质量的稳步提高。

三是拓展校内外合作，建立"四大平台"，即校地（学校与地方政府）合作平台、校会（学校与行业协会）合作平台、校企（学校与企事业单位）合作平台、校校（我校与国内外大学）合作平台，充分发挥各种资源优势。学院先后与国外的30多所大学建立了国际合作关系，与520余家企事业单位建立了合作关系。

四是进一步提高资金使用率，并充分利用社会资源，吸引社会资金，以多种方式投入办学，资助学校发展。

在民办高等教育与公办高等教育尚不能均衡发展的现状下，民办高校应当认清形势，在艰难中创造新局面，用创新的手段实现超越。抗日战争时期的西南联大证明了学校困难同样能培养人才，特别是本科人才。在十分困难的情况下，西南联大培养出2个诺贝尔奖获得者，23名"两弹一星"的元勋中有8名曾是西南联大的学生。

二、教学改革的内涵：以学生为主体，以教师为主导，开创"师生共鸣"的教学改革新局面

（一）教学改革的理论基础

教学改革首先要有理论基础。四川大学锦城学院提出教学改革的理论基础是关于知识力量、专业设置、学生评价、学生教育、教育过程和成就事业六个方面的理论。这"六论"分别是：

1.知识力量论

传统的理论是"知识就是力量"，锦城学院认为"知识就是知识，运用知识才是力量"。学生在学校学习知识，不在于教师教的内容多、学生学习的科目多，而在于学生学到手的多，会运用的多。学生学到知识不等于就拥有能力，只有正确地、自主地运用知识时，才能形成改造世界的力量。

2.专业设置论

传统的做法是"以学科为出发点"设置专业，即：学科—专业—社会就业。因为学科是相对稳定的，由它为出发点派生的专业，缺乏对新产业日新月异、社会工作岗位变化的敏感度。这样的专业设置逻辑思维不能适应社会发展和就业岗位新的需求，从而造成大学生就业难。我们的专业设置原则应当以就业岗位为出发点，根据客观就业岗位的要求设置专业方向，几个专业方向形成一个专业。一个专业可能归结到一个学科，也可能是跨学科。因此，该逻辑思维是：行业—企业（事业）—就业岗位—专业方向—专业—学科或跨学科，目的是应对新产业、新岗位不断地发展，适应经济社会发展对人才的需求。

3.学生评价论

传统的学生评价标准是"考试分数决定一切"。锦城学院的学生评价标准是搞好一个项目比考出一个高分更重要，解决一个现实难题比拼凑一篇论文更重要，干好一件事情比空谈理论更重要，做好一项实验比死记硬背更重要。对学生的评价方法应该是多元的、多样的、灵活的、综合的。

4.习惯养成论

著名教育家叶圣陶先生曾说："什么是教育？简单一句话，就是要养成习惯。德育就是要养成良好的行为习惯，智育就是要养成良好的学习习惯，体育就是要养成良好的锻炼身体的习惯。"因此，教育的本质就是要从人才培养的每一个细节做起、每一件小事做起。习惯养成论就是：成功的教育从养成学生良好的学习、生活、工作习惯开始，而养成良好的习惯要从小事和细节做起。

5.教育过程论

传统的教育重结果、轻过程，注重建立衡量教育成果的各项指标体系，注重以学生的考试分数来评价学生的学习水平。锦城学院认为，教育是一个循序渐进、千锤百炼的过程，一个好的教育过程和好的教育结果同样重要。只有教育全过程的优越，才能取得教育结果的优越。所以，教学评价必须涉及教育过程，不能仅仅通过期末考试的一个分数来决定教学的效果和学生学习的成果。

6.事业坚持论

事业坚持论就是要让学生和教师都明白："一个好的计划或设想，人们想到了不一定能做到，做到了不一定能做好，做好了不一定能坚持下去。只有那些想到了，做到了，做好了而且能坚持下去的人才会取得成功。"一个人的事业要坚持，一个学校所开创的事业更要坚持，只有锲而不舍地坚持下去，建成一流应用型大学的目标才能实现。

（二）"三大教学改革"的具体内容

1.教学内容的改革

在教学内容上，根据社会需要和知识的更新和发展重组板块，包括内容和顺序。一是敢于"去掉"那些陈旧的、落后的、重复的、无用的、定位模糊的内容；二是"调整"那些前后左右不够衔接的内容；三是"增加"那些学科前沿的、与实际密切结合的、能够指导社会实践的新内容，因为新知识层出不穷，所以教学内容就要及时更新；四是敢于把社会认可的考试内容"嵌入"教学计划，包括国家认可的英语四六级、托福、雅思、计算机一二级、普通话等，也包括用人单位认可的各类行业从业资格证书等。锦城学院把国家认可、社会认可、用人单位认可的各类考试内容纳入教学计划，基本做到了社会需要什么，高校教什么。

2.教学方法的改革

（1）关键是教学生以"渔"，创新教学方法，以创造一个丰富的课堂

在教学内容确定之后，教学方法是决定性因素。为积极探索符合高素质、复合型、经世致用的应用型人才培养目标的先进教学方法，四川大学锦城学院在课堂讲授法的基础上，又在全院范围内推行"六大教学法"，即案例教学法、项目驱动法、问题导向法、模拟仿真法、以赛促学法与数字平台法。这六种教学法，是总结了当代世界最著名大学、最著名教师的教学实践，结合我国自孔子以来的教学特点而提炼出来的方法精粹，力求达到教师启发式教学与学生探究式学习双向互动、"师生共鸣"的目的。"六大教学法"的推广有效地解决了教学生以"渔"的问题。用这样的方法教学将给学生一个健康、丰满、快乐且有收获的课堂，而不是一个病态、贫瘠、枯燥以致学生无兴趣的课堂，形成一个师生双赢、教学相长的课堂。

（2）一个成功的课堂应当课前有准备、课中有"共鸣"、课后有复习

课前有准备：教师要了解学生学习的需求、学习的现状、课前预

习的情况，并开展有针对性的备课；学生要充分预习授课内容，思考并提出问题，要带着问题进课堂。凡是教学效果好的课程，都是师生课前准备到位的；教学效果不好，一般是由于课前准备不充分，学生没有预习，老师没有预设问题。

课中有"共鸣"：传统教学以教师为中心，以传授知识为中心，形式上的特点是教师讲、学生听，是片面灌输的教学"茶壶理论"。现代教学中，学生是主体，学生要主动，教师是"学习的促进者"，教师和学生要充分互动，形成"共振"。老师讲的内容和学生思考的问题产生碰撞，就会形成"共鸣"，即孔子"不愤不启，不悱不发"的启发式教学和探究式学习。

课后有复习：要有课后答疑和课后练习，教师要提出有挑战性的问题留给学生思考，学生要开展延伸性阅读和研习。课堂结束并不意味着学习的结束，课后学生要到图书馆和网上继续查找资料完成课后作业。

3.教学评价的改革

教学评价的改革包括对教师的评价和对学生的评价，坚决反对"唯分数论"，贯彻应用型人才的考核要求。锦城学院的教学考核评价实行"两个大约50%"。一是在考核方式上，平时成绩和期末考试大约各占50%，就是过程考核和期末考核各占50%，突出了过程管理；二是在考核内容上，标准答案和非标准答案大约各占50%，就是不能单一地、教条地、死板地使用传统的非A即B、非黑即白、非对即错的"零和思维"。传统的考核是必要的，但不是唯一的。有些题目要有标准答案，但有些题目就不一定。要允许学生表达自己对问题的看法和见解，只要有根有据、自圆其说，把道理说清楚即可。学校和每一位教师都应该要明白，考试和评价是一根指挥棒，这根指挥棒怎么指挥，学生就怎么行动。要培养有创新思维的学生，就必须建立创新的评价体系。

因此，要使学生热爱学习，首先要使学生热爱学校；要使学生喜欢上课，首先要使学生喜欢教师。教师的魅力从人格和学识而来。所以，教学改革的重点和难点都是教师，教师必须投入更多的精力，深入研究教学内容，设计教学方法和改革教学评价，把课"教活"，把学生自主学习的积极性大大地调动起来。

三、教学改革的外延：以促进学生主动学习为前提，以创新学生自主管理为途径，创造积极向上的优良校风

校风浮躁已成为当前中国大学不可回避的一个问题。学生中存在学习不努力、不刻苦、不珍惜时间、讲究吃穿玩等现象，学风和校风不但无法与哈佛大学、加州理工大学相比，也无法与西南联大、抗大等抗日战争时期中国的学校相比。四川大学锦城学院通过几年的努力，已经实现了学风和校风的不断好转。学院认为，要实现学风和校风的根本性好转，就是要以促进学生主动学习为前提，以创新学生自主管理为途径。

（一）充分研究学生特点，切实促进学风好转

学校教育的主体是学生，只有充分研究学生，才能把握学生、了解学生、掌握教学、教好学生。改革的最终结果就是让学生成长。青年学生在受教育方面所呈现出来的特点，可以归纳为四点：一是兴趣

爱好的多样性或差异性，二是行为习惯的趋众性，三是成长发展的可塑性，四是个体意识的自主性。

促进学风好转需从小事和细节开始。锦城学院号召学生上课背书包，带上"三大件"即书、笔、笔记本，正如战士上战场要带上枪和子弹一样；学院引导学生积极主动学习，上课专心听讲并记好笔记；同时也提倡学生在学习中要学会提出问题，提不出问题就是最大的问题。上课前提出问题有助于提高课堂的效率，以增加师生之间"共鸣"的可能性。"共鸣"的前提是必须有问题，否则老师和学生在两条平行线上，就不可能产生交集。所以，学生课前要预习、列出问题。外国人批评中国大学教育，一是中国的大学师生缺乏互动，二是中国学生提不出问题。提出问题还要有针对性、有建设性，不能文不对题。

（二）教会学生学习方法，开展探究型学习

学生在学校的任务是"学习"，学校和教师的责任是"教学生学习"。正如教育家陶行知先生所言："先生的责任不在教，而在教学，而在教学生学。""教学生学"就是先生教学生用好的学习方法来学习知识，就是把教和学联系起来。所以，教师有责任教给学生怎样学习，学校有责任指导学生使用科学的、行之有效的方法来学习，学生有责任知道应当怎样学，明白如何学，掌握用什么方法学。四川大学锦城学院自创建以来，广泛考察、研究世界各国先进教学之经验，钻研、探索科学教学之理论，结合我国几千年教育之优良传统，在推行"六大教学法"的基础上，又向学生推介"十种学习法"，即：预习设问法、系统认知法、参与互动法、合作学习法、温故知新法、学思结合法、学用结合法、循序渐进法、专注学习法、举一反三法。通过

推广"十种学习法"，使广大学生结合自己的实际，总结学习活动规律，开展探究型学习，培养学生的创新思维和批判性思维，以促进其更科学地、更有效率地学习，进一步提升学生的学习效果，最终达成培养创新的应用型人才之目的。

（三）促使学生投入时间，主动投身学习

校风好转的一个重要标志就是学生主动投身学习，困难和难点是怎么让学生投入时间、争取时间。现在大学生课堂学习的时间平均每天在 4 小时左右，这个学习时间实际上是不够的。这不仅是中国的问题，美国也面临同样的问题。美国高质量高等教育研究小组的报告中指出："学生的时间和精力是有限的，教育者必须与学生生活中的其他力量，如家庭、朋友、工作，争夺那有限的时间和精力。其他力量越大（它们对成年学生尤其大），他们投入学习的时间和精力就越少。"因此，学校要和其他力量"争夺"学生的学习时间，要教会学生管理时间，管理时间就是管理生命。锦城学院向学生建议：把一天分为"三个 8 小时"——8 小时用于 4 小时课堂学习和 4 小时课外学习，8 小时用于 4 小时课外活动和 4 小时休闲娱乐，8 小时用于休息。学校的责任就是把学生的学习时间保证在 8 小时，"第四课堂"课外活动保证在 4 小时内。同时，学院还将打破只有周一至周五学习的定势，把学习时间延伸到周六、周日，要向周末争取学习时间。锦城学院曾组团赴美国、加拿大考察学习，发现很多著名大学的学生周六、周日都在图书馆学习、在会议室讨论问题。因此，引导学生争分夺秒地学习、主动投身学习是教学改革的重要方面之一。

（四）推行"三自三助三权"学生自主管理，创造积极向上的优良校风

体现学生的主体地位，推行学生自主管理，一直是四川大学锦城学院学生管理工作的核心和主题，也是创造积极向上优良校风的关键所在。因此，学院推进"三自管理"（自主学习、自觉实践、自律管理）；实行"三助培养"，选拔一部分大学生担任"助教（教学助理）、助研（科研助理）、助导（辅导员助理）"；落实"三权制度"，让学生充分享有"学习的主动权、生活的自主权和课外活动的安排权"。并不断发挥"三自"的作用，壮大"三助"的队伍，落实"三权"的制度，使学生真正成为学校的主人、学习的主人、生活的主人。

为认真贯彻落实《国家中长期教育和改革发展规划纲要（2010—2020）》以及全国教育工作会议的有关精神和要求，应用型大学要通过不断改革教学方法、转变教育思想、更新教学观念、深化教学研究、完善教学模式，以提高教学效率，提升人才培养质量和办学水平，用人才培养的实践和成果回答"钱学森之问"。四川大学锦城学院的办学目标是建设一流的应用型大学。学院将高举"三大教学改革"的旗帜，让创新的应用型人才"冒"出来。

从单一体系迈入多元时代

——《头等舱》杂志对邹广严院长的采访报道[1]

（2011年6月3日）

促进社会进步与经济繁荣的源动力永远依赖于教育的发展，即便今天全国已有的两千余所大学也"并不为多"，关键在于当今时代我们需要去怎样发展以及发展什么样的大学教育。

不知确切从哪一年开始，"大学生供过于求"的印象成了绝大部分人对当今大学教育现状的主流观点，但从事高等教育工作十余年的邹广严决计不会认同。

前二十年，他在企业里被唤作邹厂长；后二十年，他转而从政被尊称作邹省长；再二十年，他又以一百八十度大转弯的姿态投身教育事业，如今的邹广严不仅是四川省工商管理学院及四川大学工商管理学院的院长，更于2005年创办了四川大学锦城学院，学生们已经习惯亲切地称呼他为邹院长、邹教授。而就是这所由邹广严一手建立的锦城学院现有在校学生一万六千余人，以每年98%以上的就业率而被公认为"一所就业率最高的学校"，邹广严用事实打破了大学生就

---

[1]本文原载于《头等舱》2011年第6期，原题为《邹广严：从单一体系迈入多元时代》。

业难之悖论。

"大学生不是多了，而是少了！"

中国社会科学院早在2009年发布的《经济蓝皮书》便指出：预计到2009年底，将有100万名大学生不能就业，2009年还将有592万名大学生毕业面临找工作，大学生就业问题非常严峻。而邹广严却认为，"就业难"仅仅是目前经济增长结构带来的一种表象，并非实质。

只有劳动者素质得以提高才能实现真正意义的经济转型，而提高人才素质的唯一方式便是更加大力而深入地发展教育。邹广严说，审视一个国家今天的发展动力需要参看它的科技创新程度，而审视其明天的发展潜力则必定要看教育状况，所以当代中国的大学教育仍需继续努力。

"清华、北大不是衡量大学质量的唯一标尺！"

自1999年全国大学普遍扩招至今，大学生的数量的确有着巨大增长，但如何实现"以质量为中心"的良性发展则是摆在众多教育专家面前的最重要课题，邹广严正是本着"大学教育多元化、多样性"的全新观点创办了四川大学锦城学院。

即便是今天，如果让一个外国人说说他眼中的中国大学，恐怕除了清华、北大而外很难再列举出更多的名字，仿佛清华、北大成了中国大学的唯一衡量标尺，但偌大一个国家只有两所大学或两种大学定然不行，只有政府办学的单一模式定然不行，所以越来越多优秀、种类丰富的民办大学陆续诞生、发展。对于如今的大学教育，邹广严提出"大学要错位竞争，人才要分类培养"。

所谓"分类"，即是采取不同的措施方式去培养不同层次的人才，"同是大学生，当中可以有研究型人才，也可以有技能型、应用型人才"，相对应的，"同是大学，其中也应该有大专、本科、研究院甚至EMBA等"，倘若说研究生是需要在实验室、图书馆里被培养而成的，那么强调实践、劳动和创业的锦城学院则是为了给社会输送高素质应用型人才而诞生的。

"没有创新的校长就没有创新的学校，更没有创新的学生！"

六年前，邹广严在四川大学百年老校的基础之上，在企业投资的创新模式下建立了以社会需求为导向的新兴本科大学锦城学院。

走入校园，乍看之下这是一个充满西式风格建筑的地方，树影掩映着圆顶白墙的图书馆以及像城堡一样林立的教学楼，但其中内里却处处显现出最传统的中国文化精髓，有水墨书写的"忠孝仁爱"，也有院长引为校训的"止于至善"，中西传统与现代文明意味深长地融为一体，正印证着邹广严"培养中国人才也是培养世界公民"的思想。

深入学校，你会明显地感受到这里严格的管理态度，学生每日晚间11点必须返校、上课必须背书包到课堂等种种细节规定，听起来似乎比如今日益自由化的大学学习模式更为苛刻和严厉，但这正是邹广严作为院长所坚持对每一个学生负责的态度，"将做人的教育与做事的教育结合，将规范有序的教学秩序与独立思考的学术自由结合"。

"会做人，能做事"更是锦城学院的人才培养目标，因此与其他大学最大的不同在于，锦城学院从诞生之日起便以邹广严"多元化办学"思想为指导而更为强调将劳动和创业的实践纳入学生的必修课程。邹广严说锦城学院从来不止一个课堂，"教室是理论课堂，实验室是论证的课堂，工厂与工地是锻炼的课堂，而课外活动更是课堂教育的另一个组成部分"。通过"四大课堂"的能力培养以后，锦城学院还凭借社会办学的先天优势，为学生搭建了学校与企业、地方、各类协会以及其他学校对接的平台，"让想深造的学生可以坐直通车到国外相应院校继续学习，让想就业的学生拥有良好的技能和吃苦耐劳的品质，找到工作并得到用人单位以及社会的认可"。

一直把就业率视为生命线的邹广严可谓是如今大学教育的创新实践者，他已用了六年的时间将自己全新的大学教育理念变为一个被公众认可的品牌，也许再用六年时间，锦城学院将在这个创新的校长手中开创另一番全新的局面。当代大学教育需要开放手脚，摆脱束缚，终结曾经单一的模式。如此，未来才能真正实现教育的飞速质变。

早规划、早准备、早行动，
赢在实习就业起跑线上

——在2012届毕业生实习就业动员大会上的讲话

（2011年6月8日）

同学们，你们很快就要进入大四了。春华秋实，大四是一个收获的季节，也是你们在校期间经受考验和转折的一个历史阶段。人生有几个转折点，高中毕业考大学是其一，那时面临着人生的一个重要选择。现在即将毕业参与实习和就业也是其一，面临步入社会、选择职业的人生转折。这个坎过好了，前面就是光明的坦途；过不好，就会费一番周折。所以，今天我要和大家谈一下毕业、就业、事业的有关问题，供同学们参考。

我的大学生涯是1963—1968年在天津大学化工系度过的。我们毕业时包分配，我被分配到四川江油长城特殊钢厂工作。那时候大学生面临的就业问题与你们现在面临的就业问题不一样。因此，我首先要给同学们讲一讲当前大学生的就业形势和就业市场的特点。

一、当前大学生的就业形势和就业市场的特点

做任何事情之前都应当先了解一下相关形势和背景，古语说：

"时势造英雄。"还有一句俗语说："形势比人强。"言下之意是，任何人、任何事都不能越过当下的形势和客观环境。

今年我国应届大学毕业生约650万人，加上去年尚未就业的100万大学毕业生，今年可能有750万待就业的大学生。估计明年你们毕业时大学应届毕业生的规模和今年差不多。我国每年能创造的就业岗位是1000万—1200万个，大学生是这其中的就业主体之一。党和国家十分重视大学毕业生的就业工作，制定下发了《国务院关于进一步做好普通高等学校毕业生就业工作的通知》。最近，国务院还召开全国普通高校毕业生就业工作电视电话会议。会议指出，高校毕业生是国家宝贵的人力资源，是现代化建设的重要生力军，做好大学生就业工作意义重大。同时指出，当前和今后一个时期，高校毕业生就业形势依然严峻，任务依然繁重，号召各方面共同努力，做好大学毕业生的就业工作。

对于任何大学生来说，就业都是实现自己抱负和理想的必由之路。即使是考研或出国留学，最终还是要就业，才能实现自己的抱负和理想，古今中外皆如此。2010年欧盟峰会通过的《欧盟2020战略》中，确定的三个重点之一即提高就业水平。全世界最伟大的科学家之一爱因斯坦毕业后没找到工作，他很焦急，在给未婚妻的信中说："我打算立刻去找工作，不管多低微的工作，我都不介意。虽然出于荣誉感，我希望成为科学家。"后来，他托人在瑞士专利局找到一个技术员的就业岗位。可见，爱因斯坦虽然想当科学家，但也是"先就业，后择业"。在专利局技术员的岗位上工作三年后即1905年，他发表了几篇论文，提出光量子假说，并独立而完整地提出狭义相对论原理，开创了物理学的新纪元。

所以，不论你的志向有多远大，首先都要找工作。做好就业工作，是所有高校和大学生迟早要面临的问题。因此，我们要早规划、早准备、早行动，做好就业工作，过好这个关。首先，我们要了解就业市场（人才市场）。大学生就业市场的基本特征是什么？是"三个不对称"。

（一）就业供求信息不对称

就业供求信息不对称是就业市场的基本特征，古今中外概莫能外。用人单位找不到合适的员工，毕业生找不到合适的工作，这两种局面并存。如何沟通并增进了解，是供需双方都要主动、努力的事情。哪位同学做得好，哪个学校做得好，哪个企业做得好，就业供求关系就会更顺畅。这几年，我院搭建"四个合作平台"（学校与地方政府、学校与行业协会、学校与企事业单位、学校与国内外高校的合作平台）就是为了做好就业供求信息的沟通。如今网络技术发展迅速，也是做好供求信息沟通的一个重要手段。

（二）教育结构与经济结构不对称

我国大学生占人口的比重不高。据这次全国人口普查统计，大学生所占比例为8.9%。在就业人口中，我国大学生所占比例为12%。其中，四川是3.3%，陕西是8%，重庆是4%，西部地区大学生占就业人口比重低于全国平均数。而美国该比例为42%，日本大学生占就业人口比重在1990年就已达到42%，即100个就业人口中有42个是大学生。我国大学生占就业人口的比例不高，为什么还出现了大学生就业难的问题呢？

一方面，我国的教育结构受计划经济的影响，在一定程度上或在某些方面和市场需求脱节。有些高校的传统专业已经不适应市场的基本需求。现在社会分工越来越细，但是教育部公布的高校本科专业目录越来越宽，同样造成了教育与社会需求的脱节。我院所设置的专业是经过筛选，与社会接轨较为紧密的专业，而且为了对接社会需要，我们做了岗位调查，根据就业岗位设置专业方向。

另一方面，我国经济结构特别是增长结构不合理。尽管我国已成为世界第二大经济体，超过日本，仅次于美国，近几年 GDP 增长速度接近两位数，但是，我国的经济结构在国际分工上仍处在产业层级的底层。有学者说，世界产业结构的顶层是美国，美国以 IT、信息产业为龙头（如 IBM 和微软等），加上高水平的制造业（如飞机和军火制造等），几乎把高端产业垄断了；第二个层次是德国，德国以汽车和机械制造为支柱产业，是工作母机的制造者，汽车制造如奥迪、大众等品牌在我国汽车市场占有率都很高；第三个层次是以日本为代表的高档用品的制造者，如欧姆龙等健康医疗设备品牌，索尼、佳能、尼康等照相机品牌等。我国总体处在产业底层，中国制造还没有变成中国创造。产业结构中，原材料加工业、劳动密集型产业、能耗高的产业所占比重较大。改革开放初期主要以来料加工、来样加工、来件装配和补偿贸易的"三来一补"作为主要的贸易形式，尽管这些年设备出口有很大增长，但仍缺乏自主知识产权。我国近些年来的经济增长大部分靠水泥加钢材，靠基本建设和低层次的服务业来拉动经济增长，因而出现了"民工荒"。这样的经济结构对大学生的需求较少，对蓝领的需求反而加大。所以，经济结构的不合理也造成了与教育结构的不对称。

（三）毕业生素质和就业岗位要求不对称

用人单位往往要求大学生有知识、有经验、忠诚敬业、动手能力强，而这恰恰是大学生所普遍缺乏的素质。所以社会上就出现了"有人没事干，有事没人干"的现象。当然，有些用人单位要求应聘者具有工作经验，而应届大学生怎么可能有工作经验呢？所以，学院要求你们提前实习，积累经验。本学期，全院各系都进行了就业岗位的调查，有的专业对应几个或十几个、几十个岗位。这就需要每位同学比照一下，自己所具有的素质能不能与岗位要求相对应。如果素质还不达标，就需要继续努力。例如：有些用人单位要求应聘者具有大学英语四级的外语水平，你们就要保证在校期间达到这个水平。

总的来说，当前大学生的就业形势还很严峻，就业市场的特点就是以上"三个不对称"。

二、大学生择业的基本原则

截至目前，同学们进入大学已经经历了三个阶段。第一个阶段是大一，即你"想做什么就学什么"，你所选的系和专业大致是你的志愿；第二个阶段是大三，就是要选择职业方向了，即你"能做什么就选学什么"，例如，有的同学通过大学学习和实践，发现自己搞技术并不擅长，而搞管理、营销或创业还有特长，所以就转变方向了；第三个阶段是大四，即将毕业了，你们面临一个选择——毕业后去哪里工作？做什么？就是要选择职业了，即"对接上什么就干什么"。

选择职业要考虑的因素很多。古话说："男怕入错行，女怕嫁错郎。"现在当然没那么严重，但初次就业肯定是一个严肃的问题。一般地说，择业时应考虑以下三点：

一是主观愿望想做什么；

二是自身条件能做什么；

三是客观条件允许做什么。

一个人要取得事业的成功，当然首先要有远大的抱负和理想。青年人初入社会都想干一番伟大的事业，这是正常的、必要的，也是无可厚非的。但是，接下来就应该考虑自身的情况，如专业水平、特长或过人之处，包括身体状况、家庭经济状况、社会关系等。比如，家庭贫困的孩子需要先就业赚钱，长远的发展先要服从当下的家庭经济条件；自身所具有的社会关系介绍就业也是拓宽就业渠道的一个有效方式之一，在美国同样如此。所以，你们要研究哪些项目能给自己加分，哪些方面要减分。另外，我们还应分析一下客观条件允许我做什么，可能给我一个什么机会。诸葛亮说："谋事在人，成事在天。"老百姓说："一个人的成功，一半靠能力，一半靠运气。"这运气是什么？运气就是机会。没有机会不行，有机会你抓不住也不行。我们研究客观条件就是要研究有什么机会，然后勇敢地去对接，把它抓住。有的同学自认为本事大，但是你没有抓住机会，结果是"英雄无用武之地"。所以，同学们不要错过机会。

总的来说，同学们选择职业的时候，既要考虑主观愿望，又要考虑客观许可。有的同学想当科学家，但是你没有这方面专长，就要考虑转向。譬如，我年轻的时候喜欢音乐，但是后来发现自己在这方面没有特长。当然，有特长没有条件也不行。所以，我们一定要对接和分析，要做好主观和客观的衔接和平衡，争取实现自己和用人单位的

"双赢"。我希望大家都能慎重考虑这三条基本原则，这样你们就能轻松、从容地去应对职业选择。

三、大学生择业的具体问题

（一）行业问题

在行业问题上，首先要明确，原则上应选择与所学专业有关的行业，这是最理想的状态。例如，学习计算机专业就考虑选择信息化建设、软件开发等，学习会计专业就考虑选择会计或财务管理等。

其次，如果一个专业可以跨行业就业，如工商管理、财务会计、行政管理、外语等专业，则应首选那些蓬勃发展的行业，即所谓的朝阳产业和支柱产业，如新能源、新材料、信息产业、低碳环保、电动汽车、新媒体、新医药等都是新兴产业。各地的支柱产业不同，像水电、装备制造等就是四川的支柱产业。

最后，如果不能在相应行业就业的话，你们也可以先就业，后择业。先通过各种办法找到工作，最终是要发挥你自己的特长。麦可思公司提供的《2008四川大学生就业报告》中说，金融危机后，金融、纺织、外贸、房地产、制造、物流等行业即遭遇"滑铁卢"，但后来金融、物流、制造等发展很快。有些行业一个时期冷，一个时期热，不要绝对化看问题。前几年，媒体报道电子信息、计算机等相关专业在高校开设太多，就业不好，但是我院这两个系的毕业生这两年就业非常火，甚至出现了供不应求的局面。可见，没有绝对的热门行业和冷门行业之分。正所谓"三百六十行，行行出状元"，任何一个行业都会出状元，关键是看你怎么干。

（二）地点问题

所谓地点问题，就是选择去大、中、小城市，选择去乡村、内地还是沿海就业的问题。我认为是金子放到哪里都会发光。能在大城市就业当然好，但那里房价贵、物价高、人才多、竞争激烈。有时候中小城市更能发挥你们的作用，到基层同样大有可为。正所谓"将帅起于卒伍，领袖来自基层"，成大事都要从基层做起、从小事做起。现在的中共中央政治局常委、中央书记处书记、中华人民共和国副主席习近平1969年参加工作，先到陕西省延川县文安驿公社梁家河大队插队当知青，后来任大队党支部书记。恢复高考后，进入清华大学化工系基本有机合成专业学习，毕业后还到河北省正定县担任过县委副书记。

土建系学生工地实习

因此，我们号召大家到西部去，到基层去。如我院2005级财金系的黄浩瀚同学签约中铁电气化局，在参加完总公司的培训后，家庭条件优越的他放弃留在大城市的机会，主动申请到条件最艰苦的新疆地区去工作，扎根一线，吃苦耐劳。毕业不到一年的时间，受到公司重用，担任项目财务主管，成为同龄人中的佼佼者。又如我院2005级行政管理专业的雷霖同学家在广元，考虑到家乡在汶川大地震中遭受了重大损失，恢复重建急需人才，求职时，他毅然选择了广元公路运输集团公司。在工作岗位上，他踏实肯干，受到领导重视，对其重点培养。所以，到大城市就业不是不好，但是如果没有条件，到中小城市和边疆就业，也是大学应届毕业生的就业选择之一。

（三）企业（或单位）规模问题

企业规模问题就是选择大、中、小企业，还有内资企业、外资企业，国有企业、民营企业的问题。其实，选择大企业或中小企业，各有利弊。大企业实力雄厚，发展空间大，发展条件好，但是人才济济，竞争激烈，你有可能派不上用场。而有些企业现在规模不大，但发展前途好，属于成长型企业。你去参与创业，可能成为元老派。

例如，联想集团1984年刚成立时，投资仅20万元人民币，由11名科技人员创办。那时到联想就业，就是进入一个小公司。而如今，它已经发展成为我国信息产业的龙头企业。

又如，用友公司是1988年由王文京和苏启强合伙在北京中关村一间15平方米的居民住房里创立的小型软件公司，从一张桌子、一台电脑、5万元钱开始起步，经过二十多年的发展，现已拥有49家分公司、60家客户服务中心、150家培训教育中心，有1500人的研发队伍、3000名服务专家。

所以，同学们，选择企业关键看它的成长性，不是小企业不能去。你们要明白，无论去大企业还是中小企业，只要不断努力，同样可以成就事业。

（四）专业对口问题

据统计，全国大学生就业中，专业不对口所占比例约为30%—40%。我们当然希望学用一致，而不是学非所用，但这事也不能绝对化。我们培养的学生的就业核心竞争力是这样的：

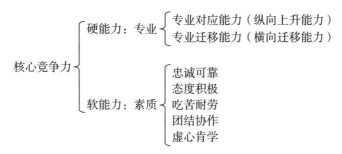

所以，我院培养的大学生具有两种能力，即硬能力和软能力。专业上，具备纵向上升能力和横向迁移能力；素质上，忠诚可靠，态度积极，吃苦耐劳，团结协作，虚心肯学。只要学生的素质好、基础好，有学习能力，职业上横向迁移，做一些相近或相关的工作是没有问题的。

比如我院今年艺术系2011届毕业生李思雪同学所学专业是广播电视编导，但是考上了北京大学的外交专业。我国伟大的科学家钱伟长号称"万能科学家"，考上清华大学历史系。但是九一八事变发生后，他看到祖国危亡，毅然弃文从理，改学物理和力学，最后为我国的科研事业作出了杰出的贡献。他说："我一辈子都是这样，国家需要什么，我就干什么。"此外，大文学家鲁迅弃医从文、郭沫若弃医从文和从事考古，他们都是专业不对口，却都作出了杰出的贡献和成绩。所以，就业时专业不对口没有关系，关键是在学校打好基础，具备持续的学习能力。所以，我们要求大家上课要专注听讲，作好笔记，独立思考，形成批判思维，就是要打好基础，遇到新问题也能够解决。

我院的毕业生中也有专业不对口，但在岗位上工作努力，取得很好业绩的同学，如2005级人力资源管理专业的汪一韬同学签约深圳航空有限公司。学人力资源管理的他在飞行学员测试中表现优异，并通过考核，公司派他赴美国USAG航校进行为期一年的学习培训。又如2005级广告专业的刘耀辉同学毕业后签约天地华宇物流公司，在物流工作岗位上表现突出，一年后就被提拔为经理。

总的来说，第一，要学用一致；第二，即使学用不完全一致，也要有横向迁移的能力。

（五）初岗和初薪问题

有些同学刚毕业就想到大机关，不想到基层就业；有的同学抱怨初薪太低，不愿屈就。我的观点是，既不主张眼睛向上，非机关不去；也不主张对初薪斤斤计较，差不多就行了，主要是看发展。当然，我也不主张去做那些工资太低、不需要大学学历就可以做的工作。譬如，有的报道说"大学生零工资就业"，这是对知识人才的贬低；有的报道说"35名大学生竞争5个环卫工人岗位"，这是对教育资源的浪费。不是那些岗位不光荣，而是造成了人才的浪费。所以，对待初岗和初薪，既不能期望过高，也不要完全抹杀大学生本科学历的基本价值，还要看发展空间和前途。

我们能看到，很多成功人士初岗层次较低，但是通过努力，上升很快。所以，我们要看到职业的发展，不要在初岗和初薪上斤斤计较。

（六）跳槽和诚信问题

德国社会心理学家库尔特·勒温创造的"场论"指出，人在不同的发展阶段具有不同的特点，需要不同的环境与之相匹配。合理的人才流动，对于个人来说，可以找到自己合适的位置和环境，更好地发挥作用，对于社会来说，也是实现人力资源优化配置的一种有效手段。意思是，合理的人才流动是必要的，不能一概否定。但是，对于那些随意的、没有理由的、遇到一点儿挫折就灰心而跳槽的行为我是不赞同的。这样的跳槽无形之中是在贬低自身的价值，容易产生信任危机。

现在有些同学对学院推荐的岗位不珍惜，选好了，说变就变；有的同学到了工作岗位，没几天又跳槽了。我院的合作单位之一水电七局的张建文局长说："一个学生能在单位坚持干三年，必有出息，可惜很多人干不了三年。"创办新东方的俞敏洪，旗下有员工22000余人。他针对大学生就业的弊病指出："现在的大学生自我、眼高手低；对职场人情世故不通，不接受管理；一年换三次工作很常见，一些人就因为被批评了一次，工资不领、招呼不打就离开了。"所以，跳槽过多，信誉下降，再找工作就难了。

当然，我们现在不是坚持"一嫁定终身"或"从一而终"，因为就业实行双向选择。那么，什么情况下可以跳槽？我认为，下列三种情况下，可以考虑跳槽：

一是企业本身没有发展前途，个人在企业中也没有发展前途。这里要说明，企业没有前途，不是遇到暂时的困难。你们不能因为企业遇到困难就跳槽，关键时刻应当与企业共渡难关。在企业本身没有发展前途的状况下，"良禽择木而栖，贤臣择主而事"，你们可以跳槽重新选择能够提供更好职业发展前景的单位。

二是企业领导人不务正业，吃喝嫖赌，不能带领整个团队促进企业发展。在这种情况下，企业搞垮是迟早的事，你不必当"陪葬品"。

三是你不认同该企业的价值观。比如，有的企业或单位缺乏伦理道德，弄虚作假，欺骗顾客。像婴儿奶粉中添加三聚氰胺的事件，饲料里加入瘦肉精的做法，等等。如果你不认同某些企业作假的这种价值观，可以跳槽，不与其同流合污。

一般情况下，我不希望大家频繁跳槽。做人应当具备起码的诚信和忠诚，跳槽多了，从业声誉就要打折扣。所以，你要去一个单位，首先要做好了解，一旦定了最好不要轻易改变。

自信应聘

以上是对于你们择业时可能产生的六个具体问题提出的建议，下面我再讲一讲大学生的应聘要点。

四、大学生应聘的要点

大学生应聘的要件和技巧很多，包括主动抓住机会、写好简历、着装整洁大方、谈吐文雅、不怕挫折和失败，等等。但是，对我院学生而言，我重点强调以下两点。

（一）充满自信

所谓自信，就是对我院的教育充满信心，对自己的品德和才干充满信心，"天生我材必有用"，对走向社会充满信心。我们学校是一所蓬勃发展、顶天立地的学校，是一所给学生打上中华民族五千年文化烙印的学校，也是一所充满科学民主精神和现代精神的学校。你们在"锦城"读书不要自馁。高校所谓的一、二、三本是教育部门"唯成分论"的划分，并不代表教育质量的高低。如果哈佛、耶鲁在中国，因为它们是私立，所以也会被划为三本院校。同学们，你们都很聪明，比大科学家爱因斯坦发育得早！为什么这么说？因为爱因斯坦从小发育缓慢，三岁还不会说话，反应迟钝。16岁半时第一次考大学，结果落榜。但是后来他刻苦学习，潜心钻研，执着地追求科学，在瑞士专利局技术员的岗位上发现了相对论，成为伟大的科学家。爱因斯坦并没有因为从小发育不全、"高考"落榜而自馁，所以大家一定要有信心。

所谓自信，既不是自傲，自认为是大学生了不起；也不是自卑，好像大学生既缺乏实际工作经验又没有本领。你们要不卑不亢，有理有利有节，分寸得当，进退有据。

所谓自信，就是要在职场上看到自己的优势。尺有所短、寸有所长，聪明人能扬长避短，就像田忌赛马一样。田忌与齐威王赛马，用自己的下等马对付齐威王的上等马，用自己的上等马对付齐威王的中等马，用自己的中等马对付齐威王的下等马，最终田忌三局两胜。所以，你们必须发挥自己的长处，以获得竞争优势。

所谓自信，还要不怕别人小看你。孔夫子讲"人不知而不愠，不亦君子乎"。别人对你不了解，没有关系，不要烦恼。要用自己的表现，让人家看到你的能力。我校 2005 级土建系的李诗强同学毕业时到中铁二十三局应聘，该局隶属于中国铁建股份有限公司，对我校的人才培养情况不了解。面对这种情况，李诗强勇敢地、恰如其分地介绍了我校的办学思想、教育理念和人才培养特色，如"三大教育""四大计划""忠孝仁爱""劳动""创业"等，取得了考官的一致认同。招考人员指出，一个认同和热爱自己母校的人，才会热爱企业和自己的职业。所以，他"中标"了，关键在于他有自信。

（二）知己知彼

同学们，在求职过程中，不要漫无目的地乱投简历，要有的放矢，才能做到箭不虚发。你要对所有的招聘单位进行筛选和分析。你希望去哪家单位，你就要深入地了解它，包括它的历史、变迁和现状，包括它的精神、文化和价值观，包括它的业务范围、发展方向和成长关键，包括它的主要领导人及其管理思想和理念等。如果应聘时（或自我介绍时）能对应聘单位的成就表示赞赏，对其企业文化和价值观表示认同，并且不讲价钱讲贡献，我相信你会受到用人单位的欢迎。

比如，你到海尔集团应聘，你应当表示自己非常认同张瑞敏及海尔的企业文化。海尔广为人知的企业文化就是拿大锤把不合格的电冰箱砸掉。张瑞敏有句名言是："要么不干，要干就要争第一。"如果你应聘时，能够将张瑞敏的思想和观点脱口而出，相信主考官会对你刮目相看。同理，如果求职者应聘我院，能够提前到学院里走走看看，了解一下学院的办学理念和领导人的主要思想，在应聘时表示认同"锦城"的价值观，那么，学院自然也愿意招聘这样的人才。所以，如果你对应聘单位一无所知，就是"打无把握之仗、无准备之仗"。你们应聘的王牌是什么？就是对企业充分了解，就是认同企业价值观，就是表示我要为企业作贡献！这就是知己知彼、百战百胜！

五、大学生毕业后的成才之路

同学们，你们很快就要离开学校走向社会，要去实习或就业。找到了工作岗位，这只是万里长征走完了第一步，以后的路还很长。我这里提前讲一讲毕业后的成才之路，供你们参考。

一个人的青年时代，总是充满了憧憬和梦想。憧憬和梦想什么呢？憧憬和梦想事业取得成功。其实，成功并不复杂，关键是"用心去做"。所谓"用心去做"，就是要做到以下三点。

（一）做人第一

"做人第一"是我院一贯的指导思想。我们的"忠孝仁爱""礼义廉耻""三讲三心""八要八不要"就是要求"做人第一"。我们希望大家"做人要地道、为人要厚道、处事要公道",先做人后做事，做好人做大事。要堂堂正正做人，正正当当做人，清清白白做人；不搞五花八门，不搞歪门邪道，不发不义之财，不做无耻小人。这样才能博得领导和同事的好评。譬如，青年人到岗位上都希望工作受到表扬，得到提拔，但是你不要踩着别人的肩膀往上爬，不要乱说别人坏话，不要只看到别人的缺点。所以，做人是第一位，做好人才能做大事。

（二）态度为先

态度相对于本事而言。孟子曰："天将降大任于斯人也，必先苦其心志，劳其筋骨，饿其体肤，空乏其身，行拂乱其所为，所以动心忍性，曾益其所不能。"态度就是忠诚积极，就是吃苦耐劳，就是扎实认真，就是团结协作。我院很多同学到单位后，由于态度好而受到领导和同事的好评和肯定。有一名学生到单位实习受欢迎，就是因为周六加班没有通知他，但是该生主动到单位一起加班；另一名同学到宜宾某县实习，早上班晚下班，提前打好开水，大家都评价他教养好。所以，一个人的本事不大可以学习，经验不够可以积累，但是态度很重要。西南电力设计院的周大吉院长反映，我院学生吃苦肯干；中国邮政储蓄银行四川分行行长敬宗泉说，"锦城"学生在基层待得住，办事认真，吃苦耐劳，有的同学干了一两年就被提拔为支行行长助理。

（三）事事做好，力求突破

要争取每件事都要做好。初到一个单位、一个岗位，或者办一件事情、接受一项任务，不要急于求成，不要慌慌张张，一定要搞清楚以下几个问题：第一，它是什么，就是要做调查研究，搞清楚现状是什么，毛主席说"没有调查，就没有发言权"；第二，按单位现有的规程把它做好，就是要圆满地完成任务，不要先摆困难；第三，看看是否有改进的余地，给领导提出建议，力争有所突破；第四，坚持下去，止于至善，如果每个岗位、每件事都能做好，有改进，有突破，不断完善，那么升迁是必然的。

以我为例，我刚到长钢时，到大冶钢厂实习，从分析工做起，分析钢里面的 C（碳）、P（磷）、S（硫）、Si（硅）和 W（钨）、Mo（钼）、Cr（铬）、Ni（镍）等这些常规元素和合金元素。在大学期间，我学习过化学，没有学过钢铁分析。于是，我自己学、努力做，直到和班长分析的完全一样，班长就以我的分析为主。后来，我把十几个钢厂的操作规程抄一遍，互相比较，以求改进。所以，我被授予"五好工人"称号。回到长钢后我当了班长，怎么当好？吃苦在前，享受在后。那时，我这个班负责和灰，以供工地用，中午都是让工人回家吃饭，我留在工地看守工具和车辆。后来升任车间书记，怎么当好？我提出"工人三班倒，班班见领导"，做到每一班工人工作时都能见到领导。干部和工人战斗在一起，这样工作就有了特色和突破。如果不能把每件事都做好，怎么可能有进步？

同学们，不扎根基层，干上十年八年，就难有大成就。要成大事，就要吃大苦、耐大劳，把别人做不到的事做到！

最后，我给大家讲一下我院的就业工作。

六、我院的就业工作

就业（包括考研）是我院的生命线。为什么？因为我院是一所对社会、对家长、对学生负责任的学校。我们已经连续三届毕业生就业率达到98%以上，在全国高校中位居前列，达到了"多就业，就好业"的工作目标。今年，我院又获省教育厅"就业先进单位"荣誉称号。针对2011届毕业生，我院共举办各类招聘会127场次，招聘单位达到528家，提供就业岗位6321个，毕业生就业率98.83%，其中15个专业就业率100%。另外，还有102名毕业生考取北京大学、上海外国语大学、四川大学、西南财经大学、西南交通大学等重点高校攻读研究生；有107人考取了美国、英国、日本、澳大利亚等境外名校攻读研究生，包括美国的哥伦比亚大学、密歇根大学、加利福尼亚大学，英国的布里斯托大学、曼彻斯特大学、爱丁堡大学，澳大利亚的墨尔本大学，日本的广岛大学等。今年，我院就业、考研、留学喜获"三丰收"，这是与全校师生员工的共同努力分不开的。

我院就业工作的特点就是抓得早、抓得好、平台多、措施实。我们打造了毕业生的"一个能力"，即就业核心竞争力。我们形成了"两个体系"，即学校、家长、社会"三位一体"的支助体系，干部、教师、辅导员、校友"全员动员"的帮扶体系。我们建立了"四大平台"，即校地（学校与地方政府）合作平台、校会（学校与行业协会）合作平台、校企（学校与企事业单位）合作平台、校校（我校与国内外大学）合作平台。我们采取了"四大措施"，即提前实习，促进就业；专场招聘，落实就业；鼓励创业，带动就业；拓宽渠道，扩大就业。我们先后与国外的30多所大学建立了国际合作关系，与520余家企事业单位建立了合作关系，与若干个地方政府建立了合作关系，与十几个行业协会建立了合作关系。我们的就业工作平台多、渠道畅，通过全院师生员工的积极努力，"就读锦城，锦绣前程"这个目标已经实现！

今天，我与你们进行了交流，提供了就业方面的一些参考意见。同学们，无论你们将来步入什么行业，进入什么单位，都要靠自己的本事、品德、能力，认真工作，踏实肯干，不断进取。你们要用自信敲开成功就业的大门，用能力征服用人单位的主考官，用诚信坚持自己的职业操守，用努力促进个人的职业发展。最后，祝愿各位同学找到最适合自己的工作！祝你们事业成功、人生精彩！

做努力、优秀、出色、卓越的毕业生

——在2011届毕业生毕业典礼上的讲话

（2011年6月24日）

今天我们隆重举行典礼，庆祝2007级2923名本科学生圆满完成学业，胜利毕业。我谨代表学院全体师生员工向各位毕业生表示热烈的祝贺！向辛勤耕耘、全身心投入教育事业的教职员工，向关注孩子成长、支持学校工作的家长，向长期支持和关心我校发展的四川大学、各股东单位、用人单位和合作办学友好单位的各位领导和来宾表示衷心的感谢和崇高的敬意！

同学们，四年前，你们怀着对真理的追求和对知识的渴望走进川大锦城学院，在这里度过了美好的大学时光。在这里，你们经历了汶川大地震，在灾难面前展现了团结和坚强；在这里，你们参加了"锦城"的农场劳动，播过种、栽过苗、浇过水、收过果，既体验了劳动的艰辛，又享受了丰收的喜悦；在这里，你们参加了校园建设，除过草、栽过树、修过青年公园的小路、栽过长宁花园的翠竹。你们为"锦城"添砖加瓦，"锦城"与你们心心相印。"锦城"留下了你们的足迹，你们留下了深厚的感情。

在这里，你们参与了一个创业方案的制定、一间模拟公司的经营，不仅锻炼了本领，而且培养了团队精神；在这里，你们参与了

"三大教学改革"，在与教师的互动、与同学的切磋中汲取知识，增长才干；在这里，你们参加了实验室的操作、实习基地的训练，经历了"四个课堂"的洗礼，践行了"三追两谋"的"锦城"精神。

在这里，你们将留下美好的记忆。包括绿茵场上的龙腾虎跃，晚会舞台的激情歌唱，爱心湖畔的琅琅晨读，图书馆明亮大厅的手不释卷；你们在"锦城大讲堂"感受大师的风采，在"三助"岗位上砥身砺行……你们在"锦城"的每一次成长、每一个微笑、每一幕精彩也给母校留下了最美好的印象。

同学们，你们是在我校有特色的办学思想、教育理念、人才培养模式指导下培养的第三届毕业生。你们在学校接受了以"三大教育""四大计划"为主要内容的良好教育，受到了"积极向上，止于至善"校风的感染和熏陶。你们当中有一千多名共产党员、近二千名共青团员，你们当中还有众多国家和省、市奖项的获得者和优秀志愿者。

邹广严院长为"锦城"学子颁授学位

你们是"锦城"培养的有志青年，你们身上既有中华民族五千年文明的烙印，又充满了科学民主的现代精神。在这里，你们成长、壮大、毕业、成熟。今天，你们将毕业离校，走向社会，奔赴祖国需要的新战场！你们是幸运的一届毕业生，是骄傲的一届毕业生，也是光荣的一届毕业生！你们是骏马，将奔向草原纵横驰骋！你们是雄鹰，将展翅翱翔搏击长空！

正是通过"锦城"师生员工的共同努力，你们的就业、考研、留学获得了"三丰收"。截至目前，2011届毕业生就业率为98.83%，其中15个专业就业率为100%。这已是我校连续三年毕业生就业率达到98%以上。

你们当中，财会系的潘一、谢可、余薇3名同学分别签约全球四大会计师事务所的"毕马威""德勤"和"安永"；计科系的刘菊梅同学供职于百度公司，月薪上万；王乔帅同学经过激烈角逐签约四川航空公司；文传系的王娅丽同学与1300多名应聘者共同竞争，成功签约新希望化工投资有限公司，现任公司总裁办助理；土建系的赵溪雨同学签约华西集团，张京同学签约路桥集团，罗锐同学签约中铁二局；金融系的韩羽兮同学签约中国工商银行，秦薇同学签约中国银行；工商系的周家宇、沈雨蓓等同学签约中国邮政储蓄银行。这样的优秀毕业生还有很多，我校实现了"多就业、就好业"的目标！

你们当中，还有初出茅庐的创业者：计科系的刘阳旭同学成立了"深圳亿科美斯电子商务有限公司"，工商系的邓仁林同学创办了"成都瑞鑫印刷材料有限公司"，艺术系的李智同学创立了"成都市成华区锦心文化艺术学校"。他们从就业岗位的竞争者变成了就业岗位的创造者！

你们当中，有102名毕业生考取了国内29所重点高校攻读研究生。其中，艺术系的李思雪同学以优异的成绩考上北京大学，土建系的陈尧东同学考取同济大学，外语系的王玉蛟、电子系的李成伟、财会系的易竞、工商系的刘玉亭等50多名同学考取了四川大学等国内重点高校。

你们当中，还有107人到境外的名校留学深造。文传系的马岚同学考取美国"常春藤学校"、全美排名前十位的哥伦比亚大学；财会系的何思阳等31名同学考取创建于维多利亚时代的"英国红砖大学"——伯明翰大学、布里斯托大学、利兹大学、利物浦大学、曼彻斯特大学、谢菲尔德大学等；外语系的许悦月同学和工商系的胡玉洁同学分别考取澳大利亚"五星级大学"墨尔本大学和昆士兰大学等。

同学们、老师们，就业、考研、留学的"三丰收"充分说明了"锦城"学子是努力的、优秀的、出色的、卓越的，说明了川大和"锦城"的老师是高度负责的、诲人不倦的、教导有方的，说明了锦城学院的教学内容是丰满的、教学方法是科学的、教学评价是灵活的、我们的应用型人才培养模式和教育方案是成功的！

同学们，今天这个美好的日子，是为了庆祝你们在学业上的成功。但是，在你们即将步入职场的时刻，我还想与你们说说关于事业与成才的问题，以供你们参考。如果以下6条建议、12个关键词能够对你们未来三年、五年乃至十年的工作和人生有所帮助，我将十分欣慰。

第一，做人和做事。做人要堂堂正正，做事要兢兢业业。希望你们要牢记我校的"三讲三心"明德教育，坚持社会的良心，承担社会的责任。君子不取不义之财，不做无道之事。"锦城"的学生绝不做在牛奶里添加三聚氰胺的事！任何时候，你们都要坚守做人的原则和道德的底线。你们要行得正，走得直，坐得端；要重德行，讲规矩，守道义；要明是非，懂深浅，识轻重。此外，无论在什么岗位上，做事都要有努力、有成效、有改进、有突破。不要急于求成，应当稳扎稳打；不要拈轻怕重，应当全力以赴；不要似是而非，应当求真务实；不要半途而废，应当长于坚持。要践行我校"止于至善"的校训，经手的每一个数据都要准确无误，每一个环节都要精益求精，每一项工作任务都要干得最好！

第二，起点和终点。起点不决定终点。你们当中，有的同学成功应聘央企、外企或考取省市机关公务员，有的同学签约中小企业或成为一名大学生村官。你们当中，绝大多数同学都要从文秘、技术员、施工员、预算员、销售助理等基层岗位做起，也有同学从艰苦创业开始。无论你们的起点是高是低，都必须脚踏实地，因为"将帅起于卒伍，领袖来自基层"。美国第一家工业托拉斯企业的创建者、世界石油大亨洛克菲勒的职业生涯从一个周薪只有 5 美元的簿记员开始，但他最终建立了一个举世瞩目的石油王国。阿里巴巴集团的创始人之一、首席执行官马云第一次创业成立海博翻译社，为解决经费问题，他甚至一个人背着麻袋去义乌卖鲜花、图书、小礼品，但他后来创立的阿里巴巴集团迅速成为全球最大的 B2B 电子商务平台。数学家华罗庚说："不怕起点低，就怕不到底。"所以，成大事都要从基层做起，从小事做起，从平凡做起，从小角色做起。你们既要仰望天空，又要脚踏实地！

第三，态度和行动。态度决定命运，行动决定成效。本领不大可以学习，经验不够可以积累，但是态度不积极将影响你的一生。我校一贯提倡教职员工要正面思维、善于发现、积极处事、乐观自信。所以，在工作中，你们不能被动地等待别人告诉你该做什么，而要主动地去了解自己要做什么。有了积极主动的态度，还要身体力行、躬行实践。"千里之行，始于足下"，做事要三思而后行，你们想好了就一定要去做。空想一千一万个好主意、好点子，不如勇敢地将一个想法付诸实践。命运永远掌握在自己手中！

第四，忠诚与敬业。忠诚度往往是用人单位考察和衡量员工的重要指标之一。员工对企业、对职业、对事业的忠诚，不仅仅表现在为其效力的时间长短上，还表现在责任感和贡献率上。我们要干一行爱一行，不要坐这山望那山。作为刚入职的员工，不要因为遇到一点儿麻烦或挫折就跳槽离职。随意的跳槽只能贬低自身的价值，不会增加成功的概率。忠诚敬业就是要对党和国家的事业、对企业或单位的事业兢兢业业、不遗余力、克服困难、共赴时艰；忠诚敬业就是在企业遭遇困难和挑战的阶段，全力以赴，与企业共渡难关。这样的员工一定会成为社会和企业的骨干！

第五，坚持与创新。要在坚持中战胜困境，在创新中迎接挑战。人生不如意者，十常八九，保持成功的关键就是坚持。去年刚卸任的全球五百强企业宝洁公司的董事长兼首席执行官阿兰·乔治·雷富礼曾在担任品牌助理的时候，因为工作氛围的问题想提出辞职，但是最终他坚持下来，才有今天的成就。拿破仑说："胜利往往就在最后的五分钟！"把事做好，坚持下去，在这个基础上力求有所创新。苹果公司十几年前濒临破产，现在却成为IT产业的"领头羊"，它取胜的关键就是坚持加创新！

扬帆起航

第六，感恩与回报。我们要常怀感恩之心，用行动回报社会。爱因斯坦说："一个人的价值，应该看他贡献什么，而不应当看他取得什么。"饮水思源，你们要对社会、对母校、对师长、对父母心怀感恩。人们纵有凌云壮志，也要保持赤子之心。你们要在岗位上保持对真理的执着、对事业的激情、对知识的渴求，创造出辉煌的业绩，为母校增光添彩！你们要奋发有为，肩负责任，甘于奉献，回报社会！你们更要与祖国同呼吸、共命运，把自己的理想和事业与祖国的发展紧密地联系在一起，成为共和国最坚挺的脊梁！

亲爱的同学们，今天，你们将充满自信地走出校园。无论你们走到哪里，母校都永远关注你们，"锦城"精神与你们同在！我们将为你们的拼搏加油，为你们的成功喝彩！

最后，祝你们事业有成，前程似锦！

掌握学习法，形成学习力

——《四川大学锦城学院学生十种学习法》序

（2011年8月）

学生在学校的任务是什么？是学习。

学校和教师的责任是什么？是教学生学习。

有人说，学习是学生个人的事，大学的任务不是管理和督促学生学习。这是一个似是而非的说法。不错，学习是学生个体的、个性化的认知过程，他们应当对自己的学习负责，但这不能排除学校和教师在教导学生学习方面应负的责任。如果学生不需要学校和教师的指引和启发就能自行完成学业，那干脆可以解散大学，直接让学生们观看或下载哈佛、耶鲁的教学视频即可。

事实上，学习是一种有规律的认知活动。孔夫子说要因材施教，此话有两层意思，一是承认个体差异，二是要有针对性地教。教什么？除了教知识外，就是把那些规律性的学习方法教给学生，使其更科学、更高效地学习，这是学校和教师应有之责。

众所周知，学校是培养学生掌握知识和增长能力的地方。人的能力有很多种，例如生活的能力、工作的能力、创新创造的能力等。在人的所有能力当中，学习能力是最基本、最重要的能力，是各种能力之"母"，是可持续发展之根。爱因斯坦说："所谓教育，是忘却了在校学的全部内容之后剩下的本领。"这个本领就是学习力。大学生在短短几年内学完所有知识是不可能的。只要有了学习力，就能根据客观需要，不断地去学习，开拓和掌握新的东西，去应对新的挑战。

现在，有的学生学习不好，根本原因在于两个方面，要么是不爱学，要么是不会学。不爱学就是学习态度不端正，学习过程不努力，学习不刻苦，上课不认真听讲，打瞌睡、玩手机、交头接耳；下课不看书复习，上网聊天、看电影、打网游；考前临时抱佛脚，东抄西借、拷贝课件、死记硬背；考试东张西望、左顾右盼、大脑空白、无可奈何……不爱学的学生没有人生规划，没有远大目标，没有搞清楚自己来学校的主要任务是什么。还有一类学生是不会学，没有掌握正确的学习方法，无法达到良好的学习效果。美国学者加德纳在《大学生学习与生活全攻略》一书中说："对任何一门课程，如果你要取得好成绩的话，就必须掌握三种技巧：听讲、做笔记和主动参与。"那些不会学的学生常常表现为：课前不预习，课中不思考，课后不复习；听讲不记笔记，研究不求甚解，思考不联系实际，读书不查找资料，学习不参与实践……不会学的学生往往浪费时间，虚度光阴，没用对方法，成效很差。

因此，学校和教师有责任像陶行知先生所说的那样，"先生的责任不在教，而在教学，而在教学生学"。学校和教师有责任指导学生学会使用科学的、行之有效的方法学习，有责任促使学生从不爱学到我爱学转变，从不会学到我会学转变。

长期以来，人们诟病我们的教育，一个重要的原因就是我们缺乏对"教"和"学"两大方面的研究，对"教"和"学"的基本理论、基本规律所知甚浅，极少创新，更谈不上有所突破。

　　我院自肇建以来，广泛考察，研究世界各国先进教学之经验，钻研、探索科学教学之理论，结合我国几千年教育之优良传统，于去年在全院范围内、在传统讲授法的基础上，推行"六大教学法"，本学期又向学生推介"十种学习法"，即：预习设问法、系统认知法、参与互动法、合作学习法、温故知新法、学思结合法、学用结合法、循序渐进法、专注学习法、举一反三法。我们希望，通过推介"十种学习法"，使广大学生结合自己的实际，总结学习活动规律，以促进其更科学地、更有效率地学习，进一步提升学生的学习效果，实现我院以教师为主导，学生为主体，师生共鸣的教学改革新局面，达成培养创新的应用型人才之目的。

选择"锦城"，改变你的一生

——在2011级新生开学典礼上的讲话

（2011年9月19日）

今天，我们在这里隆重举行2011级新生开学典礼，我谨代表全体师生员工向进入锦城学院学习的新同学们表示热烈的欢迎和衷心的祝贺！向四川大学各位领导、各股东单位、奖助学金设立单位、用人单位和合作办学友好单位的各位领导和来宾对我院长期的支持和关心表示衷心的感谢！同时，也向充分信任锦城学院的广大家长们表示诚挚的敬意！

同学们，我很赞赏你们的选择和判断。你们在1200多所本科高校当中，第一志愿选择了"锦城"。这是一个理智、正确，甚至英明的决定。四川大学锦城学院是一所以优质的教育改变学生命运的学校，是一所以科学的创新和发现贡献社会的学校，是一所以提供人力和智力支撑服务国家的学校！所以，四年后，你们会为今天的选择而自豪；二十年后，你们更会为今天的选择而骄傲！

你们选择"锦城"，就是选择了"锦城"的荣誉。"锦城"在短短的几年内创造了很高的社会知名度和公众向往度。今年6月，我校人气高居"中国教育在线"网站全国独立学院报考热度排行榜的首位。四川省副省长黄彦蓉同志视察我校时指出："锦城学院培养了大批优秀的复合型人才，受到社会欢迎。""锦城"是培养工程师、会计师、管理者和艺术家的摇篮和沃土。2005 级的钟颖同学割肝救母，孝感天地、全国知名；2007 级的赵紫东同学冒着八级地震的危险把汶川大地震的视频第一时间发到网上，让全世界知道了汶川，也知道了"锦城"，并获得了"全国三好学生"荣誉称号；还有吴祖恩同学在海螺沟救起跌落山沟的老人，周建良同学在巴中奋力救起四名落水儿童并获得"见义勇为大学生"称号……他们用自己的行动爱护"锦城"的荣誉，用自己的事迹为"锦城"增光添彩。各位同学，"锦城"的荣誉将伴随你们的一生，"锦城"的光荣将永远与你们同在！

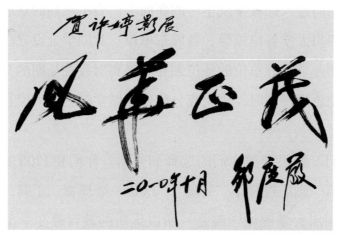

邹广严院长为 2008 级国贸专业许婷同学摄影展题词

你们选择"锦城"，就是选择了"锦城"的精神理念和核心价值。办学理念和核心价值观是学校实现发展愿景的重要精神支柱。锦城学院坚持"做人与做事相结合，传统与现代相结合，通识与专业相结合，严格与宽松相结合，秩序与自由相结合，传承与创新相结合"的办学理念和治校之道；坚持"忠孝仁爱、信义和平"与"科学民主、自由平等"相结合的核心价值观，既给学生打上五千年中华文明的烙印，又塑造了现代公民的时代精神。你们要以"止于至善"的校训自励，秉承"三追两谋"的"锦城"精神，不断追求事实、追求真理、追求至善，把什么事情都做到最好。"锦城"的精神理念和核心价值一定会使你们每个人铭记于心，并将为你们插上腾飞的翅膀！

你们选择"锦城"，就是选择了"锦城"的培养模式和特色教育。"锦城"培养的是高素质、复合型、经世致用的应用型人才。在这里，你们将接受以"三大教育""四大计划""五项原则"为主要内容的应用型人才培养模式。"锦城"的"三大教育"在全国是独树一帜的，这就是"三讲三心"明德教育、"一体两翼"知识教育和"三练三创"实践教育。在这里，你们将参加独具特色的"劳动"和"创业"教育。将劳动和创业列入必修课是"锦城"的首创。"劳动"教育充分磨炼你们吃苦耐劳的意志，"创业"教育全面培养你们的创新思维、创造能力和创业精神。在这里，你们将亲历以"教学内容、教学方法、教学评价"为主要内容的"三大教学改革"。"三大教学改革"开创了以学生为主体，教师为主导，师生共鸣的教学改革新局面。在这里，你们还将体验"教室教学、实验室教学、生产基地教学和课外活动"相统一的"四个课堂"的全方位教育，学到管用、够用、能用、会用的知识，并开展工学结合实习，成功地由学场走向职场。"锦城"的培养模式和特色教育一定会使你们受益终生，成为"会做人，能做事"的栋梁之材！

你们选择"锦城"，就是选择了"锦城"的制度和管理。"锦城"的制度是学校运转的基础，是共同发展的契约。"锦城"的管理是学校人才培养的保证，是持续发展的基石。在"锦城"，你们既要实行"三自三助三权"的学生主体性管理，这就是自主学习、自觉实践、自律管理，争当助教、助研、助管，充分享受学习主动权、生活管理权和课外活动安排权；又要遵守"锦城"的每一则规章制度，服从"锦城"的每一项科学管理。一直以来，学校"以管理严格取信社会，以学风严谨闻名社会"，已形成了以"三不准""三不支持""八要八不要"为主要内容的行为要求和严禁学术不端及侵犯他人等为主要内容的"十条训诫"，形成了以尊师爱生、重礼明道、和谐共进为主体的文明之风。"锦城"严格规范、张弛有度的管理是对学生的前途负责，对家长的信任负责，更是对社会的进步和发展负责！

你们选择"锦城"，就是选择了"锦绣前程"。锦城学院以高度负责的精神，关心和指导着每一位学生的成长和发展。我们将给每个学生优良的教育，决不落下任何一个学生。我们的方针是"人人成才、分类培养"；我们的逻辑是"我们的本事不在于去挑选高质量的学生，而是能把普通的学生培养成高质量的人才"。我们建立了学校、家长、社会"三位一体"的支助体系和干部、教师、辅导员、校友"全员动员"的帮扶体系，搭建了学校与地方政府、学校与行业协会、学校与企事业单位、学校与国内外高校合作的"四大平台"，形成了500余家实习就业基地。通过"提前实习，促进就业；专场招聘，落实就业；鼓励创业，带动就业；拓宽渠道，扩大就业"的"四项措施"，使"锦城"毕业生出路通畅，实现了"多就业、就好业"的目标，创造了连续三届毕业生98%以上的高就业率和40%以上的高端就业，更有430名毕业生到近百所国内外著名高等学府读研深造，实现了"就读锦城，锦绣前程"！

同学们，在你们迈入大学第一步，开启人生新篇章的时候，我还要跟你们交流以下四个重要问题。

一、我们办的是一所什么样的大学？

我们办的是一所综合性大学，专业涵盖文、理、经、工、管、艺六个学科，它继承了百年川大的深厚学术底蕴和优良传统，有利于学生跨学科学习，并打下宽厚的理论基础。

我们办的是一所应用型大学，它的目的是为学生继续深造和将来谋一个更好的职业做准备。因此，它重视理论，更重视实践；它重视知识，更重视知识的运用。

我们办的是一所普通本科层次的大学。本科就是本科，川大、交大、北大、清华办的本科也是本科。至于能不能办得好，办出水平，那要看学校、教师和学生三个方面的共同努力。俗话说，尺有所短，寸有所长，各有各的打法，各有各的特长，你们没有必要为分数考得低一些而自馁，也没有必要为分数考得高一些而骄傲。胜败乃兵家常事，爱因斯坦曾高考落榜，但并不影响他成为一位伟大的科学家。人生是一场马拉松比赛，谁笑到最后谁就笑得最好！全校师生要自强自立，要以足够的信心自立于中国高校之林！你们的学长们考上北大、川大等重点高校的研究生，出国到哥伦比亚大学、圣三一大学、曼彻斯特大学等世界名校留学，到毕马威、德勤等四大会计师事务所工作，到工、农、中、建、邮储银行就业，到华西、路桥、中铁和中央电视台、中国新闻社等单位任职，充分说明了这一点！

二、我们的培养目标是什么？

大学的核心任务是培养人，我校培养学生的标准是"做人第一、能力至上"，就是要进行全人教育。

要培养全人，首先要培养好人。就是有恻隐之心、羞恶之心、辞让之心、是非之心的人；就是做人有底线，做事有常识的人。不往牛奶里添加三聚氰胺，不把地沟油弄到餐桌上，这就是底线。大量发放次级贷会有危机，推广新技术不经过试验磨合、一哄而上会有风险，这就是常识。

我们只培养好人还不够，还要培养能人。什么叫能人？有知识、有文化、有技能、有本领的人是能人，想做事、能做事并做成事的人是能人，在高难度的情况下能解决问题，完成任务的人就是能人。

我们要培养一会做人、二能做事的全人。他们有素质，有教养；他们能顾大局，识大体，懂上下，知进退；他们通情达理，文质彬彬，谈吐文雅，举止得体；他们做学问一丝不苟，做工程精益求精；他们在校是好学生，出校是好公民！他们能做到"富贵不能淫，贫贱不能移，威武不能屈"，为追求真理、为民族复兴具有献身精神！

三、学校将教会你们的基本东西是什么？

大学是教书育人的地方，通过教学传承知识，通过科研发现知识，通过服务运用知识，这是学校的基本功能。在四年当中，学校通过"四个课堂"将教给你们许多东西，但由于你们将来从事的职业和岗位不同，有些东西学了可能用不上，将来要用的东西可能在学校里又没学到，这在古今中外所有的大学都是很难避免的。所以，爱因斯坦说什么是教育？就是"忘却了在校学的全部内容之后剩下的本领"。这个本领就是学习力。在人的各种能力之中，学习力是最重要、最基本的能力，是各种能力之母。你们在校四年的时间里学完所有知识是不可能的，但是只要有了科学有效的学习力，就能根据客观需要，不断学习新知识，掌握新技能，开拓新领域，应对新挑战。所以，我们要通过"六大教学法"和"十种学习法"的推行和贯彻，大力培养学生的科学有效的学习能力。

通过学习力的培养，我们进而还要培养学生独立思考的能力，因为任何成就、任何财富都起源于思想。我们提倡从积极的方面思考问题，因为只有积极的思维才会有积极的效果。美国大学提倡批判性思维，耶鲁大学校长理查德·查尔斯·莱文在该校2010年毕业典礼上说道："你们来到这里接受教育，为的是培养你们的批判性思考能力，是为了能够从那些表面的、有误导性的和迷惑人的东西中区分出合乎情理的东西。不管你们所学习的是文学、哲学、历史、政治、经济、生物、物理、化学还是工程，你们都已经能够去进行深入的思考，辨别矛盾和悖理之处，以你自己的方式去推理出智慧的结论。你们可以运用这些批判的洞察力，去实现个人的抱负，但同时也要为公共生活作出贡献。"

我们要培养学生的反思精神。反思就是检讨，反思就是总结，反思就是批评。一个国家、一个民族、一个团队和一个个人，善于检讨，勤于反思，敢于自我批评，是一种自信而有力量的表现。如果一味夜郎自大，故步自封，明明出了问题还一味掩盖真相，文过饰非，是没有前途的，也是不会强大的。

四、创新和成功靠什么？

改革开放以来，我国的大学教育非常重视创新。江泽民同志讲

"创新是一个民族的灵魂"。因此，我们非常重视学生的个性、天赋、想象力和好奇心，也非常重视学生们的兴趣和爱好，我们"锦城"的精神之一就是"学生谋特长、学校谋特色"。我们将尽最大可能支持和培养学生的特长，将尽最大可能按孔夫子的教育思想实施因材施教。我们的图书馆、实验室将向一切对科学有兴趣的学生开放，我们的实习基地欢迎同学们去生产第一线参与实践。

同时，我还要告诉同学们，创新必须以知识为基础。世界著名剧作家萧伯纳甚至极端地说："有足够的知识就是天才。"因此，你们必须刻苦学习，打好基础。

创新必须有动力。爱好一项事业很重要，没有兴趣不行，但只凭兴趣也是不够的。只有向着追求事实、探索真理方向的兴趣才会引导你走向成功，只有伟大的人生目标才会产生持久的动力，而伟大目标的实现只有想到、做到、做好并坚持下去，才会取得最终胜利。

创新要靠全身心投入。全世界天才的科学家在他们创造发明的关键时刻，几乎都是忘记吃饭和睡觉的。中国自古以来成大事者，除了环境以外都是靠自己的发奋努力和全身心投入。

来宾们，老师们，同学们，我国的高等教育进入了一个新的历史时期，锦城学院的发展也进入了一个新的历史阶段。我们要按照胡锦涛总书记的教导，以提高教育质量为核心，以"三大教学改革"为重点，整顿学风，完善服务，发挥"五大法宝"的作用，实施"三步走"发展战略，全校师生共同努力，争取在不太长的时间内，把锦城学院办成"西部领先、全国一流、世界知名"的应用型大学！

最后，祝各位新同学学业有成，前程似锦！

没有一流的校长办不成一流的大学，没有一流的班长和团支部书记也办不成一流的大学

——在学院班团组织暨文化建设启动仪式上的讲话

（2011年11月25日）

今天，我非常高兴和大家一起来讨论班团文化建设的问题。班级和支部是学生管理的基层组织，是中国大学学生管理的基础。团支部建在班上，跟党支部建在连上是一个道理。班级、团支部的建设关系到我们整个学校的命运！

半个世纪以前，我跟你们一样也是团员，1955年是新民主主义青年团，后来转为共产主义青年团。我当过班长，也当过支部书记，深知这个角色有多么重要，我深知这个角色给我创造了一个什么样的舞台，我可以利用这个舞台演出什么样的戏。毛主席讲过，战争是一个舞台，军事家可以凭借这个舞台导演出许多有声有色、威武雄壮的戏剧来。那么，班级也是一个舞台。班长和团支书也可以在这个舞台演出许多威武雄壮的戏剧。从我个人的体会来看，这是难得的一个机会。同志们，一个学校最重要的是什么？大家可以讲很多答案，有人说是校长，陶行知先生就这样讲过；有人说最重要的是老师，还有人

说最重要的是学生，现在的名校之所以都要去招所谓的状元，因为它认为学生的质量很重要。这一切我认为都很重要，这些答案没一个是错误的，都是正确的！但是，他们加起来的总和是什么？是校风，是校园文化。这话不是我原创的，杨振宁先生多次讲他当年在西南联大读书的时候，深感联大校风之好、学习氛围之热烈。他说："我对物理学的喜爱就是从昆明开始的，从联大开始的！"西南联大在抗战时期物质条件极差，实验室基本没有，但出了很多人才。所以校风、校园文化是最重要的，它是陶冶每一个学生的大熔炉。校风不好、温度很低就炼不成钢。校风好了，大家跟着走都能成长为伟大的战士！想当年，解放战争时期，四野的战士从哈尔滨打到海南岛，跟着走就是伟大的战士，跟着走就是不断地打胜仗！这是一个氛围。校风的基础是班风，在某种意义上讲班风就是校风。没有一流的校长办不成一流的大学，没有一流的班长和团支部书记也办不成一流的大学！班风决定校风，班风很差，校风很好可能吗？班长、支部书记都很差，学校很伟大，伟大得起来吗？因为学校的一切工作都是通过教师和学生来实现的，校长的主张再正确，没有大家的身体力行落到基层，落到每一个学生身上，都是一句空话。所以同学们必须认识到这个工作涉及学校的命运。那么大家今天在这里谈班级的文化建设，班级、班长、团支书要做什么事情？根据我当班长、团支书的经验，我想有四个方面是应该做的。

第一，学生生活的关心者。班级的班长、团支书要关心我们的同学。刚才卓少俊同学讲得很好，像个班长，他们班上有 52 个同学，要关心他们的痛痒，哪个同学生病了，哪个同学有思想问题想倾诉，哪个同学家里遇到了天灾人祸，哪个同学经济有困难，班长、团支书都应该了解。有同学心情忧郁了要帮他疏导，有同学生病了要予以关心。我们的同学很好，同学生病了帮他打饭，生病了送他去医务室，甚至陪同他到外面的医院去。我们的辅导员、同学都做得很好，这就体现了"锦城"的温暖，"锦城"的温暖很多是通过班级来实现的。当然，辅导员在这方面是很重要的一个角色。所以，如果一个班长不关心同学的痛痒，不关心同学的思想和情绪，就是不称职的。所以我认为第一件事是要关心同学们的生活、健康和情绪。

第二，学生学习的激励者。班长和团支书就应该像管理学中讲的鲇鱼效应中的鲇鱼一样，把班级的学习风气、进取精神搅动起来。

学习这个事情必须形成一个风气，为什么有的宿舍成绩都好，为什么有的宿舍成绩都不好？我看过一个资料，中科院一位姓祝的老院士，现在是清华大学的教授，在一篇文章里说要培养出科学家和创新人才，最重要的是：第一要聚集一批优秀的学生，第二要有一个学习的氛围，这个比什么都重要。他说一批优秀的学生在一起才能够互相切磋，互相激励，互相竞争，互相追赶。

班长、团支书应该是学习的鼓动者、激励者、带头者和榜样。我听了很多同学的发言，其中财会系李彬，她不仅大三就考完了ACCA

学生成人礼

的14门课程，还积极帮助其他同学。还有很多系的同学都在相互帮助，这很好啊！国外教育理论称之为"合作学习"，自己学习好，还热心帮助同学。

我们的班能不能帮助大家组建学习小组，讨论学习问题？我们现在不是正在推行"六大教学法""十种学习法"吗？我们现在不是整天在说我们与西方的教学差距就是学生提不出问题，老师不会探讨式的、交流式的教育吗？我们学校大力推广的"六大教学法"都是世界一流大学采用过的。老师要用这个办法教，但是学生提不出问题怎么办？大家都不发言，班长、团支部书记干什么去了？要带头想问题，提问题与老师交流。有很多专家来我们学校举办讲座，说你们的学生不错啊，提出了很好的问题。我心里很高兴。如果说我们的学生很"老实"，一个问题都提不出来，这说明我们的教育失败了。但是这个提出的问题必须在进行了充分准备并认真思考的基础上，不能不加思考。温家宝总理到一所大学的图书馆去开座谈会，说："今天你们不要做准备，有什么问题就提什么问题，不要有顾虑。"结果，一个学生还是像背稿子似的，提了个很一般化的问题，根本没有新意。功夫在诗外啊，同学们！我们中国的学生到美国去一开始都有这个过程，提不出问题来。因为别人在课外进行了大量的阅读和准备，我们的学生是上课准备听讲，只带两个耳朵到课堂上去，好一点的学生带着笔记本，差一点的学生连笔记本都不带，就是准备老师怎么讲学生怎么听，考试前背课本就是了。这是一个不好的传统，这是我们和世界一流大学的差距所在。所以，我们的班级要在学习上互相激励、互相竞争、互相追赶，大家要比就比这个！你今天看了一本书，我争取比你看得还要多；你写了一篇笔记，我就要写两篇，水平还要比你高，大家要比就比这个！

寝室读书周

我们要发扬学习上的钉子精神。什么叫钉子精神呢？就是抓住一个问题时刻钻研，找不出答案决不罢休。现在大家都崇拜乔布斯，我也认为乔布斯不简单，大家都在说"三个苹果改变世界"，只有一个苹果是人创造出来的，其他的都是上帝安排长出来的。乔布斯曾经说过，成就一番事业的唯一途径就是热爱自己的事业，拥有使命感和目标感才能给生命带来意义，带来价值和充实。就是说唯一的途径是专注、热爱自己的事业。你现在的事业是什么？就是学习，就是实践，就是"一体两翼"，就是"三大教育"。如果我们这个班级不能形成大家专注地热爱学习、热爱"三大教育"的风气，而是热衷于别的事情，就想着周末跑到犀浦镇去疯一下，或者整天想打游戏，要想取得成功，可能就很难了。所以，做学习的组织者、激励者，这是班级要承担的第二个任务。

第三，课外活动的组织者。社团是课外活动的组织形式之一，班级也是形式之一，以班级为单位组织的很多活动是很有效果的。包括开展一些公益活动，进行体育比赛，进行一些文娱方面的活动，包括去访问，社会实践，班级都是一个基本的组织单位。

班级是一个舞台，现在社团活动很活跃，这很好，班级也可以活动，二十年、三十年以后最巩固的组织就是班级。1995年我回到我的母校——天津大学，当时是天津大学建校100周年，回去之后还是以原来的班级为单位，同学们还是找各自的班级，"我们班谁谁谁、某某某来了没有啊，赶紧去找他"。几十年后，想到的还是那个班级。所以，课外活动以及"四大计划""三自三助"等，都要靠班级来实现。

第四，良好校风的塑造者，或者说良好校园文化的建设者。校风的塑造者、校园文化的建设者应该落实到班级。

我们当前要反对三种不良的风气：

一种是奢侈之风，就是铺张浪费，大手大脚，不管你爸爸妈妈在家里多么辛苦，你照样讲吃讲喝抽烟喝酒。我们学校实行三不准——不准抽烟，不准喝酒，不准赌博，所有的家长都拥护。抽烟有害健康，你抽什么烟啊！受到了社会上不好的影响，叼着根烟好像很酷，你酷啥啊？你一分钱都没赚，你有什么资格酷啊。受了别人的影响，受了不良的影响，自己要有自制的能力才行啊。同学们，我当年在大二的时候到下面搞"四清"，他们让我当工作组的组长。工作组的组长要开会，开到半夜三更，下半夜两点，我们那个工作队的队长就给我们发烟，满屋子乌烟瘴气，那个时候都跟着抽。但是回到学校，我绝对不抽，说不抽就不抽，大家也要有这个毅力才可以啊。我说句不该说的话，我那个时候当工作组长的时候，还是队长给发的烟，我自己买我还不干哩。你现在是一个学生，为什么要抽烟喝酒？家庭富裕一点的也不能抽烟喝酒，这是个不良的嗜好。所谓寒门娇子就更不应该，出身于寒门，但是又是"娇子"，什么事都要攀比，这怎么行啊！有钱的不应该，家里钱少的就更不应该，这是个不良习惯。讲吃，讲穿，讲喝，铺张浪费，不爱护公物，这都是不良习惯和行为。不管是为大家还是为小家，大家都应该勤俭持家。勤俭节约是我们中华民族的光荣传统，绝不能从小就养成大手大脚的习惯，当月光族和啃老族，不好啊！

第二个不良风气，是玩乐之风、享乐之风。打游戏，唱卡拉OK，一到星期五晚上就往外跑，好像在学校有什么不舒服，非要到外面去放放风。半夜三更还不回来，如果你爸爸妈妈知道你半夜十二点还不回来，能不着急吗？让你们按时回来，你们还有意见。我和你们的爸爸妈妈、爷爷奶奶一样十分关心你们的安全，你们的辅导员、系主任、党总支书记，乃至学校的保卫人员、宿舍阿姨都很关注你们的安全，你干嘛非要半夜三更不回来呢？你唱卡拉OK可以去操场上唱嘛，杏岛也可以唱嘛，大家不要以为我是在开玩笑。同学们，你们知道一首歌叫《莫斯科郊外的晚上》。莫斯科郊外的晚上就是在树林里腾出一块地方，拉着手风琴或者是吹口琴，苏联人最喜欢手风琴和口琴，就一边拉手风琴一边唱一边跳，这不是很好嘛，为什么非要花很多的钱去卡拉OK厅呢？改革开放刚开始的时候，许多青年人提个收录机，找到一个地方把音乐一放，大家在操场一起跳跳舞，怎么不可以啊？是不是？苏联青年的那些传统方式很好，这样大概一个星期可以举办一次舞会，拿个手风琴或收录机在那里放，一样好听得很嘛！所以我建议大家不要花冤枉钱去唱卡拉OK。卡拉OK唱多了要减退记忆力，本来记得住的东西都记不住了，这是因为习惯了唱歌时照着唱，不照着唱就不记得了，这个记忆力是要靠锻炼的。所以，玩乐之风不可有。我就想改变改变大家周五、周六都把大把的钱花到犀浦去的状况。我再给大家说说我的故事，我们那个时代一个礼拜休息一天，上午到图书馆学习，中午回来洗洗衣服，下午去逛逛商店。因为没有几个零花钱，买牙膏，买牙刷，买点儿文具就差不多了。所以礼拜天上午所有的学生都在自习，都在看书，不是好学生才这样，而是大家都这样，基本生活规律就是这样，拿半天出来逛一逛，走一走。所以享乐之风必须刹住，你现在享乐将来就没机会享乐，你现在做梦将来就不能圆梦，现在混混沌沌，将来毕业的时候就混不出来，就没有学到本事。你现在刻苦努力，将来就能更好地生活，所以，我们图书馆列了条标语：现在勤奋学习，将来幸福生活。中国有句老话说："少壮不努力，老大徒伤悲。"岳飞的词说："莫等闲，白了少年头，空悲切。"同志们，不要闲白了少年头啊！现在享乐，浪费了青春，浪费了大学的黄金时光，将来是要后悔的！还有的同学热衷于耍朋友，谈恋爱，自习也不上了。男子汉大丈夫，现在学好了本领，以后好好工作，将来还愁谈不到对象？谈对象也要有个规矩，在大马路上拉拉扯扯，又追又赶算什么呢？上次我看到一个女孩子在大道上嗷嗷叫，小伙子拉拉扯扯的，不愿意就算了嘛。小伙子们，不要没出息，女孩子心态就这样，她不喜欢你，你越追她，她越不喜欢你。而且这也说明了一个教养问题，你们要知道什么时候、在什么地方应该做什么，不该做什么。谈恋爱也要讲文明，用文明的方式谈恋爱。不要在大庭广众之下又拉又扯，又亲又抱。

接下来讲的不正之风是懒惰之风。睡懒觉，逃课，不做作业，考试时就想作弊，这是不正之风！李彬14门ACCA的课程都考完了，她每天坚持六点起床，是不是这样？现在很多同学都在坚持晨跑，这很好啊！要早起，按时起床、按时吃饭、按时上课。现在有些同学连按时起床、按时上课都做不到，急急忙忙地去上课，一边走一边吃，到了课堂上，心情还没有平静下来，这在我的大学时代是没有的。说实话，在我们那个时代没有一个人不上课！班长、团支书要调查一下这些同学为什么不上课。现在还有"逃课一族"，还成了"族"！我们要不要把这个"族"解散了呢？有的同学看到别人逃课，别人逃，我也逃，非常不好！有人说，不上课也可以成才，那恐怕是个例。如果普遍这样，大学就可以不办了。所以，同学们，这三个不正之风——奢侈之风、玩乐之风、懒惰之风，一定要阻止。我们大多数同学是很好的，但是确实有些这样的同学。你们看看教室里、厕所里的烟头有多少，你们看看路上烟头有多少，路上的你可以说那不是你丢的，教室里的难道不是你丢的？所以我们要积极地形成好的风气。所以我希望大家杜绝这些不良之风，保持刻苦学习之风、努力实践之风、发奋向上之风、团结友爱之风、合作学习之风、勤俭节约之风，把不正之风都去了就是好的风气！

所以我希望同学们、班级把这四件事做好。我重复一下标题，做学生生活的关心者、学生学习的激励者、课外活动的组织者、良好校风的塑造者（或者说校园文化的建设者），这是作为班级文化建设要做的四件事。

下面我还要给你们讲一个道理。同学们，我们面临的竞争是世界性的竞争。我们绝不是只和电子科大成都学院、川师文理学院、成都理工大学广播影视学院竞争，甚至也不是只和川师大、西华大学竞争，也不是只和川大、交大、财大竞争，而是和全世界人才竞争，因为人才是国际化的。经济的全球化，必然导致人才的国际化，所以你从毕业的那天起就将投入人才市场国际化的竞争。因此，我们必须融入市场，我们必须做胜利者。

我在开学典礼上讲了，本科就是本科。川大办的是本科，交大办的是本科，北大、清华办的都是本科，我们办的也是本科！本科是一个层次，没有贵贱高低，关键是看谁办得好。1945 年抗日战争胜利，当时，敌后根据地是共产党领导的，正面抗战是国民党领导的，国民党的威信如日中天，是正统的国民政府，是国际上承认的合法政府。其兵力最多的时候有 800 万，共产党军队加上民兵一共也就 120 万，但是打的结果呢？不到四年，形势完全逆转，共产党的 120 万军队打倒了国民党的 800 万军队，共产党的小米加步枪打倒了国民党的洋枪洋炮，共产党的土八路打败了国民党的留洋派！大家都知道，国民党的高级军官基本上都留过洋，共产党的军官大部分都是像电视剧《亮剑》中的李云龙这样的，讲文化没他们高，讲学历没他们高，但是打的结果是胜利了！后来国民党的军官还被共产党请来做教员，为什么呢？因为他学历高，毕业于名牌大学，有职称，可以来教我们，但打仗他打败了。

我一直在想，我们这个学校，怎么才能像共产党打败国民党那样，战而胜之。现在我们和那些名校的竞争是不平等竞争，因为国家的政策就是这样，他们的历史比我们长，他们的实力比我们强，对他们的政策比我们好。我们现在就处在抗日战争后共产党所处的地位，是弱势。但是弱势要变强势，要后来居上，靠什么？同志们，这是我们这一代人必须解决的问题！我告诉大家，十年内必须解决这个问题！要么你就通过这一关，发展起来，要么就被淘汰！所以我们制定了"三步走"的战略规划：第一步，在2005年到2010年，走完所谓的三本线，现在已经走完了！今年我们招的学生都是二本线以上；第二步，从今年起到2015年，我们要打一场硬仗，这场硬仗的目标是2015年录取分数线达到最好的地方本科院校的录取分数线，如西华、川师的水平；第三步，再用十年，到2025年达到全国重点大学水平。

同学们，第一步我们已经实现了，说实话，五年走过三本线你们都知道这是非常不容易的。2011年，文科已经高于二本线了，比十几所地方院校都高，所以我们现在要研究第二步，这是个硬仗。共产党怎么战胜国民党的？我认为有两条值得学习：第一条，我们要走一条贴近群众的路线；第二条，共产党的干部有高度的自觉性、自信心，相信自己的事业是正义的。

我们走的是一条和社会密切结合的路线。我们建立了"四大合作平台"解决就业问题，解决我们与社会无缝衔接的问题。我们密切调查他们的需求，深入了解他们需要人手的岗位。我们出了关于岗位调查的一套书，每个系都出了一本，十个系共出了十本。希望你们到图书馆去借阅，把各专业面向社会的岗位都调查清楚了，我们的教育就是服务于他们岗位，这就是执行了一条密切联系现实的路线，所以这一点我们肯定比其他学校做得好，而且可能是全国唯一的一家。学校能按照企事业单位的岗位需求来分类培养，我们下了很大的功夫。

光有这一条还不行，我们还要树立"四自四有"的精神，"四自"就是自觉、自信、自强、自立。我们共产党人革命是自觉的，自信就是相信马克思列宁主义、共产主义一定能实现。当年钱学森在困难的情况下发展我国的航天事业，这是自强自立。我们"锦城"的学生成人成才是自觉的、自信的，成功成才是自强自立的。我们的队伍还要有理想、有抱负、有追求、有坚持。人生在世，没有目标是不行的，有理想、有抱负就是有目标，学校的目标，你自己的目标。有追求、有坚持就是要奋斗。延安的抗大，在座的有没有去过的，学生都在窑洞里上课，天气好的时候就在门口摆上小板凳和黑板，老师就开始上课，条件是很差的，但是培养出来的军官却打败了国民党。况且，我们现在的情况比延安好多了。我们的同学，我们的班长、团支书要自觉、自信、自强、自立，可以和老师们一起、和学校一起，克服我们办学时间短、条件不完善的一些缺点。

同学们，"老子不强儿子强"，农民家庭也能培养出将军儿子，这种例子多的是，老爸是农民但是儿子是科学家，这也是有的。我们的政治局委员中很多都是这样的。我家里祖祖辈辈也是农民，祖辈是农民不代表后代只会种地。所以你们也要有这种精神，你们站在大学生的行列里，千万不要一听到清华的名字，就觉得矮了半截。想当年苏联老大哥的领袖斯大林只有1.64米，毛主席的高度是1.78米，毛主席说画家一定要把斯大林画得比我高，因为苏联是老大哥嘛！我们不能让人家把清华的学生画得比我们高，我看我们的小伙子们就不比他们矮嘛！所以，一定要发扬我们的长处，比如说密切联系实际，这是我们的长处；比如我们的明德教育，我们培养好人、培养能人、培养全人。我们培养的人首先是个好人，不能像某个研究生打骂爹娘，不能像"某跑跑"，地震了扔下学生撒腿就跑，我们不培养这样的人！我们的优点要发扬，我们的明德教育在全国我看都是很好的，要有忠心、孝心、爱心，要讲诚信、讲礼仪、感恩，这是社会"普世价值"，人民群众都认可的。所以，同学们，发扬优点，克服不足，全校师生员工齐心协力，同心同德，为建设一流的应用型大学而奋斗！

致新员工的一封信

（2011年12月）

某某老师：

　　您好！

　　首先，我热烈欢迎您加盟四川大学锦城学院！历史将证明您的选择是正确的！

　　加入"锦城"，我希望您尽快了解和熟悉"锦城"的办学理念和治校之道；深入学习和研究"锦城"的人才培养模式和教育教学特色；切实感受和融入"锦城""追求卓越，止于至善"的校园文化，进一步发扬"三追两谋"的"锦城"精神。

　　加入"锦城"，我希望您全身心投入"锦城"的教育事业，就是要全心全意、全职全力、全力以赴，对学生负责、对家长负责、对社会负责，这是"锦城"教职员工的第一师德。

　　加入"锦城"，我希望您能与"锦城"同心同德、同甘共苦、同声相继、同气连枝；在工作过程中，我希望您能和我们一起发扬艰苦卓绝、奋发图强、拼搏进取、只争朝夕的创业精神，为"锦城"创品牌、建名校而添砖加瓦。

　　我相信，有您的加入和全校师生的共同努力，我们一定会把四川大学锦城学院建成"西部领先、中国一流、世界知名"的应用型大学！

　　无论经历多少困难，我们都要共同进退！无论经历多少风雨，我们都要共担荣辱！无论经历多少艰辛，我们都要共同成长！

　　祝您在"锦城"工作顺利、生活愉快、事业有成！

上台阶、创品牌，为全面贯彻十年规划而奋斗

——在2011年学院年终总结大会上的讲话摘录

（2012年1月9日）

2011年，是四川大学锦城学院的改革之年。学校以学生为主体，以教师为主导，开创了"师生共鸣"的教学改革新局面；学校以改革为动力，以创新为手段，实现了跨越式的发展。下面，我将总结2011年的工作，部署2012年的工作重点。

2011年工作总结

一、制定了一个规划

这一年，我校办了一件大事，就是制定了《四川大学锦城学院十年发展规划》。这个规划的制定，是根据国际上战略管理的理论，总结了我校七年来的实践和经验，分析了我们面临的宏观形势和自身的处境，包括我们的优势和劣势，同时对于我们的竞争对手，包括现实的或潜在的，一一进行了分析和评估，从而进一步明确了学校的定位和奋斗目标。在这个基础上，我们制定了"三步走"战略，即：

2005 年—2010 年，初步实现"西部领先"的应用型大学的目标，招生录取分数线达到地方普通高校本科线，建成应用型大学的基本框架；2011 年—2015 年，利用五年时间继续前进，招生录取线达到省属院校"第一军团"的水平，进入地方普通高校的高端行列，在应用型大学的基础上，继续向创业型大学迈进；2015 年—2025 年，再用十年左右的时间，步入重点大学的招生录取区，建成"西部领先、全国一流"的应用型、创业型大学。这就是我校中长期发展的一个顶层设计。

二、做好了两件大事

（一）"三大教学改革"初见成效

去年，我在总结大会上重点讲了一件事，就是"三大教学改革"。"三大教学改革"就是教学内容、教学方法和教学评价的改革。去年，我们在全校范围内进行了"三大教学改革"的学习、普及和实践。学校举办了三期"六大教学法"研讨培训班，共计195人参加，示范教师27名。

总体上来看，我们所有部系都进行了大刀阔斧的改革，认真地进行了探索，而且各部系都有一些亮点。

基础课部教学内容改革重视"三个结合"——思政课与明德教育、阅读经典计划和科研计划等学院特色教育相结合，大学英语、微积分与专业需求的内容和调整相结合，把大学英语三、四、六级考试和雅思、托福等考试的内容与日常英语教学相结合。文举、周密两位教师还在全国大学英语教学大赛中分获四川省二等奖和三等奖。

邹广严院长在2011年学院年终总结大会上讲话

计科系在改革上是走在前面的，以它为代表，创造了三种培养模式：第一种是通过岗位调查，建立以社会需求为导向的、细分专业方向的针对性教育的培养模式，而且实行了专业方向的教授负责制，所以就业率是各系中最高的；第二种是订单式培养模式，与EC Wise、信必优、敦阳泰克等公司进行了联合培养和实训；第三种是打包式培养、团队式培养，就是通过与企业的合作项目，将科研项目和毕业生打包给单位，既完成横向课题，又安排学生实习就业，就是项目合作、教师带领、学生参加、整体移交。另外，计科系还创造性地开展"第四课堂"答辩和"明德课程"讨论，"第四课堂"也要规范，共青团应当推广这种经验。

文传系最大的创造就是建设技术性文科，培养全能记者，迎接全媒体时代的挑战，把工科和文科结合起来，这叫多学科优势。

电子系的创造一是人人动手搞科研，二是把创业由辅导员负主要责任转化为由教师负主要责任，把创业和制作、动手能力结合起来。所以，电子系在教学内容上调整顺序，比如把统计学往后放，把C++往前放。这样，青年教师成长才快，学生动手能力才强。

外语系的创造是由系领导带领青年教师，共同为学生举办讲座。这样既锻炼了教师，也让学生增长了知识。牛津大学著名的导师制，也是建立在这种师生良性互动的基础上的。所以，外语系这样的每周讲座制，展现了老师的风采，锻炼了老师的才能，普及了英语的知识，提高了学生学习的积极性。外语系还成立了翻译中心，出版了一些译著，并与瑞典大使馆建立"四川大学锦城学院中国—瑞典企业社会责任中心"，在一定程度上提高了我校的知名度。

工商系在ERP训练方面、仿真教学方面有所创造。他们与企业密切合作，共同举办产品设计营销大赛、职业技能大赛、全能挑战赛、ERP沙盘大赛等，充分运用以赛促学法提高学生职业技能，开展仿真教学。

财会系实践了"1+1+1"的应用型人才培养模式，即"基础+实践+证书"，注重"以证促学"。由于行业控制严格，会计学专业要求毕业生有上岗资格，从而构建"2个结合（理论和实践）+3个平台（理论中轴平台、校内实践平台、校外实习平台）+多个专业方向（细分方向，胜任岗位）"的课程体系。

土建系非常重视学生实习、实践的能力，重视"双证培养"。他们以培养应用型人才为中心，立足于"打基础、利长远""重应用、多实践""选方向、求发展"。我很欣赏土建系有的毕业生在求职时能够立刻用专业软件算造价，相比很多重点大学的学生实践能力更强。我们培养的土建工程师就是要做到"你不会，我会"。

机械系建系较晚，但是管理严格。同时，其在实验室建设和学生动手能力培养方面也一丝不苟，而且，机械系各项工作都走在前面。中国矿业大学银川学院的院长来校考察时说："走访了十几所独立学院，锦城学院是真来对了，机械系实验室建设得好，花钱还少。"这就是关键，花小钱办大事。

金融系提出教学评价改革的具体计划，划分出勤、课堂提问、小组讨论、平时作业四个部分，对学生进行考核，而且建立了自己的金融与国贸实验室。金融专业的学生实习有困难，因为涉及钱，所以我们必须校内外实践、实训相结合。

艺术系进一步改革教学内容和教学方法，进行培养方式的规范化和多样化，开展情景式教学、以赛促学，以项目的制作带动教学。我们国家的艺术教育起步晚，作为一个学科是2011年才确立，所以其知识的系统化、培养模式的完整性都需要教师们发挥创造性。艺术系的各位老师群策群力，在建立艺术类应用型人才培养模式上做了很多工作。

我们学校最大的特点是以三级（院、系、科）管理为基础，扩大系、科的自主权，每个系、每位老师都要围绕学校的发展重点，放开手脚去创造。在"三大教学改革"中，我们也涌现了很多表现突出的老师。很多老师全身心投入教学和人才培养全过程中，经常加班加点，不计报酬，毫无怨言。

所以，"三大教学改革"初见成效，涌现了一批先进分子，教师做到了把学生当作学校服务的第一对象。对学生负责、全身心投入是"锦城"教师的第一师德，这就是教师的精神。而另外一种是打工者的精神，就是上完课就走，学生是否掌握了知识，不管不问。为人师者，必须做到传道、授业、解惑啊！

（二）学位评估工作取得阶段性成果

评估是我们必须经历的不可逾越的步骤。独立学院要经过"三大评估"，一是现在的学位评估，二是教学水平评估，三是转设评估。这学期，我们进行了学位评估的准备工作，各系、各部都积极参与了相关工作。

第一，我们整理了各类资料。每个系要把资料整理齐备，耗费了很多时间和很大的精力。这是因为，一是我们办学时间短；二是经验不足；三是兼职教师较多，流动性较大。所以有些资料不全，需要大家去弥补。但是，通过全体教职工的分工负责、通力协作，我们取得了阶段性的成果：全院各部系共完成了268万字的评审材料，其中，自评报告153万字，评审依据76万字，全院归档的支撑材料686盒。包括学生的考卷、老师的评分等不规范、不完整、不全面的问题都存在，因此，这次以评促建，都进行了清理。

第二，我们健全了各项规章制度。我们把各级的规章制度清理了一遍，把没有的补充起来了，把约定俗成的规则形成了文字。

第三，我们根据评估的需要，完善了实验室和固定资产的管理。实验中心主任黄公佐在这方面花了大力气，做了很多工作，积极想办法、创造条件，努力达到评估指标。

老师们，学位评审还没有取得最终的胜利，只是阶段性胜利，所以大家还要再接再厉，做好迎评的充分准备，必须"全力以赴，一次通过，达到A级"。

三、取得了十项成果

（一）我校的社会声誉进一步提高

通过全体教职员工的努力，我们的社会声誉才能进一步提高，集中表现在两个方面：第一，去年6月，我校在"中国教育在线"网站高考关注度排行榜中名列全国320所独立学院的首位；第二，去年12月，我校获腾讯网"2011最具品牌价值独立学院"称号，票数排名位居全国第五位。这些数据充分证明了我校社会声誉的不断提升，在社会各界、人民群众中已经树立了良好的公众形象和品牌形象，这也是对我校六年多办学成绩的充分肯定。

（二）毕业生就业工作再传捷报

2011届毕业生共有2976人，就业率达到98.83%，其中15个专业就业率为100%。我校共召开就业双选会127场次，接待用人单位数量528家，提供就业岗位数量总数6321个。这充分说明我们召开的双选会之多、提供的就业岗位数之多、就业率之高，在省内都是名列前茅的。同时，毕业生的高端就业和高薪就业都取得突破，如财会系的3名毕业生分别签约全球四大会计师事务所的毕马威、德勤、安永，计科系的刘菊梅同学供职于百度公司，月薪过万。毕业生考研、出国深造也达到了双丰收，102人考取了北京大学等29所重点高校攻读研究生，107人到哥伦比亚大学等境外名校留学深造。考研和出国一共是209人，占全校毕业生的7%。

今年，2012 届毕业生共有 3523 人，春节前已就业或基本就业的学生比例接近 80%。现已举办各类招聘活动 104 场，502 家企事业单位通过各种形式招聘毕业生，提供岗位 8512 个，每人平均 2 个以上的岗位。尽管我们学校很多毕业生是通过多渠道找到了工作，但是就业最困难的学生是由我校召开的招聘会解决就业的。我们能把寒门学子的工作解决了，就是功德无量。我们就是要做到，在"锦城"，不存在找不到工作的问题。今天，我们表彰的"2011 届毕业生就业工作先进个人"就是在帮助学生就业方面表现突出的同志，希望大家都能够继续努力。

（三）实验室建设进一步取得突破

我们实验室建设总的指导思想和方针是"及时、够用、效率"和"共建、共有、共享"。"及时、够用、效率"就是什么时候用，什么时候建，而且够用就行，并且要提高使用率。"共建、共有、共享"就是与青白江区政府、中国移动四川分公司等单位共建实验室，资产是共有的，实验室使用双方共享。全校现有 42 个实验室，去年与各类企业共建了 10 个实验室，共建和捐建资产总额达到 7563 万元。其中，我们与中国移动通信集团四川有限公司共建的"移动信息技术实验室"价值 5122 万元。希望大家广泛拉企业、拉单位与学校共建实验室，这都是对学校的重大贡献。

另外，我们还共建了 7 个校内实训基地，包括四川电视台妇女儿童频道摄影基地、中国广播网大学生全能记者采访站、成都大学城网站编辑部、城西网运中心、禾嘉集团禾嘉报编辑部、禾嘉集团编辑中心、成都成保网编辑中心等。去年，我们还组建了 6 个校级实验中心，包括计算机实验教学中心、基础实验教学中心、现代管理实验教学中心、泛媒体实验教学中心、移动信息技术实验教学中心与机械工程实验教学中心。我们的实验室还准备对外开放，比如工程训练中心等。我们现在的工作重点就是要逐步建立一套完整的实验实训系统。

（四）教研室活动更加丰富，教学水平进一步提高

目前，我们共成立教研室38个，去年新增教研室12个。2010年，我曾召开专题会议，要求各教研室"搞好教研工作，以改革和创新的精神开创教学工作新局面"。2011年，各教学部系的教研室活动开展比较正常，如文传系每周召开一次教研会议，提出教研要求，指导教学规范，进行教研总结，指出教研方向；基础课部坚持每月开展两次教研活动，每次活动都在3小时以上；电子系四个教研室全年开展教研活动共101次，等等。

（五）学风建设成果显著

第一，我们进一步地贯彻了"六大教学法"和"十种学习法"，促成以学生为主体的主动学习。一年来，学生到课率继续上升，2011年3月到课率为91.63%，2011年12月到课率为94.37%。

第二，"三自三助三权"学生自主管理有了进一步的发展。目前，全院共有765个班级选拔了3945名学生担任课程助教，学院18个部系选聘了672名学生担任学生助理，各系选聘了260名学生担任科研（发明创造）助理。

第三，我们设立了"锦城阅读奖"，鼓励同学们深度阅读。苏联的教育思想家苏霍姆林斯基说过："一个学校可以什么都没有，只要

有了为学生和教师精神成长的书，那就是学校。"所以，我们非常鼓励学生读书。据复旦大学的一个调查，大学生阅读本专业经典著作的只有15.2%，阅读人文社会科学经典著作的仅有22.8%，阅读专业期刊的只有9.3%，阅读外文文献的更是只有5.2%。相比之下，美国大学生平均每周阅读量至少是500页。"锦城"学子的阅读在学校的推动下有所提高，去年学生到馆量为434578人次，生均借书量近5册，生均到馆次数为26次，也就是每个学生一周到馆近2次。同时，学生电子文献利用率也不断攀升。学生每年平均下载全文为7.7篇，高于西华大学学生的6.8篇；学生每年平均点击次数为65.4次，高于四川师范大学学生的56.2次。

另外，我们加强了班级和团支部的建设，加强了辅导员"三访两沟通"的职责，深入查课和查寝，使学风得到进一步的好转。

（六）三创（创新、创造、创业）教育工作取得新进展

"三练三创"是我们实践教育的重要部分。我校去年成立了发明协会，开设了"创造学"和"创造发明学"选修课，举办了"创造教育（发明家）特训营"，充分调动了学生发明创造的积极性。截至目前，全校共有师生114人申请了国家专利124项，其中，17人获得了国家实用新型专利证书。申请专利的有老师、有学生，甚至还有我们的宿管科阿姨，《华西都市报》《天府早报》等媒体都对此进行了专题报道。创造是人类文明的重要表现，是人类进步的重要步骤。所以，我们要鼓励师生创造，哪怕是微小的创造，大创造都是在小创造的基础上搞出来的。

（七）学校的国际化建设取得可喜的成果

截至目前，我校已与美、英、法、加、澳等9个国家的36所高校建立了"国际直通车"。其中，我们与全美排名前50的肯特州立大学签署了"2+2合作协议"和"3+2本硕连读项目合作协议"。我校现在还没有与国内高校建立"本硕连读"的推荐权，但是我们与国外高校建立"本硕连读"的项目，为学生提供到国外深造的机会。

同时，我们还与四川大学联合培养软件工程硕士，为申办研究生教育打下基础。截至目前，已有120名师生取得了四川大学专业硕士的录取通知书。

另外，我们还聘请了一部分外教，开设了雅思和托福的培训，这都是加快国际化进程的策略之一。

（八）师资队伍建设进一步加强

截至2011年12月31日，我校在册教职员工已达507人。其中，行政管理人员129人，专职教师216人，辅导员75人，教辅人员87人；另外，兼职专任教师677人，兼职教师250人。

最重要的是，去年在册职工中新增的副高职称者32人、中级职称者33人。目前，共有高级职称者85人、中级职称者185人。

去年，在册职工中新增毕业的硕士26人、在读硕士43人，新增毕业博士4人、在读博士18人。目前共有博士（含在读）31人、硕士（含在读）271人。

去年，学校共选聘28名青年教师为副教授。他们当中，有的是学历高且授课水平高，有的是学历不高但授课水平高，有的是拥有丰富的实践经验。同时,在管理干部上,我们还破格提拔了7名部系助理。

另外,各教学单位自行组织或教师公派(自费)参加各级各类培训及学术会议、研讨会50次,参训人员43人次。老师参加国内各方面的学术会议,也是业务能力的一种提高。

(九)科研成果再创新高

全年,共有46位教职员工,发表科研论文72篇,其中,C刊1篇、核心期刊3篇、国外EI检索2篇、普刊66篇;还有19名员工出版教材及著作13部,其中,教材8部、译著5部。同时,校内科研立项38项,获批省部级科研项目1项、厅局级科研项目3项、省教育厅教学质量工程项目3项、省级重点教改项目1项,签订横向课题5项。

(十)得道多助,不计报酬、甘于奉献,共建"锦城"的良好风气,"锦城"价值观逐步形成

一方面,得道多助。我们建校以来到去年为止,已经有100多个团体和个人给我校的各种捐赠、提供的各类基金约501.36万元,为困难学生解决问题和学生活动提供了经费。大家要知道,可靠的、忠诚的校友和广泛的人脉、社会关系是一种宝贵的财富。100多个单位、个人给我们捐赠了500多万,还有共建实验室的7000多万,这对我们学校的发展厥功甚伟。

另一方面,不计报酬、甘于奉献,共建"锦城"的良好风气,"锦城"价值观逐步形成。什么叫"锦城"的价值观,就是无私奉献,甘做人梯,培养学生,一切为建立一流名校而奋斗。有的职工主动联

系企业提供奖助学金，进行捐资助学，有的职工联系单位和社会人士给学校捐赠。一心为学校，一心为学生，这就是我们的价值观。我们提倡忠心、孝心、爱心，忠诚于"锦城"的教育事业就是我们的价值观。

以上一个规划、两件大事、十项成果就是我们去年的工作成绩。下面，我再讲一讲今年的工作重点。

2012年工作重点

自2012年起，我校的总任务是深入贯彻"十年发展规划"，创品牌，建名校，为实现"三步走"战略而奋斗！我希望大家要认真研究"规划"、贯彻"规划"，以至修改完善"规划"。这个过程是研究、贯彻、修改、补充、完善，再贯彻、再补充、再完善、再贯彻。下面我重点讲一下关于"十年发展规划"的实施问题。

一、在指导思想上，坚持"一快一慢"

要深入贯彻"十年发展规划"，首先要在指导思想上坚持"一快一慢"，这是实现"三步走"战略的基础。

"一快"是什么？就是学校发展要快，因为我们正处在一个高度竞争的时代，独立学院又处在一个历史性的转折阶段。比如，截至今年一季度，全国已经有25所独立学院摘了"帽子"，转设为民办大学。因此，我们必须不停顿地向前走，慢了就要落后，慢了就要挨打，慢了就会被淘汰。今年，我校进入二本批次招生，我们的竞争对手是川师和西华等一批地方普通高校，还有一批专业性强的原行业性高校，如川农大、成都理工大学等。他们得到生均 1.2 万元/年的财政拨款，这对于我们民办高校来说，是很大的竞争压力。因此，在这个形势下，我们的招生规模必须继续扩大，2 万人的在校生规模必须达到。五年后想要达到 2 万人的规模，就很难了，因为适龄生源总规模是在减少的。所以，宏观层面上，学校发展要快，例如独立学院"过三关"（学位评估、合格验收评估、转设评估）都要一次性顺利通过。我们必须抢占先机，发挥优势，扬长避短，加快发展。

那么，我们办学历史短，到底能不能快速发展？要知道，南开大学、清华大学从举办到全国知名都只用了十余年。清华大学从 1911 年成立到 1928 年更名"国立清华大学"，就十几年；南开大学从 1919 年成立到 1938 年与北大、清华组建西南联大，也就二十年左右；香港科技大学从 1991 年成立到 2010 年被评为亚洲第二，也才约二十年；纽约大学自 20 世纪 80 年代中期到 90 年代中期，仅 10 年时间里，就从名不见经传的位置，一跃而跻身美国一流大学的行列；英国的沃里克大学 1965 年创办，用了十几年时间，成为世界一流的创业型大学。可见，办学时间长短并不是大学成功与否的决定因素。

有人说，青年教师水平有限。看看以下几位大师的例子，足以证明青年教师也可以有大作为。

华罗庚，1910 年生，初中毕业后到上海中华职业学校就读，因拿不出学费而中途辍学。后来，在父亲的杂货铺一边帮忙一边自学。1930 年，他在上海《科学》杂志上发表论文《苏家驹之代数的五次方程式解法不能成立的理由》，时任清华大学数学系主任的熊庆来教授看到后大加赞赏。随后，华罗庚被聘请到清华大学任教。那年，他才20岁。

梁漱溟，1893年生，与毛主席同年生。1916年，他在《东方杂志》发表《究元决疑论》，蔡元培发现后，于1917年聘请他到北京大学任教，讲授"印度哲学概论"。那年，他才24岁。

苹果公司的乔布斯，21岁在车库里生产出第一台苹果机。今天，他甚至被誉为改变世界的天才。

所以，学校的快速发展是可行的，学校行，教师也行。

"一慢"就是要遵守教育的基本规律和学生成长的基本规律，不能揠苗助长、急于求成。现在的社会比较浮躁，而教育是个慢功夫，所谓"一年树谷、十年树木、百年树人"。所以，培养人才要千锤百炼、精雕细刻，要循序渐进、厚积薄发，要"读万卷书，行万里路"，否则欲速则不达。因此，正反两面都要考虑。学校发展上不能等、不能慢，因为市场竞争激烈，但是在学生培养上我们要慢，因为成人、成长、成才有其基本的规律。比如学生接受知识的过程是循序渐进的，不能一蹴而就。不可能一进校就扛起摄像机到处拍，不能基础课程还没有学，就想画出宏伟的建筑。我们必须重视学习的规律、成长的规律、教育的规律，不能搞"大跃进"，要扎扎实实打好基础。大学四年是培养人才的基本时期，因此，我们要在这个阶段内，把教学计划安排好，把人才培养方案制订好，防止急躁情绪，防止急于求成，防止揠苗助长。教育不像工业，而更像农业，工业可以加班加点生产，农业要遵循季节规律。正如四川的小麦不好吃是因为阳光照射不充足，没有冬眠期，山东的小麦好吃就是因为阳光照射充足。所以，在教书育人上，我们要克服急躁情绪、冒进情绪。

二、在人才成长上，实行"三大培养"

我们要在原有横向"三大教育"的基础上，抓好纵向"三大培养"，这是实现"三步走"战略的重要措施。

（一）习惯养成培养

著名教育家陶行知先生说："教育就是养成良好的习惯。"我们说："成功的教育是从养成学生的良好习惯开始，而养成良好的习惯要从细节和小事做起。"所以，要立足于养成学生热爱学习、热爱钻研、立志高远的习惯。学校的教育就是帮助学生养成良好的生活、学习和工作习惯，比如勤于阅读是好习惯，工作生活有规律是好习惯。财会系2008级的李彬同学，在校就把ACCA的14门课程全部考完。三年来，她一直坚持每天早上六点起床，晚上十二点睡觉，并坚持每天有不低于8小时的时间在图书馆学习钻研。她学习、生活有规律，什么时候上课、下课、自习、吃饭、运动、休息等，都安排得有条不紊，这就是好习惯。不喝酒、不抽烟是好习惯，不睡懒觉也是好习惯。所以，我们首先要抓"习惯养成培养"。我们的学生学习生活十条诫训、尊师重道十条规范、"八要八不要"、上课带"三大件"（书、笔、笔记本）等都是习惯养成培养的具体措施。我们要促使学生一进校就养成主动学习、良好生活的习惯，他们就业后才能有良好的工作习惯。这样，一个人的成功就有可能。

（二）岗位胜任培养

世界经济论坛发布的《全球竞争力报告》中有这么一组数据：美国81%的工程专业毕业生可以立刻胜任工作，印度有25%的毕业生可能做到这一点，中国的比例只有10%。可见，在中国，岗位胜任培养多么重要。去年，我校十个系进行了大学生就业岗位大调查，调查了近2000个岗位，针对学校设立的100余个专业方向。我们的学生是否能胜任这些岗位的要求，是检验我们的教育是否成功的一个重要标志。所以，我们形成有的放矢的针对性培养，根据岗位需求打造出满足企业需要的高质量人才，培养学生胜任社会的中高级岗位。有一本书叫《胜任才是硬道理》，其作者认为，企业缺乏竞争力，核心是员工缺乏胜任力，一个成功的企业应由训练有素、经验丰富、胜任岗位的员工组成，培养和提升员工的胜任力是企业进步的唯一通道。因此，要培养学生胜任就业岗位，首先要培养教职工胜任教师岗位和服务岗位，要培养学生胜任中高级岗位的能力。胜任培养要符合客观岗位的需求，要实现教育与社会需求的无缝对接。

（三）事业成功培养

事业成功的培养，就是要使教育的学生有一个光明的前途和未来。要教育学生态度诚恳，有积极性和持久性。

首先，要教育学生通过刻苦努力才能成功。有人说：努力的人不一定成功，但成功的人一定很努力。这话说得好。现在，选秀节目有一个不好的影响，就是令许多青年人产生误会，以为参加电视选秀就能一夜成名，不通过长期艰苦努力就会成功，这是一种误导。

其次，只有全身心投入才能成功，三心二意是不能成功的。爱因斯坦说："一个人只有以他全部的力量和精神致力于某一事业时，才能成为一个大师。因此，只有全力以赴才能精通。"乔布斯说："成就一番伟业的唯一的途径就是热爱自己的事业。如果你还没能找到让自己热爱的事业，继续寻找，不要放弃。跟随自己的心，总有一天你会找到的。"他们两位的意思都是全身心投入，才能成功。

再次，不怕挫折，百折不挠，坚持到底，才能成功。乔布斯说："犯错误不等于错误。从来没有哪个成功的人没有失败过或者没有犯过错误，相反，成功的人都是犯了错之后，积极改正，然后下次就不会再错了。"现在的学生都是掌上明珠，娇生惯养，经不起挫折，一受挫折，动辄抑郁，甚至寻死觅活的。做事业有不失败的吗？有不经历挫折的吗？孙中山先生说"吾志所向，一往无前。愈挫愈奋，再接再厉"，直到最后还说"革命尚未成功，同志仍需努力"。所以，事业成功培养就是教育学生全力以赴，不要企图投机取巧，不要企图搞歪门邪道，不要企图一帆风顺。

三、在市场竞争上，推行品牌战略

对于今天这样一个更加市场化的高等教育系统来说，学校的良好声誉和这种声誉的建立与维护，将会愈来愈具有重要的意义。

（一）为什么要树立品牌形象？

大学的品牌与公司的品牌一样，可以给自身的发展带来诸多益处。第一，成功的品牌创造财富。品牌可以帮助学校提高自身的价值，而价值决定价格，学校提升了品牌价值，就可以提高它的收益，以保证其教育、科研更好地开展。譬如，名校的MBA收费是一般学校的三到五倍。

第二，成功的品牌吸引高素质的员工并提高其忠诚度。虽然较高的薪酬待遇是吸引优秀人才的重要条件之一，但是名牌大学使员工更具有自豪感，有利于吸引优秀人才，并促使其忠诚于学校。

第三，成功的品牌有利于吸引和招收更优秀的学生。品牌可以帮助学生在同类院校之间进行选择。在学生期望就读的专业领域中，即使两所学校提供的学历课程相同，学生也会倾向于选择名牌学校，而不是品牌形象稍逊一筹的普通大学。

第四，成功的品牌有准确定位的功能。例如，德国奔驰轿车定位于高贵气派，瑞典沃尔沃轿车定位于安全可靠；英国"美体小铺"化妆品定位于环保，老牌"玛莎百货"定位于实惠。再如，牛津大学和剑桥大学定位于培养高质量的精英人才，绝不接受调剂生。通过准确定位，有利于大学文化及办学特色在用人单位心中占据一个特殊的位置。

第五，成功的品牌更容易得到国家、企业和基金的支持或赞助、合作。财政支持、企业捐助、社会基金都更愿意将资金注入一所名牌大学，为其提供经费支持，或者开展横向合作，使其办学收入更加稳定。因为，成功的品牌信誉度更高。

第六，成功的品牌使用人单位更加稳定。无疑，名牌大学的毕业生更加受到社会和企业的青睐，因而有利于用人单位的开拓和巩固。

总之，在市场的大环境中，要么你追求卓越，要么你沦为普通。普通就意味着被淘汰。

（二）如何树立品牌形象？

1.注重办学质量，长期不懈努力

大学的声誉和形象受到办学历史和地理位置的影响很大，但却不完全取决于这两个因素。良好的声誉不能仅靠一些公关技巧，也不会一劳永逸地实现，而必须经过长期的努力。

今天，众多的高校争夺全国的知名度、生源和教育资源，很显然，只有少数学校能脱颖而出，保持卓越的声誉。其中，有一些学校得益于办学历史久远、地理位置优越、校舍建筑有特色，还有一些学校则凭借优秀的办学质量，辅之以对办学成绩的宣传，而确立了名校的地位。

例如，伦敦政治经济学院所在地 Holborn（霍尔本）并不是伦敦最有名的地区，其校舍的建筑也较为普通。但是，它却因拥有卓越的学术价值和对全球社会学、政治学、经济学的影响和贡献，从而享有盛誉，与牛津大学、剑桥大学、帝国理工学院、伦敦大学学院并称"G5"精英大学。

2.注意树立整体形象，重视挖掘成功个案

所有的大学都想通过自身的整体形象和整体声誉来强化某一个成功的个案。反之，所有著名大学都会用其成功的个案（如突出的学科或院系，甚至于个别杰出的校友）来强化学校的整体形象和声誉。

例如，多数大学都因其格外知名的某个院系而著名。曼彻斯特大学的名声得益于它的物理系，后来又得益于其乔德雷尔·班克天文台拥有世界一流的无线电天文设备，并将建造世界最大的无线电望远镜；赫尔大学的名气来自于化学系，其发明的现代通信材料液晶目前已在全世界广泛用于显示系统；多伦多大学以发明胰岛素而闻名世界；哈佛和沃顿的 MBA 教育使它成为企业家的摇篮。

所以，任何学校要把所有的分支机构（如院系）或所有的事务（如教学、科研、学生管理、后勤服务）都搞得十分出色是很困难的。学校必须合理配置资源，重点突出，在一点或数点上有所突破。我校培养的文传系学生钟颖、艺术系学生周建良等一批优秀学生，对我校的声誉带来了很好的影响。

3.把握公共关系，强调形象管理

形象和声誉是学校的重要资产，因此，大学必须采取积极的措施进行形象管理，确立大学的形象维护战略和优化战略。没有一所大学能像大公司那样投巨资进行市场调研和形象设计，但成功的大学都有一个专门处理公共关系和相关事务的部门。创品牌的公共关系优化战略就是：

第一，利用报纸、电视和广播等公共媒体宣传学校，这对于扩大学校的知名度非常重要。要利用记者采访、事件报道、校长和教授对某些事件作出评论等多种形式宣传学校。争取媒体关注是公司扩大知名度的重要手段之一，大学特别是新办大学，亦当如此。宣传是增加学校品牌附加值的一个重要手段。学校有关部门应当有媒介的敏感性，每天能够与报纸、电视、广播等媒体保持密切的接触，并且增加在高级媒体上的宣传力度。

第二，利用"请进来"的方式增加学校与社会的接触度。邀请名人、名企访问、开办讲座、举办公益活动和学术会议；举办校园开放日，邀请社会人士、中学师生参观校园，图书馆、实验室对外开放；举办公开性的文艺汇演、体育比赛等，这些活动都体现了学校与社会接触的程度。

第三，与一些具有良好声誉和形象的组织机构建立合作，有助于提高学校的知名度。例如，与知名企业、慈善机构联合搞科研，与各大银行、著名会计师事务所联合做项目或搞培训，与社科团体、行业协会、某些政府机构共同研究一些课题或开展一些学术活动等。

第四，利用学校附属的美术中心、科技园、剧院、会议中心、创业园或创业中心等进行横向品牌开发。一个成功的科技园或口碑极好的美术中心能够极大地促进一所大学在自然、人文科学方面的声望，虽然科技园、美术中心与实际的学术水平之间没有太大的联系。例如，斯坦福大学正是由于建立了科技园区，吸引企业入驻，并孵化创业，才成就了后来的"硅谷"，并促其成为世界一流大学。

第五，办好学校的网站，突出自身的优势和特色。在网络高度发达的新媒体时代，办好一个富有特色、关注度高的网站，无疑是一个全球性的广告。例如"中国教育在线"网站，我校的点击量2011年6月达26万次，位列同类院校之首，就是一个很好的宣传。

4.对外树立形象，对内凝聚共识

对外树立形象是创品牌的重要过程之一。在财政困难的时期，如果削减维护经费，对校舍疏于维护，不勤加修饰，不美化环境，不及时清除乱写、乱画和地面垃圾，不更新路牌，不搞好园艺，不做好每日清洁、外部装修以及其他美化校园环境的工作，就意味着忽略学校外部形象建设的这个极为重要的方面。而优美的校园、美观的建筑，不仅有利于树立学校的外在形象、增加学校的信誉，而且会增强师生员工的荣誉感和自豪感。比如，常春藤是美国名校的外观标志，表示办学历史悠久。有的考生说，当初报考"锦城"，就是因为看到了忠孝大楼和图书馆的恢宏大气，所以，建筑风格也是品牌。反之，如果校园不美，管理不善，就会给人以相反的印象。

同时，学校的形象还要靠设计，在营销学上就是LOGO标识设计。学校的校旗、校徽、校歌、校训、基本色、员工制服、指示标牌、特定术语和名称等，都体现了学校的特定形象。比如，我校的基本色"锦城红"就是我们的标识之一。所以，我们要有一套区别于其他学校的VI、CI系统设计。

对内凝聚共识就是大家都要认识到品牌是竞争的主要手段。我们必须清楚，只有对内凝聚共识，当师生的价值观与学校所倡导的价值观高度一致时，才能产生更为强大和有效的行动及效果，学校品牌创建也才能进一步获得成功。我们要充分利用学校的标志、特色、创新和理念，广泛地向社会传播，这是"锦城"这个品牌能够迅速发展壮大，与其他学校竞争的重要武器。

5.人人是品牌，事事是品牌

学校的竞争就是学校品牌的竞争，创品牌要从一人一事做起。品牌贯穿于所有过程中，人人、事事都要为树立形象和品牌而奋斗。

第一，后勤、保卫人员是品牌。成功大学的特点之一就是后勤、保卫人员高度的工作热情和自豪感。市场开发方面有一条重要的原则——一线职工往往决定着顾客对一个组织的印象。一所大学的后勤人员，如搬运工、清洁工、场地管理员、宿舍管理员、餐饮人员等，若能够为他们的工作感到自豪，把创造良好环境当作对学校办学发展的贡献，这就是品牌；大学参观的接待者向学生家长介绍院系所在地点，管理停车场，处理失物招领，经营校园餐饮和商店等，在所有这些活动中，热情、主动的服务人员是大学能呈现给公众最美好的印象，这就是品牌；在火车站接送学生和家长的校车司机对学校的赞美，也是学校最好的广告。

第二，管理人员是品牌。大学包括院（校）系两级管理人员，他们是负责大学行政事务、为教学和科研服务的重要工作人员。好的管理者应该使学校这台"机器"运转自如，人员各司其职、和睦相处。他们应该是处事严谨、态度和气、早来晚走、勤思高效的工作人员。这样的机关，无论对内对外，都是一张靓丽的名片。

第三，教师和课程是品牌。学校的办学思想和理念是通过教师和其所教的课程传达给学生的。在某种意义上可以说，学生对学校的印象是由教师的作为形成的。有一批著名的教授、学者无疑是学校最响的品牌。俗话说："山不在高，有仙则灵。"学校是"庙"，教师就是"仙"，名师就是"大仙"。哥伦比亚大学的教授说"教授就是大学"，我们说"教授（教师）就是品牌"。今天"夫子育人奖"一等奖获得者就是我校的品牌。在北大，蔡元培、胡适、季羡林、冯友兰、李大钊、辜鸿铭、梁漱溟等大师们就是品牌；在清华，梅贻琦、陈寅恪、梁启超、赵元任、王国维、熊庆来、华罗庚、叶企孙、吴有训、周培源、朱自清、闻一多等名家们就是品牌。大学聘用教师的过程就是积累学术力量的过程，大学的成功就建立在这些教师的教学与科研活动之上。所以，每次有新进员工受聘，系里就应当郑重其事地举行聘任仪式，校长应当对其表示庆祝和欢迎，聘任教授应召开新闻发布会，受聘人员应当举行受聘讲座等。

第四，校长是品牌。校长是一个学校的灵魂。有人说："一个校长就是一所大学。"校长的学识、经历、为人及其办学理念和治校之道，都是一所学校的形象和品牌。纵观国内名校，无不因其校长有名而闻名，北大出名就是前有蔡元培，后有马寅初。还有清华的梅贻琦、南开的张伯苓、浙大的竺可桢、川大的吴玉章等。他们都是知名校长，他们带领学校励精图治、革故鼎新、创造奇迹。所以，校长在学校品牌创建的过程中所发挥的作用，一是使学校增值，二是使学校的服务半径增大，如孔子说的"近者悦，远者来"。校长应当是理想家、理论家，给师生带来愿景和向往。同时，校长也应当是解决问题的能手。因此，树立校长形象，宣传校长业绩，强调校长的个性和特点，就是创造学校的品牌。

第五，学生是品牌。大学的核心职能是培养人才。一方面，学生成功了是品牌。校友是学校最好的形象大使和宣传员，杰出校友若是诺贝尔奖获得者、政界要人、艺术家、科学家、企业家等，无疑是学校的光荣，这当然为学校创建了品牌。另一方面，在校生的满意度也是品牌。学生在校期间受到良好的教育，获得满意的学习和生活体验，如良好的课堂、住宿条件，便利的图书馆、互联网资源，以及周到负责的服务，课余生活丰富多彩，使其在校的四年成为难忘的四年、改变一生的四年，那么他就是一个活广告、好广告。学校的品牌就是要靠学生和家长的口碑，要靠学生感恩母校、宣传母校。大学留给一批批毕业生的印象越好，在学生和家长中的口碑就越好，也就越有助于建立稳定的生源。商业活动的经验告诉我们，赢得新客户的投入是留住老客户投入的3-5倍；公司留住5%的回头客，利润可增长85%；一个不满意的顾客平均会把其不满意的经历告诉14个人，网络时代这个范围还会更大，而一个非常满意的顾客再次消费的可能性比一般满意的顾客高出6倍，而且会把其满意度告诉其他人。所以，我们一方面是要搞好爱校教育，另一方面要搞好教学和服务。

第六，很多项目、业务、工作都可以成为品牌。有时候考生报考学校，就是为了某些名牌专业，所以，有影响力的专业也是学校的品牌。比如ACCA专业就给我校提高了知名度和品牌声誉。还有，国际教育可以是品牌，学生工作也可以是品牌，就业好、创业好也是品牌。

所以，人人是品牌，事事是品牌，每个人都要为自己的品牌负责。比如我们逢年过节给我们的合作单位、捐资助学单位送去贺卡、祝福和问候，这是懂得感恩，无形之中也树立了我校的品牌。你是教师，就要把课讲好；你是辅导员，就要把学生辅导好；你是员工，就要把本职工作做好。一堂课教好了是品牌，一个专业办好了是品牌；学生成才了是品牌，学生满意了也是品牌。每个人、每件事都是品牌，全过程、全方位都是品牌，大家都要为创品牌而奋斗。

6.质量是创品牌的保证，特色是创品牌的关键

我们要办名校，就是要创品牌。市场竞争就是品牌竞争。哈佛、北大都是品牌，那么，品牌的保证什么？就是质量。所以，我们要把教学的质量、科研的质量、服务的质量搞好。忽视任何一个环节的质量，都会给创品牌带来损害。用人单位说我们的毕业生表现好，这就是人才培养的质量好。老师上课，学生反映好，这是质量。有的老师上课一直放片子不点评，这是课堂"放水"。有的老师备一次课讲五年，照本宣科，这就是不讲质量。所以，我们要创"锦城"的品牌，质量是基础。学校品牌竞争力的核心是学校的教育质量和服务质量，学校品牌提升最重要的保证就是质量，质量就是学校生存和发展的生命线。

另外，创新特色是创品牌的关键。我多次提出一个问题，我们这

种新建学校怎么能走在别人前面？就要以特色取胜。因此，我们要创品牌就是要创特色。特色就是人无我有、人有我新，特色就是找准定位、差异化竞争，特色就是拥有撒手锏。

哈佛大学的出名并不是因为它办学历史长，而是因为它创新多。选课制、第一个MBA学位、案例教学法都是哈佛的创造。所以，哈佛的品牌不是因为它的年龄，而是因为它的创造。

斯坦福大学在20世纪中叶的时候还是一所普通大学，眼睁睁看着后起之秀如加州大学伯克利分校赶超自己。董事会在20世纪五六十年代作出一个重要决定，把斯坦福的土地廉价租给那些自主创业的IT小公司。斯坦福通过专利转让，使这些小公司依托学校创业，成就了今天的"硅谷"，就是产学研科技园，从而使斯坦福一跃而上成为名校。

哥伦比亚大学因其是美国通识教育的开创者而著名；加州理工学院因其"小而精"的办学而闻名；还有加拿大滑铁卢大学的工学结合教育就是特色，他们没有假期，学生在不断交替的理论教学和实践工作中得以成长。

我们要后来居上，必须有自己的创造。"三大教育""三大培养""四大计划""四个课堂""五项原则""创业创新""三自三助三权""三大教学改革""四大合作平台""六大教学法""十种学习法"等，这些都是我们已经创造的特色。大家还要在此基础上，进一步创新和深化特色。所以，创新特色是品牌的关键，没有特色就无法打造好的品牌。

（三）大学的品牌形象有哪些表现？

前面讲了为什么和如何树立大学的品牌形象，那么，大学声誉和品牌形象到底有哪些表现？

第一，学生有一个光明且稳定的就业前景。学校应拥有一批稳定的用人单位和合作企事业单位，特别是一些高端就业单位（如政府机关、金融机构、知名企业、科研机构等）将学校列为人才选聘的基地。

第二，学校在短期培训市场上占有一定的份额。很多公司更愿意聘请一些知名大学而不是那些名不见经传的学校的教师给员工做培训。据统计，英国最大的短期继续教育培训项目是由那些最优秀的大学完成的。我校要进一步创品牌、建名校，就要成立培训中心，争取更多、更好的短期培训项目。

第三，学校承担与大企业横向合作研究项目。只有那些优秀的一流大学能够取得与大公司合作项目的合同，但那些与企业联系紧密且专业精神很强的后起之秀是个例外。我们要更加密切地联系企业，并组建更加专业和优秀的研究团队与大企业开展产学研合作。

第四，学校应列入某一个高考分数段之内，学生报考最心仪的高校名单，作为该分数段内学生最关注的高校之一。我校进入第二阶段后，必须在省内二本院校中争取优质生源，要成为二本考生最关注和最希望报考的省内高校之一，这才说明我们第二阶段的目标胜利达成。

老师们，我重申一下，学校2012年以后的总体工作重点就是：深入贯彻"十年发展规划"，创品牌，建名校，为实现"三步走"战略而奋斗！刚才我讲的三个方面就是深入贯彻"十年发展规划"的具体问题。为了达到我们的目标，我们必须有进取精神。一个组织没有进取心，没有竞争意识，是不可能成功的。而大学的进取精神不仅仅靠大学校长的鼓励，更要成为全校普遍的精神状态。全校上下应当一致清楚地认识到学校有竞争力的地位以及保持这种地位的必要性，所有人都为学校的成功欢欣鼓舞。因此，我希望大家全力以赴、拼搏进取，为创建我校的品牌，办成"西部领先、全国一流、世界知名"的应用型、创业型大学作出贡献！

2012年
追求卓越建名校

这一年，正式获批进入省内二本批次招生；

这一年，出版《大学生就业岗位调查报告》，以改革我们的教育；

这一年，深入研究大学精神和大学思想，并提出"锦城课堂大于天，锦城发展重于山"的理念。

再论全身心投入"锦城"的教育事业是"锦城"教师的第一师德

——在《锦城学院报》上发表的专论

（2012年4月16日）

人要做成一件事，大抵都是十分投入才能做成的。鲁迅先生说他不是天才，只是把别人喝咖啡的时间都用在工作上；爱因斯坦之所以成为20世纪最伟大的物理学家，也是因为他对科学研究的全身心投入；乔布斯说过："成就一番伟业的唯一途径就是热爱自己的事业。"可见，只有专注投入，挤出比别人多的时间，才能把一件事做好，做到出类拔萃。

苏联教育家克鲁普斯卡娅曾说："教师的工作是责任重大的工作，实际上，未来的青年一代都在教师手里。"老师要教书育人，更要花时间：花时间备课，花时间讲课，花时间辅导和答疑，花时间批改作业，花时间与学生沟通……总之，要投入。光靠上课四十五分钟是不够的，光靠八小时也是不够的。哈佛大学文理学院前院长亨利·罗索夫斯基说："教授没有八小时以外的自由，也不能对学生说'今天我休息'。"

做教育，要用心来做。教师（包括管理人员和服务人员）把学生放在心上，学生就会把学校放在心上。你要让学生喜欢学习，首先要使学生喜欢老师和学校。教育的规律之一就是"亲其师，信其道"。每个教师都要有燃烧自己照亮别人的蜡烛精神，时时、事事想到学生，学校的教育才会成功。

做教育就像做农业，要精耕细作，不违农时。该播种时要播种，该插秧时要插秧，该浇水时要浇水，该施肥时要施肥。每一个环节都要一丝不苟，这样庄稼才能茁壮成长，获得丰收。

做教育就是做投入。这里所说的投入不只是金钱的投入，尽管金钱的投入是重要的，但光靠金钱的投入是不行的。世界上有些产油国的钱很多，但它们的教育并不是最好的。我们所说的投入，更重要的是教育工作者精力、时间和智慧的投入。

全身心投入"锦城"的教育事业是"锦城"教师的第一师德，也只有全身心投入才能做一名好教师。我们的本事不在于去挑选高质量的学生，而是能把普通的学生培养成高质量的人才。要想做到这一点，仅靠教师的学术水平是不够的，更要靠教师的责任意识。一个人的能力有大小，水平有高低，但投入与不投入的效果大不一样。人们都期待水平高、能力出色又投入的老师，但水平即使不太高，十分的投入也比那些不投入的老师好。

从制度上而言，国外许多学校对教师在校时间均有明文规定，全职教职和科研人员每周必须在学校工作满 4 个工作日以上，以保证教师进行教学、科研的时间和质量。个别专职、全职教师（包括管理干部）在几个地方任职，像打游击战一样，打一枪换个地方，这种行为对学生、学校来说，毫无责任感，有误人子弟之嫌，而且也不符合"做人要地道，待人要厚道，处事要公道"的为人之道。我们也要从评价体系和基本制度上予以保证，使那些全心、全意、全职、全力的教师得到更多的奖励和晋升。

对学生负责就是对学校负责，对学生的前途负责就是对学校的前途和发展负责。一个负责任的教师既要教书，也要育人，要把教书和育人结合起来、课内和课外结合起来，全身心投入。因为我们从事的是一项高尚的事业！

三论全身心投入"锦城"的教育事业是"锦城"教师的第一师德

——在《锦城学院报》上发表的专论

（2012年5月3日）

四川省教育考试院批准我校升二本招生，我校声誉和地位有很大提升。社会各界均有赞誉之词，师生员工兴高采烈，自豪之情溢于言表。

升二本对学校来说既是一个机遇，也是一个挑战。现在摆在我们面前的问题是我们要办一个什么样的二本院校，是低水平、一般化的呢，还是高水平、有特色的？

人贵有自知之明。要办一个高水平、有特色的二本应用型大学，我们并不占优势。我们是一所年轻的学校，尽管我们以百年老校四川大学为依托，但教师的成长、文化底蕴的培育、教学设施的完善、管理水平的提高都是需要时间和积累的；办教育是要花钱的，办大学是要花大钱的，办好大学是要花更多钱的。在公共财政的阳光尚未普照到所有学校的情况下，财力紧张仍然是一个大问题。在这种情况下要后来居上，出路何在？

出路就在全身心投入。教师全身心投入教书育人，学生全身心投入学习、实践。全体教职员工齐心协力，同心同德，全身心投入，以十倍的热情，百倍的努力，投入"锦城"的教育事业中去！

俗话说"人心齐，泰山移"。中国历来有家贫出孝子、国难出良将的说法。我们处在一个转折点上，只要"锦城"教职员工思想一致，勇于付出，很多问题就会迎刃而解。我们这几年全员帮学生就业，实现了有就业意愿的学生都能就业的目标。全员帮学生解困，在国家公共财政没有阳光普照的情况下，我们学校没有一个学生因家庭困难或天灾人祸而中途辍学。这都是很好的例子。

中国传统认为勤能补拙，勤就是投入。只有全身心投入，深入学生生活和学习，才能建立亲密的师生友谊，才能有效帮助学生解决成长过程中的问题。只有深入教学科研第一线，才能了解学生的特长、疑惑和要求，才能有效进行"三大教学改革"，才能做到师生共鸣、教学相长。

《伊索寓言》有乌龟和兔子赛跑的故事。尽管兔子有跑胜的很多优势，但它不用心、不投入，照样被兢兢业业、奋发努力的乌龟战胜。

我们历来强调谦卑处事，笨鸟先飞，倡导全身心投入的师德师风，这是我们由弱变强的必由之路和制胜法宝。

教育的关键是教师，教师的水平决定教育的水平。美国总统奥巴马号召让最优秀的大学毕业生做教师，因为教育的质量不可能超越教师的质量。教师的水平

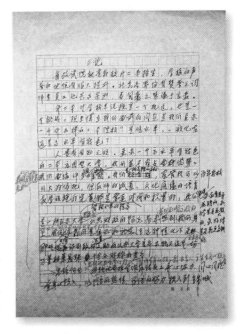

邹广严院长手稿

从哪里来？一是态度（个人努力），二是制度（组织培养）。同样制度下取决于态度，就是教师本人的努力和投入。你要给学生一碗水，你就要准备一桶水。近年来，为什么高校学术不端的行为屡屡发生？很重要的原因之一是不肯投入，不下功夫，企图走捷径。

孔夫子是全身心投入教育事业的榜样和典范。对自己，他"学而不厌"，研究易经，韦编三绝，研究欣赏音乐，三月不知肉味。对学生，他"诲人不倦"，主张"有教无类""因材施教"。他整天没完没了地和学生讨论问题。他对每个学生的情况，包括家庭、特性、优点、缺点都了如指掌，能针对每个学生的特点给予指导。他的学生颜渊慨叹道："夫子循循然善诱人，博我以文，约我以礼，欲罢不能。"他是中国第一个民间办学的教育家，被誉为"至圣先师"，受到历代国人的尊崇。

我们选择了教育，就是选择了一种理想。教育工作的唯一目的，是使受教育者升值。我们要认真学习和贯彻教育部公布的"高校师德八条"，切实加强师德师风建设。

让我们满怀激情，全身心投入这项光荣的事业中去，为"锦城"的明天和祖国的未来而奋斗吧！

助推地方文化建设，提高群众综合素质

——在成都高新区合作街道市民图书馆揭牌仪式上的致辞

（2012年5月10日）

今天，成都高新区合作街道市民图书馆正式挂牌启用，我代表锦城学院和全校师生表示热烈的祝贺，并对第一批入馆的十七家企业、中小学和社区表示热烈的欢迎。

成都高新区合作街道市民图书馆揭牌仪式

锦城学院是一所年轻的学校，是一所民办学校，但它是一所负责任的大学。我校有一个崇高的宗旨和理念，就是为地方服务，为地方的经济、政治、文化和社会的发展服务，为地方的企业、中小学、社区服务，为当地的老百姓、群众服务。"锦城"就是成都人民的大学，就是在成都市领导下为成都人民服务的大学！

"锦城"图书馆有 140 万册藏书，全部免费向所在地区的群众开放。这是锦城学院响应党中央号召，助推地方文化建设，提高群众综合素质的一项举措。我们欢迎有关企业、中小学、社区员工和群众来馆借阅图书，查询资料，研究和探讨问题，促进高新区经济、社会在转型中更快更好地发展！

同志们，"锦城"图书馆的开放，只是第一步。我们还将开放我校的运动场、大礼堂。适当的时候，我们将开放我们的课堂。我们要与当地政府一起，力争把"锦城"办成当地的文化中心、科研中心和体育锻炼中心，为成都市的发展作出更大贡献！谢谢大家！

飘扬在青春岁月的旗幡

——《大学生村官报告文学集》序

（2012年5月）

在每一段历史的背后，都站立着一些谱写故事的鲜活的人们。在每一个青春洋溢的岁月，都会有高高飘扬的旗幡令理想昂起高贵的头颅。在中国新农村建设的历程中，也有这样一个群体——当一批又一批农村青年随着城镇化大潮离开乡土，进入城镇，他们却反其道而行之，背着行囊，作别都市的喧嚣与繁华，从大学校园出发奔向无垠的田野。他们身上流淌着新鲜的血液，心存勃发的激情与坚定的信念，为新农村建设的千秋大业注入了新鲜血液。他们成了这段历史的难能可贵的实践者，他们有一个共同的名字——大学生村官。

大学生村官是指到农村担任村党支部书记、村委会主任助理或其他村"两委"职务的具有大专以上学历的应届或往届大学毕业生。20世纪90年代中期，首批大学生村官开始出现。2008年3月，我国全面启动大学生村官计划。2010年4月，中组部下发通知，将原定5年内选聘5万名大学生村官的计划调整为5年内选聘10万名，结果当年选聘大学生村官便达3.6万名。目前，全国共有20万名大学生村官在岗。大学生村官成为社会主义新农村建设中一支新兴的中坚力量。

现在，大学生村官早已不是一个陌生的名词，在农业大省四川尤其如此。但是，以报告文学的形式，通过对一个个个性鲜明的大学生村官个体的刻画，为大学生村官这一群体塑像，本书却是第一本。所以，《飘扬在青春岁月的旗幡——大学生村官报告文学集》的出版，可喜可贺。

《飘扬在青春岁月的旗幡——大学生村官报告文学集》一书选取的40位大学生村官，是四川大学生村官的杰出代表。本书忠实记录了他们发挥知识储备与创新活力优势，与农民心贴心、手牵手，同呼吸共命运，在建设新农村中大展身手的火热实践，生动反映了他们在农村这一广阔天地里经风雨、见世面，砥砺人生的成长历程；他面展示了他们将自己的命运与祖国的命运相融，与时代同行，将理想付诸实践的精神风貌。同时，本书富有真实性与时代感，注重典型性与艺术化，既有新闻价值，又有文学价值和史料价值，可读、耐读。

值得一提的是，本书的40篇报告文学出自40名在校大学生之手。四川大学锦城学院、四川师范大学的学子们从接到选题后便开始了一对一的采访工作。这些学子们从校园里走出，来到田园、山村，与优秀的大学生村官进行面对面的交流与互动。以同龄人的视角，真实描绘大学生村官这一群体，记录他们的生活，感受他们的责任，聆听他们的理想。采访大学生村官的过程，也是这些青年学子经受精神洗礼的过程。

我们欣喜地看到，书中记录的大学生村官们的理想与抱负、奋斗与奉献、担当与责任，正是当今新一代大学生最为宝贵的德行。我坚信，在今天，他们的所思所想、所作所为，当属大学生和一切有志成才的青年人的典范和榜样；在明天，他们将会成长为国家之栋梁、民族之精英。我们期待着。

"锦城"校友就是"锦城"

——在2012届毕业生毕业典礼上的讲话

（2012年6月25日）

今天，我们隆重举行2012届学生毕业典礼，庆祝3464名毕业生圆满完成学业，踏上新的人生征程。在此，我谨代表学校向各位毕业生表示热烈的祝贺！向支持学校发展、关爱孩子成长的家长们和全身心投入教育事业的全体教职员工致以崇高的敬意！向长期支持和关注我校发展的四川大学、各股东单位、合作办学友好单位的各位领导和来宾表示衷心的感谢！

同学们，你们在"锦城"的四年里，度过了不平凡的1460个日日夜夜。刚进大学的时候，你们可能有过彷徨和迷茫，也可能有过苦恼和抱怨。但是经过"两个转变"，你们已经日渐成长，化茧成蝶。

这四年，教学楼、图书馆里有你们勤学苦练、手不释卷的身影；运动场、升旗台上有你们健步如飞、飒爽豪迈的英姿；青年公园、长宁花园中有你们亲手栽种、精心呵护的树苗；第四课堂、大礼堂内有你们热情奔放、激情洋溢的歌声。

这四年，你们在"锦城"农场中享受丰收的喜悦；在"三创"中心里体验创业的艰辛；在"锦城"大讲堂上感受大师的风采；在苹果湖畔展开对真理的讨论。

　　这四年，青年会客室给予你们参与学校管理的民主权利；"三自三助"管理模式使你们成为这所大学的主人；社团联合会展示出你们风华正茂、朝气蓬勃的青春风采；明德实践留下你们的忠心、孝心和爱心。

　　同学们，过去这四年，你们在"锦城"受到了良好的教育和熏陶，你们也用行动书写了"锦城"的历史。从军训开始，每一堂课、每一次讨论都构成了你们美好的回忆，每一步实践、每一场竞赛都绘就了"锦城"美丽的历史画卷。这四年，你们变了，变得更自信、更自强、更自立了，变得更智慧、更干练、更成熟了。这四年，你们修养了品格，增长了才干，做好了走向社会的各项准备，这是大学学习生活的必然！

苹果湖畔

　　在"锦城"，通过"三讲三心"明德教育，你们理解了"做人第一"的内涵，学会了忠孝仁爱、礼义廉耻、知恩图报、与人为善，学会了言必信、行必果、有担当、负责任。财会系毕业生陈春梅同学，见义勇为，救危扶伤，在全社会对应不应该扶被撞倒老人仍有很大争议的情况下，勇救被货车撞倒的受伤老人，续写了我校学生热心助人、奉献爱心的光荣传统；成功签约东汽集团的金融系王宇超同学，组织团队深入绵竹灾区，感恩社会，帮助他人；家在成都的土建系同学李莉婷，在"西部计划"志愿者的招募中，义无反顾地选报西藏，成为我校第一位参与援藏志愿服务的女生。从建校至今，我校的明德典型层出不穷，充分证明了我校明德教育的深入和成功！

在"锦城"，通过"一体两翼"知识教育，你们接受了精湛的专业训练和广博的通识教育，既学习了理论知识，更掌握了正确运用知识的能力。ACCA的李彬、顾诗佳、凌瑞韩同学在大学期间就通过了ACCA14门课程的全部考试；外语系孙梦同学，以过硬的专业水平（日语能力一级），在与诸多学校研究生的就业竞争中脱颖而出，

锦城学院2012届毕业生毕业典礼

成功签约省内另一所二本院校，成为专职日语教师；金融系李郁文同学，在几千人竞聘的公务员考试中，过关斩将，成功考取中国银行业监督管理委员会四川监管局公务员；计科系贾娇同学，凭借其优秀的专业素养和丰富的实习经历，受聘于世界500强的IBM公司。

你们当中，有200余名同学考取了国内外知名大学的研究生。仅文传系就有60名，占全系毕业生总数的17%。其中，黄雪菲同学以优异的成绩考取复旦大学研究生，钟雨霄同学被香港中文大学、香港城市大学和香港理工大学竞相录取。土建系建筑学一个专业的77名毕业生中就有12名同学考研或出国留学。王崔瓂同学同时被香港中文大学、谢菲尔德大学等六所知名高校录取。此外，还有百余名同学被北京师范大学、中国传媒大学、南京大学、四川大学、电子科大、西南交大等国内重点高校录取。百余名同学赴"英国红砖大学"——伯明翰大学、布里斯托大学、利兹大学、曼彻斯特大学，以及美国的纽约大学、加拿大的多伦多大学等境外名校留学深造。你们的出色表现，充分证明了你们的学业水平得到了国内外的认可，也证明了学校优质的教学质量和高超教学水平！

在"锦城"，通过"三练三创"实践教育，你们具备了走向社会的生存能力和取得更好发展的创新创业能力。截至目前，2012届毕业生就业率为98.47%，这已是我校连续第四年毕业生就业率达到98%以上。同时，你们当中还有近200名同学考取了全国各地的公务员和事业编制工作岗位。此外，你们当中更有敢于创新、勇于实践的创业者。例如计科系邓翔云同学，他和其他几位同学一道，成立驰骋职讯信息技术有限公司，成为今年高新天府软件园免税、免房租的六个创业团队之一。再如电子系曾彪同学，他学以致用，潜心实验，独立完成三十余个实验项目，目前，他制作的投影仪已经接到了十几台的工程订单。还有文传系肖烈虎同学，他获得成都伯特利投资管理公司的风投资金，开始了自主创业，其项目现已在香港注册，并在深圳设立了总部。今天，他们是"锦城"的创业先锋。明天，他们就可能是开拓创新、走向成功的企业精英！

亲爱的同学们，今天，你们顺利毕业了，即将奔赴祖国各地，开始你们新的生涯。你们还要实现新的"两个转变"：一是从"学场人"向"职场人"的转变，二是从"全身心投入学习"向"全身心投入工作"的转变。我相信，在不久的将来，你们将成为优秀的国家公务人员，出色的企业管理干部，诲人不倦的教师，严谨求实的工程师、会计师，才思敏捷、德艺双馨的新闻记者和文学艺术工作者……在你们扬帆起航的时刻，我有一些话与同学们共勉，希望你们能开好局、起好步、走好路。

第一，敬业比专业更重要。在你们拥有专业能力、专业素质和专业岗位之后，敬业精神就显得更加重要了。南宋哲学家朱熹说："敬业者，专心致志以事其业也。"敬业是在工作中全力以赴、使命必达的一种态度；敬业是在岗位上一丝不苟、尽职尽责，不做"差不多先生"的一种精神；敬业更是在困难中想尽办法，排除万难，坚持到底的一种信念。通俗地说，敬业就是积极努力，就是吃苦耐劳，就是早来晚走，就是全身心投入，就是少发牢骚多干活，就是不怕一切困难完成任务。多年前，美国出版家阿尔伯特·哈伯德写过一本小书《致加西亚的信》，全球累计销量已超过8亿册。这本书的主人公罗文，在美西战争中接过美国总统的任务，要把一封能够决定战争命运的信送给转战在古巴丛林中的加西亚将军。他孤身一人，历经波折，面临的不仅仅有敌人的子弹，还有复杂的地形和恶劣的天气，以及根本不知道加西亚将军的确切地址。但是，罗文凭借自身的勇气和努力，克服万难，历时三周，终于找到了加西亚将军，出色地完成了任务。他也因此成为敬业、忠诚、勤奋的象征。正如凤凰卫视行政总裁刘长乐所说："天才的成就是上帝给的，普通人的成就是职业精神换来的。"那么，职业精神是什么？首先是敬业。敬业可以完成专业，敬业可以提升专业，敬业可以使专业更加专业！在这个意义上说，敬业比专业更重要！

第二，能力比知识更重要。知识无疑是人类改造世界、发展文明的有力武器，没有知识，人类就很难摆脱愚昧和黑暗。大学是创造知识和传授知识的场所。你们在四年的大学学习中，已经获取了自然科学和人文社会科学等多方面的知识。但是，在未来的职场工作中，考验你的不是你学过什么，而是你能干什么；不是你整段知识的背诵，而是你解决实际问题的能力。能力就是活学活用，能力就是融会贯通，能力就是现实生产力！所以，知识必须转化为能力，能力比知识更重要。我希望你们在职场中继续发挥自己的核心竞争力，包括终身学习的能力、善于沟通的能力、团队合作的能力、组织协调的能力、快速适应的能力、人际交往的能力、实践创新的能力等。我相信，拥有多方面能力的"锦城"学子们，一定会在未来的职场竞争中立于不败之地！

第三，追求道德比追求财富更重要。财富是人类劳动的成果，也是经济社会发展、人民物质生活水平提高的一个表征。但是，财富不代表幸福指数，更不代表在社会上受尊重的程度。在财富面前，人人都必须解决两个问题，即"取之有道"和"用之有方"。孔夫子曾说：

"富与贵，是人之所欲也，不以其道得之，不处也；贫与贱，是人之所恶也，不以其道得之，不去也。"因此，君子爱财，取之有道。毒奶粉、地沟油、瘦肉精、塑化剂等食品安全问题已经触及了社会的道德底线，他们发不义之财，做无道之事，为富不仁，永远不会赢得人们的尊重！而另有一些人，如十余年捐款12万元、二十年献血6万毫升的鞍钢普通公路管理员郭明义，危难时刻舍生忘死救学生的黑龙江女教师张丽莉等，他们财富不多，但行为高尚，成为人们学习和尊重的楷模。我希望你们要牢记我校的"三讲三心"明德教育，坚持社会良心，承担社会责任，坚守做人原则，铸牢道德底线，绝不做那些伤天害理的事，绝不用不正当的手段获取不义之财！在财富使用方面，世界顶级富豪比尔·盖茨和巴菲特立嘱捐献身后几乎全部财产做慈善，他们的善举可能惠及全球穷苦人群；邵逸夫给内地的很多高校捐建了图书馆、教学楼；江苏企业家陈光标在汶川大地震时，亲自率队到灾区捐款捐物，奋力救人；一个月前，中国经济学家、首批海归企业家华生，在母校东南大学110周年生日之际，为母校捐款1100万元；还有一位维吾尔族大叔阿里木江·哈力克靠烤羊肉串赚的钱资助了几百名学生，成为全国道德模范。普林斯顿大学每年有高达61%的校友为校友基金会捐款，哈佛大学也有48%的校友为母校捐款。钱不在多少，但能体现一个人是否具有"穷则独善其身，达则兼济天下"的精神，能体现一个人的社会担当与感恩精神！

第四，情商比智商更重要。在大学毕业生中，除了少数天才之外，大家的智商基本是不相上下的。那为什么到了社会上就千差万别了呢？有一个很大的因素，就是情商。哈佛大学心理学博士、美国科学促进会研究员丹尼尔·戈尔曼在《情商》一书中把情商概括为五个方面的能力：一是认识自身情绪的能力，二是妥善管理情绪的能力，三是自我激励的能力，四是认识他人情绪的能力，五是人际关系的管理能力。美国一家研究机构调查了188家公司高级主管的智商和情商与工作表现之间的联系，结果发现，情商的影响力是智商的9倍。在中国，最近有一个关于"23号"的故事。一个女孩学习成绩中等，在全班50个学生中名列23位。她的理想不是当英雄，而是坐在路边为英雄鼓掌。有一次，老师出了一道题目，问大家最欣赏班里哪位同学，并说出理由。奇迹发生了，除了女孩本人之外，全班同学都写上了她的名字。理由是什么呢？就是她热心助人，守信用，不爱生气，好相处，还有乐观幽默等。这些是什么呢？这就是情商！所以，在经济全球化的今天，一个人没有亲和力，没有团队合作精神，就不能取得领导和群众的认可，他的事业便很难成功。在这个意义上说，情商比智商更重要！

亲爱的同学们，你们即将毕业了，你们将唱着"我们今天是桃李芬芳，明天是社会的栋梁"的毕业歌离开学校，走向社会。在这之前，你们还有两件事要做。一件是要感恩。感恩四年来，关心过你们、支持过你们、教育过你们的人们，包括老师、家长、社会团体和慈善人士以及你们的亲朋好友。你们可以给他们打个电话、发条信息、寄封感谢信，表达"锦城"学子"滴水之恩当涌泉相报"的感恩情怀。另一件就是要和"锦城"校友会取得联系，留下你们的工作单位、电话号码和电子邮箱。从此之后，你们就是"锦城"的校友了。无论你是事业成功，还是普普通通，你们都是"锦城"的校友。"锦城"的校友想着"锦城"，"锦城"的校友回报"锦城"，"锦城"的校友代表"锦城"，"锦城"校友就是"锦城"！

同学们，你们要离校起飞了，你们带着"锦城"的嘱托和祝福勇敢地飞吧，飞向大海，飞向蓝天，飞向光明的未来！但是，请记住，你们腾飞的起点是四川省成都市高新西区西源大道1号！

谢谢大家！

振奋精神，全力以赴，
为学校的持续发展努力奋斗

——在2011—2012学年第二学期期末总结大会上的讲话摘录

（2012年7月5日）

今天总结大会的主题是：振奋精神，全力以赴，为学校的持续发展努力奋斗。本学期，我们做好了六件大事。一是进入省内二本招生，二是通过学士学位评审，三是师德师风进一步提高，四是继续取得就业和升学的双丰收，五是对外合作和交流进一步扩大，六是创新、创业取得新发展。在总结本学期工作的基础上，我再部署下学期学校的工作重点。具体来讲，主要是三个部分。

一、在思想上解决两个问题

（一）大学就是大学

首先，大学不是中职、中专，不是高职、高专，不是职业训练所，而且，大学也不是公司。《中国青年报》上有篇报道是《呼唤高职院校"大学精神"》，文中提到，高职院校被列入大学队伍，但是人们认为它不是大学。为什么？还有篇报道是《宁波某职业技术学院：

进校门就是进"公司"》，这就说明大学真的不是大学了。我们现在正在办应用型、创业型大学，它是19世纪中叶美国赠地运动以来发展起来的一种新型大学。它的特点是培养工农业技术人才，为社会服务。现在很有名的康奈尔大学、威斯康星大学、加利福尼亚大学、麻省理工学院等都是在赠地学院的基础上发展起来的。因此，我们必须注意发扬大学的精神，贯彻大学的理念。什么是大学的精神和大学的理念？大学的精神就是做学问的精神，就是培养高素质人才的精神，就是培养学生既有知识又有智慧的精神，就是培养学生有思维能力、创新能力并实现可持续发展的精神。不是简单地教给学生几项本事，也不是考前培训。那不是大学，那是应考。所以，我历来主张鲁迅说过的"侧着身子作战"，就是做事要看到前后左右。办学同样也要注意，尽管我们的就业率高，但不能说锦城学院就是培养就业能力的学校。这话不错，但是绝不仅仅如此。我们不仅要培养学生的就业能力，还要促使他们具备深厚的底蕴、扎实的基础，为其再发展创造条件。我们要号召学生多读书、读好书。学生不多读书，怎么能叫大学？不读书和少读书都不行，那叫"微阅读"或"浅阅读"。我经常举一个例子，有一名电视台播音员在播报节目时，把《三国演义》里刘备重要的谋士庞统说成是庞龙，这就是不读书、少读书的表现。因此，我希望各系都要培养学生多读书、读好书的良好习惯。

大学是研究学问、传播知识的地方。尽管我不赞成"知识就是力量"这句话，但是我还是讲"知识就是知识"。知识是人类走向文明的灯塔，没有知识是不行的。我们说，应用型大学是把知识变成力量，你首先要掌握知识，而不是说不讲知识。所以，教师不能游戏教学。我们既要把课堂搞得生动活泼，又不能只满足学生的好奇心和娱乐感。我历来认为，学习和做学问是非常苦的事情，而不是什么相当轻松和愉快的事情。大学是学生成长、成人、成才的地方，培养学生成为人才是大学的核心工作。学生要成才，先要成长、成人，他们要学会批判性思维，善于提出问题，探索真理。举个例子来说，英国科学家悬赏1000英镑求解一个著名的谜题，就是"为什么热水比冷水先结冰"。而这个问题是谁提出来的？是坦桑尼亚坦噶尼喀湖畔一所普通大学里一名叫姆彭巴的学生提出来的，这说明他有仔细认真的观察和深刻质疑性的思考。先哲苏格拉底曾经说过："接近真理的方法是提出正确的问题。"

（二）毕业就应就业

这是相对于"毕业就是失业"而言的。我们必须明确，应用型大学，毕业就应就业。这个问题无须羞羞答答、扭扭捏捏，社会导向就是需求导向，我们就是要按照社会需求培养人才。这是大学服务社会功能的重要体现之一。大学培养的人才要满足社会需求，就是要能够适应各行各业、各个工作岗位的要求，要能够为国家的经济建设和社会发展作出贡献，而不是毕业就失业。所以，对应用型大学而言，学生毕业就应就业，这是我们办学的核心任务之一。当然，升学是延后就业的方式之一。

以上是我讲的在办应用型大学时在思想方面的问题。第一，大学就是大学；第二，毕业就应就业。这两个问题表面上看来很简单，但实际上是围绕大学的核心任务而必须处理好的两个问题。大学具有教学、科研和服务社会的功能，这三项功能是一体的、协同的，而不是单一的。解决"大学就是大学""毕业就应就业"这两个问题，就是既要避免大学是职业训练场的倾向，又要防止回到纯粹的象牙塔功能的倾向。所以，我们既要弘扬大学精神，凝练大学理念，营造大学氛围，也要按社会需求导向培养人才。

二、克服一大难点，解决三个脱节

（一）克服一大难点

一大难点不仅在我们学校是难点，在全国也是难点。

这个难点就是师生员工的全身心投入问题，就是教师怎样全身心投入"锦城"教育事业，学生怎样全身心投入大学学习，管理、服务人员怎样全身心投入为师生服务。现在的问题是由于社会上人心浮躁，部分教师不热衷于教书育人，上课来，下课走，不辅导，不批改作业，专职教师兼职化。这种不在状态的职业懈怠，从小处说是误人子弟，从大处说是误党误国。部分学生上课不专注，下课不读书，平时不努力，考试想投机，不是为了成人成才，而是想混个文凭了事。而一些管理、服务部门人员，摆不正关系，以自我为中心，缺乏"教师是大学""学生是大学"，其他都是为师生服务的观念和意识，经常出现管理、服务不热情、不周到、不负责的现象。柳传志是联想集团的创始人，他选择接班人的标准就是一条：做企业的主人，对企业负责。而我们现在的管理干部中有多少人对学校负责，有多少人对学校不负责？有多少人看到了问题，有多少人没看到问题？一般地说，能够发现问题的人是较好的干部，能够发现问题并解决问题的人是得力的干部，能够把问题消灭在发生以前的人是优秀的干部。现在让所有同志为学校的兴旺发达而同甘共苦、自觉奋斗的问题并没有解决。

以上这些现象在我校或轻或重都存在，就是说我们提出的"全身心投入'锦城'教育是'锦城'教师的第一师德""全身心投入学习是'锦城'学子的第一要务""全身心投入工作是'锦城'员工的第一标准"尚未完全落实。

（二）解决三个脱节

第一个脱节是学生思想政治工作和教学工作脱节。学生思政工作系统与教学工作系统的对接中，少数做得好，多数做得一般。发现学生工作与教学工作脱节这个问题最早的人不是我，而是曾任教育部部长兼清华大学校长的蒋南翔。他提出了"双肩挑"设想，就是辅导员一肩挑学生政治思想工作，一肩挑教学业务。这是中国解放后教育史上的一大创举。在我们这里，要解决学生工作和教学工作的脱节问题就是要辅导员"双肩挑"、任课教师"双肩挑"。辅导员要能对学生进行思想政治辅导也要能教书，教师同样要能教书也能当辅导员。辅导员和教师要对学生在校的学习、生活、工作情况都了如指掌，才能因地制宜地教书育人，否则就会脱节。

第二个脱节是科研工作和教学工作脱节。不可否认，我校的科研还很薄弱。尽管老师们也在进行研究、写论文，但是研究的范围和主题很多与我们的教学没有关系。缺乏校本研究和与教学紧密结合的研究，这是一个脱节。我们的科研工作怎么能够更好地促进教学、帮助教学，与教学紧密地结合？这个问题需要全体教师更加深入地研究。

第三个脱节是社团、党团活动和学校教育目标脱节。尽管我校特别强调没有脱离教育目标的课外活动，把党团、社团和其他所有课外活动作为"第四课堂"，但是仍然存在部分脱节的现象。很多系的"第四课堂"搞得很好，像计科系，他们有组织、有计划、有活动、有考核，而且有交流和答辩，起到了"协同培养"的作用。但有的系的课外活动仍在放任状态，其培养和教育的功能还须加强。

以上一大难点、三个脱节是我们下一步要解决的问题，我希望全体教职员工都能想想办法。当然，这些问题也不是我们学校独有，有些问题可能是体制带来的。我为什么表扬计科系的专业方向教授负责制呢？就是因为它有效地解决了三个脱节的问题。所以，我把问题提出来，希望各系各部门都能具体思考解决这些问题的办法。

三、完善三大制度，提高管理水平

第一个制度是加强领导班子的建设制度，具体包括领导班子的配备制度、会议制度、分工制度、考核制度。我们对各级领导班子的要求是坚持全身心投入和高度负责的工作状态；坚持老中青三结合、高校学者与业界精英相结合、集体研究和个人负责相结合的原则；坚持既要坚守原则又要团结和谐的局面。这里特别强调一下培养接班人的问题。青年后备干部将来要接班，就必须先虚心地向老同志学习。要担任校、系的领导工作，一是要有学问，二是要勤奋，三是负责任，四是要能团结人。交接班是不可避免的，只是时间的问题。年轻的同志要先跟着老同志干，同时，老同志要发挥好传帮带的作用。

第二个制度是实行专业或专业方向的教授负责制和顾问委员会制度。这是学校的一项政策规定，不是可做可不做的问题，每个系都必须执行。一个专业或专业方向如果没有一位教授或副教授牵头，这个专业或专业方向怎么能成为名牌？当然，个别新兴专业如艺术设计（动画方向），如果确实没有教授，那么优秀的青年骨干教师也可以顶上。所以，绝大多数专业要由教授或副教授来担纲。计科系的专业方向教授负责制搞得很好，教师既要负责方向招生、培养学生，还要负责学生的实习就业、毕业授位等。因此，教师承担的责任很大。关于顾问委员会制度，就是一个专业设立一个顾问委员会，由业界精英担任。工商系在这个方面已经开始摸索和践行。比如，金融专业可以请几个银行家来组成顾问委员会。这个顾问委员会参与该专业人才培养全过程，随时对该专业的课程设置、教育方法、人才培养目标以及实习就业提供咨询，这就拉近了学校与业界的距离。专业或专业方向的教授负责制和顾问委员会制度作为我校的创新，每个系、每个专业都要深入贯彻执行。

第三个制度是建立教师双向进修制度。锦城学院是应用型大学、创业型大学。我们的教师由两个部分构成，一部分是高校科班出身的学者，一部分是来自业界的精英。这两部分的教师都各有优点和缺点。因此，我们鼓励教师双向进修，一方面，学者到社会有关行业的实际工作岗位中去挂职锻炼，例如，教金融学的学者应该到银行业、保险业去锻炼，教工商管理的学者应该到企业去锻炼，教土木工程和建筑学的学者应该到建筑工地上去。另一方面，来自业界的精英到学校任教后，也要在教学方法、教学程序、课程安排、基础知识，包括如何指导学生写毕业论文、怎样开题和答辩等，特别是专业知识的系统化方面进修。所以，各系都要根据这两类教师的具体情况自行安排双向进修，具体计划要报送人事部和教务部。每位教师都要制订进修计划，利用假期进修学习和锻炼，时间不得少于两周。每位教师的表现都将与工资、晋升和奖励挂钩，目的是培养既有理论修养、又有实践经验的双师型教师。

最近，厦门有一个学校在《光明日报》报道学校的教育满足了学生提出的三个问题。第一个问题是"我要转专业，可以吗？"第二个问题是"下课了，我还能找得到老师吗？"第三个问题是"我对很多课程都有兴趣，怎么办呢？"同样，这三个问题看看我们锦城学院是如何做的。首先，学生要转专业，行吗？我们说，"锦城"学子有三次选择的机会和权利。第一次是高考时自愿报考学校和专业，第二次是到校一学期后原则上非第一志愿专业录取的学生可以根据自身的要求转一次专业，第三次是进入大三后可以在本系各专业范围内选择专业方向。其次，下课了，学生还能找得到老师吗？我校实行了领导带头的值班制度，其中一项要求就是要定期接受学生来访。我们的任课教师也应当这样做。再次，就是学生能否自由选课？我们要开设更多的通识课和选修课，供学生自由选课，并且鼓励学生辅修第二专业。只要学生感兴趣，就要提供平台让他们充分学习。所以，这些具体问题都要具体研究和落实，最终是为了提高我们的管理水平，促使学校不断上台阶，人才培养上水平。

最后，希望大家在下学期开学时能够带着更多的收获，平安健康地回到学校，投入新学期的工作中来！

改革我们的教育

——《大学生就业岗位调查报告》序

（2012 年 8 月）

人们公认的大学职能是教学、科研和社会服务。它们有一个共同的出发点和归宿点是满足社会需求（当前需求和未来需求）。正如美国《加州高等教育总体规划》所言："一个有效率的高等教育体系应该能够充分满足社会变化的需要。"

中国，甚至许多国家当前的大学教育存在一个共同的、致命的问题，就是教育与社会现实脱节，也就是与社会需求脱节。这对于极少数象牙塔式的大学追求"为真理而真理""为学术而学术"是可以的，但对绝大多数大学来说是不可以的。为了更好地贯彻和继承"理论联系实际"的方针和"学以致用"的传统，我们的教育必须改革。

改革的方法之一是提倡和强调大学教育要与社会对接，甚至是无缝对接。对接什么呢？对接社会需求。社会需求是教育发展的原动力，满足社会需求是大学教育的主要目的。

因此，弄清楚什么是社会需求，就十分重要了。因为这种需求是具体的，不是抽象的；是现实的，不是空洞的；是实际的，不是理论的；是看得见、摸得着的。

锦城学院是一所应用型大学，是以满足国家和地区政治、经济、社会需求为己任，培养经世致用的实用型、创业型人才，满足日益增长和不断变化的社会需求的大学。

为此，"锦城"师生通过几年的调查研究，对各类企事业单位和公共机构的人才招聘活动进行分析后，发现和认识到，岗位需求是社会需求的细胞，是用人单位招聘人才的基本单元。岗位对人才知识、能力和素质的要求以及对人才数量的需求，最本质地反映了社会对大学教育的要求。

因此，我们以岗位调查和岗位分析为起点，进行了一次专业设置和人才培养的教育改革。

《大学生就业岗位调查报告》

传统的专业设置是从相对稳定的学科体系出发，然后根据行业的发展，设置或派生出若干专业，再由这些专业去应对千变万化的市场和社会需求。但遗憾的是，由于现代科学知识爆炸式的增长，其应用到产业上的结果是，各行业甚至跨行业的新岗位不断增加，原来设置的相对稳定的、教学内容相对规范的专业很难适应日新月异的社会需求。这就出现了学校教育与社会需求的严重脱节，也是大学生就业难的原因之一。

锦城学院进行的改革是，跳出专业设置口径宽窄的争论，把传统的"学科—专业—社会就业"程序颠倒过来。首先从现实的需要，即就业岗位需求出发，由若干个相近的岗位需求组成一个专业方向，再由若干个方向归到一个专业，一个或几个专业形成一个学科或跨学科。

这里，岗位需求是出发点，专业方向和专业是根据客观岗位需求设置的。至于学科，只是教学知识的分类而已。事实上，任何一个人都不可能在短短四年内学完所有知识，哪怕只是一个学科的知识；也不可能依靠一个专业去从事很大范围的工作，不论它的口径如何宽，而只能在相对狭小的范围内（即某一个或几个岗位上）从事特定的工作。至于从事这份工作所需的那些学科的知识，就是大学教育改革需要解决的问题了。

根据这样一个思路和原理，锦城学院大兴调查研究之风，对500余个合作企事业单位、金融机构、科研单位和大中学校、社会团体及政府部门的人才招聘工作进行深入地分析，并结合锦城学院历届毕业生的去向（或将来的去向），从数千个岗位之中，整理出社会急需的近2000个工作岗位，并将这些岗位所需的知识、技能和综合素质一一列出，形成了一份关于大学生就业岗位标准性的报告。这些岗位，既有属于经济基础的，也有属于上层建筑的；既有从事科技实业的，也有从事人文和社会管理的；既有追求实践价值的，也有追求研究和理论发现的；既有运用知识操作性、执行性的，也有创新、创意、创造性的。

这份报告的出版，意义非常重大。它既表示了锦城学院对满足社会需求的大学使命的重视，又为大学的人才培养和教学改革提供了依据。它既是大学（尤其是应用型大学）教育改革的出发点，又是新的历史时期大学教育改革的一个结果。学校可以根据社会岗位的要求完善应用型人才培养模式，制定更符合实际的教学计划和课程体系。教师和辅导员可以根据社会岗位的要求改进自己的教学内容和教学方法，帮助学生制定职业生涯发展规划，并以此为根据，改革我们的教育。学生一进校门就能根据自己的兴趣爱好和特长，在教师和辅导员的指导下选择将来的发展方向，并依据将来想要从事岗位的要求安排自己的学习和实践。这样，教师就能更有针对性地教学，学生就能更有针对性地学习，学校将开展更符合国家和社会需求的教育。总之，解开了社会需求这个密码，应用型人才培养和我国高等教育改革一定会出现崭新的局面。

大学从哪里来，到哪里去

——在第七届教学改革工作会议暨暑期中层干部学习研讨班上的总结讲话

（2012年8月21日）

这次会议，我们本着"寻根探源、解放思想、联系实际、有所创新"的指导思想，目的是要把理念变成思想，把思想变成行动。具体来说，有四个方面要深入研究。

一、大学起源和大学发展方向

这次会议我们通过学习英国教育家纽曼的《大学的理想》、德国哲学家雅斯贝尔斯的《大学之理念》、香港教育家金耀基的《大学之理念》、美国学者哈斯金斯的《大学的兴起》这四本书，弄清了大学从哪里来，将来到哪里去的基本问题，也就是大学起源和大学发展方向的问题。

这次大家都认真读了书，甚至还出现了在飞机上集体看书的壮观场面。当然有的书要逐字逐句地读，有的书则是一览而过。也就是说，有的是"好读书不求甚解"式的泛读，有的是"好读书追求甚解"式的深读。

我们通过认真读原著，搞清楚了大学的起源，以及大学的功能和理念是如何发展的。从12、13世纪诞生的最早的现代大学——巴黎大学和博洛尼亚大学来看，无论是博洛尼亚这种典型的学生大学，还是巴黎大学这所教师大学，当时它们所教授的都是简单的人文和科学方面的知识。但是作为大学，它们首先创立了一套基本制度，提供了一个有效的环境供学者在一起切磋，学生在其中学习。此外，它们具备一定的课程体系、考核方式，学生毕业时学业合格可以获得学位，虽然当时颁发的只是一张教师资格证书。制度、课程、考核、学位这四个因素共同构成了现代大学。为什么说大学不是从苏格拉底、柏拉图那里来的，也不是从孔夫子那里来的，而是从中世纪来的？就是这四个因素。尽管苏格拉底时期，老师和学生在雅典可以自由地讨论，但是没有考试，也没有固定的组织形式；孔夫子有三千弟子跟着他求学，但是也没有考核和相应的组织。因此，它们都还不能认定为大学。中国大学的产生如何诠释？中国大学作为一种组织形式是从西方舶来的，但是，其精神是自孔子就开始的。这个说法是清华老校长梅贻琦先生的观点，他在《大学一解》中说："就制度言，中国教育史中固不见有形式相似之组织；就精神言，则文明人类之经验大致相同，而事有可通者。"《大学》篇中讲："大学之道，在明明德，在新民，在止于至善。"大学的最主要的功能就是两件事，一是"明明德"，即弘扬美德；二是"新民"，即培养符合时代需要的公民。此后所讲的核心内容也不过如此。比如纽曼说大学要培养有修养的绅士，孔夫子说要培养贤人、君子。所以，中国大学从精神和培养目标层面来说，自古便有，但是作为一种组织形式则是从国外舶来的。

大学的精神是一脉相承的，尽管它的功能是有所变化的。比如纽曼曾说大学的主要功能是教学，他说大学是一个传授知识的地方，如果大学的存在只是为了科学和哲学发现，他不明白为什么大学要招收学生。到了 20 世纪初，雅斯贝尔斯认为，大学有三个职能，第一是科研，第二是教学，第三是文化生活。他把科研即创新知识当成是大学主要的功能。到了美国前加州大学校长克尔那里，大学的三大功能变成教学、科研和社会服务。我国现在公认的大学功能是按照美国的说法。胡锦涛主席在庆祝清华大学建校 100 周年大会上的讲话中又增加了大学的第四个职能，就是文化传承创新。我校的办学宗旨其实把这些内容都涵盖了——传承知识、培养人才、引领社会、服务大众，其中"引领社会"就是要走在社会的前面，"传承知识"包括传承中外文化和文明。当然，这是针对我们应用型大学而言的。

以前我们学习了《当代外国教育改革著名文献（美国卷）》，包括美国高质量教育委员会、美国高质量高等教育研究小组和卡内基教学促进基金会的一些调查报告和文献。这次我们学习了关于大学精神和大学理念的四本书。这几本书都是教育名家的原典，以后我们不仅领导学，还要教师学；不仅教师学，还要学生学。我们要发扬做学问、求真理的精神，按照做学问、求真理的精神来提高我们的办学水平，贯彻我们的办学理念。

以上就是今天讲的第一个问题，大学从哪里来是研究它的根源，大学到哪里去是研究它的发展方向。

二、我校在竞争中的态势

大家知道，战争中各方军事力量的部署、对比、所占据的位置等所形成的结构和状态即是战争态势。我校现在所面临的竞争态势，归纳起来有以下三个方面。

（一）竞争威胁

第一，高等学校的竞争更加激烈。

我们过去说的生源、师资、用人单位和资金的四大竞争都更加激烈。此外，境外高校大举参与境内生源竞争，使这四类竞争更加恶化。

以生源竞争为例。一方面，我国高校的适龄人口数处于下降趋势；另一方面，高校的数量在增加，不断地有专科院校升为本科院校。我认为，我国高等教育应当有一个顶层设计，本科、专科、高职办多少所，都得有一个明确规划。不断批准专科院校升为本科院校，盲目追求"趋高趋同"，是不利于高等教育整体发展的。高职这类院校有其自身的定位，这个层次是国家需要的，但是不能学校办好了就马上升本科。

另外，现在大学生出国甚至高中生出国的人数大大增加，增长比例呈两位数不断攀升。按照中国教育在线发布的《2011出国留学趋势调查报告》统计，2011年我国学生出国留学已超过30万人，增长比例再次超过20%，自2008年以来，连续四年增长比例超过20%。还有很多公立名牌高中办国际班，而且出国移民的中介机构也是把薪助火，形成了出国留学的一个热潮。这就使国内生源的竞争更加激烈。

最近，据报道，部分高校的生源危机日趋严重。山东省在专科录取分数线降到180分的情况下，仍有四五万个指标未招满，部分独立学院也出现了生源不足的现象。当然，我校的招生情况比较好，今年在二本线招生一举成功，理科一志愿按120%投档未录取完，文科录取了少量平行志愿的考生，但仍有富余。总体看来，我校的生源竞争态势还是比较有利的。当然，今年还出现了另外一个现象，像西华大学、西南石油大学等这样比较好的二本院校都有征集志愿，说明生源竞争之烈。

再者，现在国内高校多了，教师的培养跟不上形势。美国总统奥巴马鼓励最好的学生毕业后当教师，中国教育经费达到GDP的4%了，应该拿出一些钱来专项培训师资。所以，师资的紧缺也是竞争的一个重要方面。

第二，我国的政策尚处在"宣言"阶段。

早在1985年，中共中央就发布了《关于教育体制改革的决定》，其中提出"要扩大高等学校的自主权"，但是直到现在仍未全面落实。最近几年，我国又陆续发表了《国家中长期教育改革和发展规划纲要（2010—2020年）》和《国家教育事业发展第十二个五年规划》，近日教育部又出台了《关于鼓励和引导民间资金进入教育领域促进民办教育健康发展的实施意见》。这些文件在宣传上、影响人们的思想观念上是起了作用的，表明党和国家、政府开始重视民办教育了，但是具体落实可能还需要一定的时间和过程。现在这些政策还处于"口惠而实不至"的阶段，招生等办学自主权都尚未落实。

南方科技大学校长朱清时一再强调大学要去行政化，该校颁布了学校的"基本法"即《南方科技大学管理暂行办法》，设立理事会，明确管理层任命必须通过理事会。但是，最后的结果是，副校长选拔还是由深圳市委组织部负责，而且还是按"正局级"级别选拔。看来，他个人还是难以突破体制。所以，学校自主权的落实还是很难。对公办学校来说，你花了政府的钱，政府管多了可以理解。但对民办学校来说，政府既然不给钱或只给很少的钱，就不应当管得太多、太死。政府对民办高校的管理方面，在有些省市就做得较好。陕西、浙江、重庆、上海等地，不仅在舆论上，而且在现实政策上，都给予民办高校很大的支持。陕西省人口数量不及四川省的二分之一，但是高校数量比四川省多，民办学校尤其多，而且都办得不错。所以，从全国来看，政府支持民办教育还在起步阶段，但是有些省已经走在了前面。

所以，国内高校竞争的日趋激烈和政府扶持民办教育的政策尚未全面落实，是我们当前面临的主要困难。

（二）竞争机遇

第一，客观上，由于财政方面的原因，我省被迫在招生方面向民办高校倾斜。

财政现在给予公办学校生均1.2万/年的拨款，民办学校招生不享受财政扶持。鉴于我省财政压力较大，政府被迫把招生指标向民办高校倾斜。我们以前从未招收过专升本学生，但今年一下招了182名，就是因为专升本学生转入民办高校，政府无须拿钱，可以减轻政府财政压力。所以，今年我校总体招生规模超过去年。对于我们民办高校而言，没有生源就没有资金来源，没有资金来源就不可能长足发展。客观上，我们要利用这样的机会，争取招生指标，达到一定的招生规模。

第二，从全世界来看，民办高校的发展是大势所趋。

《全球化时代的高等教育政策走向及其批判性分析》这篇论文指出高校民营化是一股方兴未艾的世界潮流。在许多国家，高校民营化日益高涨。这是我们时代的一个特征。目前，在全球高等教育学生中，就读于私立高校的学生约占31.3%，我国占20%，约520万人。我国比全世界的平均数低了10个百分点。美国排名前20名高校绝大多数是民办高校，日本和韩国民办高校占绝对优势。譬如，2005 年，在韩国四年制大学中私立大学占85%，在非大学高校中私立高校占91.1%，就读于四年制私立大学的本科生占本科生总数的80%。所以，从全世界的情况来看，尤其是美国、韩国、日本的高等教育体系中，民办教育都占相当大的优势。这是民办高等教育发展的一个前景和方向。美国民办高校主要向高端发展，韩国和日本民办高校主要向普及发展。对于我们而言，只能向中高端发展，横向发展没有空间。因为我国从中华人民共和国成立以来大力发展公办教育，公办教育规模很大，民办高校规模要超过公办高校是很难的。所以，我们要找准民办高校发展的空间。尽管全球态势是大势所趋，空间很大，但是我们要找准自己的发展方向，要向中高端、优质发展。这也是我校不办专科的原因所在。

（三）竞争优势

第一，从我校的学生就业和合作办学来看，人脉广泛是我们的一种优势。在这方面，我们比其他高校有更广泛的人脉关系。

第二，从内部来讲，民办高校办学机制、体制灵活，改革阻力较小，贯彻学校创立者意愿的行动力比较强。雅斯贝尔斯《大学之理念》的"绪论"中就讲大学的"独立存在所表达的都是大学创办者这方面的明确意愿，或者是得到了创办者的持久容许"。这些年，我们主动进行了一些改革，改革的效果也是比较好的。

第三，经过八年的努力，我校的品牌知名度提高，这是我们在竞争中占领的一个制高点。现在，社会公众都知道"锦城"的学生就业好、管理严格、校风好。"锦城"在四川的知名度是比较高的。

当然，我们还应看到，我们的办学时间较短，学费较贵，师资队伍的提升和教学设施的完备都需要时间，可以说是"小米加步枪"和"洋枪洋炮"的竞争。

以上，我把学校面临的竞争态势，从宏观到微观，从国家、社会层面到高校内部层面进行了梳理。清楚竞争态势，才能制定正确的战略战术。

三、我们当前的总任务

（一）把"锦城"办成真正的大学

把"锦城"办成真正的大学，大学就是大学。

1.明确"大学是什么"

纽曼说大学是一群人切磋学问的地方。雅斯贝尔斯说："大学是一个由学者与学生组成的，致力于寻求真理之事业的共同体。它是一个管理自身事务的团体，而不管它的资产是来自捐赠，来自古老的财产权，还是来自国家……在每种情形里面，它的独立存在所表达的都是大学创办者这方面的明确愿望，或者是得到了创办者持久容许。"大学就是这样一个地方，是一个学者和学生的共同体，是贯彻创办者意图的地方。我国教育家蔡元培说："大学是研究高深学问之地。"梅贻琦说："办学校特别是办大学应有两种目的，一是研究学术，二是造就人才。"所以，我们首先要搞清楚大学是什么，大学区别于其他组织的根本是什么。

长期在牛津大学从教的学者大卫·帕尔菲曼所著的《高等教育何以为"高"——牛津导师制教学反思》中提出了很重要的一个观点，就是大学不是学生年龄的增长，时间的延长，初、中级教育的第三阶段，而是发生了质的飞跃。我过去讲学生到大学要有两个转变：一是从高中应试学习到大学应用学习的转变，二是从学校学习到适应社会的转变，但是还不彻底。这本书的观点提供了更深入的说法。高等教育不是中等教育的延长线，不是数量的变化，而是质的变化。为什么如此？中学以前的教育本质上是为了传授知识，到了大学这个阶段，本质上是在过去接受知识的基础上培养能力，就是知识向能力的转变，就是培养目标不同了。

大学不是中职、中专，不是高职、高专，不是职业训练所，更不是公司。应用型大学不是象牙塔，也不是研究院，而是一个通过知识和文明的传承来重点培养学生能力的地方。培养什么能力？重点培养四种能力：第一种是学习和更新知识的能力，第二种是批判性思维能力，第三种是综合分析和判断的能力，第四种是贯彻执行和采取行动的能力。简言之，就是学习力、思考力、判断力和执行力。中小学是传授知识的地方，大学是在这个基础上培养能力的地方。所以，我们的培养目标提出"能力至上"还是有根据的。我们要好好研究大学与中学的本质区别，要告诉学生，进入大学的根本变化是什么。中学是应试学习，初考、中考、高考都是以掌握知识为准的。大学完全不一样，大学是注重综合能力的培养。正是因为大学与中学的培养重点不同，因此带来了教学方法、学习方法的变化。我希望，大家认真地研究并认识到学校和其他组织的区别、高等学校和其他学校的区别。

2.进一步明确大学的人才培养目标

钱穆先生说中国学问传统向来有三大系统：一是"人统"，二是"事统"，三是"学统"。在我校，就是会做人，能做事，求真知。总体来说，就是经世致用。从学生成长角度讲，要培养好人、能人、全人；从道德修养的角度讲，要培养好人、贤人、圣人。纽曼的提法是培养有修养的绅士，中国古人讲培养君子，雅斯贝尔斯、蔡元培、梅贻琦等人提出要培养合格的公民。所以，要办成真正的大学就要解决培养什么人的问题。

3.解决好通和专的关系

梅贻琦说："特别是要解决好通识教育和专业教育的关系问题。"因为通专问题自古以来就在争论。美国人倾向于通识教育，英国人倾向于博雅教育，德国人倾向于专业教育，我校是提倡通专合一的教育。我看梅先生也主张通专并重。我们在贯彻执行中，可以这样做：以博雅教育或者通识教育解决做人的问题和知识面的问题，以专业教育解决本领的问题。把二者结合起来，就是培养一会做人、二能做事的应用型人才。对于通识教育，可以把握以下两个方面。

第一，全校的统一安排和系一级的对外开放相结合，打破校、系和各系之间的界限，给予学生在一定范围内的自由选择权。通识教育由全校统一安排，通识教育中心安排好课程，各系要打破门户，学生可以跨系选修，特别是打通文、理、工学科之间的界限。这当中要解决好学分的问题。

第二，在内容上采取"6+X"的方式。"6"就是我们通常讲的通识教育的六个方面，即文学艺术、中外历史、马克思列宁主义毛泽东思想邓小平理论和社会分析、科学（包括计算机、知识检索、科普常识等）、外国语和外国文化、国学和道德伦理（包括我们已有的"三讲三心"明德教育）；"X"是各系对外开放的课程。要解决好这几方面内容之间的关系。一二年级要加强通识教育。《红楼梦》里说："世事洞明皆学问，人情练达即文章。"艺术系的学生要对人文知识有更多涉猎。有外国学者说："厌倦了莎士比亚的作品，那就抛弃了艺术的要求。你可以坐在椅子上，吃着爆米花，看人民的演出吧。"就是说，如果不读人文经典，那就是抛弃了对艺术的追求，还不如去看演出呢。

所以，大学要成为大学，就要解决大学是什么的问题，解决大学和其他教育的区别问题，解决大学的人才培养目标和特点的问题，解决通识教育和专业教育之间的关系问题。这其中，我们要坚持两条基本原则：一是教师学术自由，创造性地教学；二是学生学习自由，主动性地学习。这就是大学区别于其他教育，区别于中专、大专、公司、研究所的地方。

（二）把"锦城"办成有别于其他大学的大学

我们要继续发扬过去的光荣传统，继续追求更高的办学质量和办学特色。质量和特色是我校与其他高校的区别所在，我们必须突出这个区别，要么卓越，要么灭亡！所以，我们要培养师生员工的优势意识、特色意识、区别意识，一定要站到制高点上去。例如，我们要在教育理念、合作办学、学校定位、培养模式、课程体系、教学计划、三大改革、开放办学、学生管理、后勤服务等若干方面确立我校与其他高校的区别。总而言之，我们要有人物，有数字，有故事，树立三种意识。有一篇文章就是《卖品牌就是卖故事》嘛。所以，我们对内要培养学生的自豪感，对外要树立学校质量高、就业好、管理严的形象。我们必须在质量、形象、管理上区别于其他大学。不区别就是平庸，不区别就是一般，不区别就是普通！平庸、一般、普通，最后的结果就是灭亡！

这就是我们当前总任务中必须认识到的两个问题，就是把"锦城"办成真正的大学和有别于其他大学的大学。你们千万不要认为我们强调就业，我们就是一个职业训练所，我们必须在学生的知识教育和能力培养层面下功夫。虽然我们强调学生毕业就是就业，但是更要强调学生的素质、能力和可持续发展的潜力。

四、当前待解决的具体问题

（一）资金问题

办大学是要花钱的，办好大学是要花大钱的。没有钱办小事是可以的，没有钱办大事是很难的。所以，钱还是很重要的。作为我们这样的学校来说，目前不能寄希望于国家的财政支持，我们的方针应立足于以下三个方面。

第一，逐步地、适当地扩大在校生规模，以增加学费收入。今年我们在校生人数已经超过1.8万人，后年我们争取达到2万人，再往后就要争取培养研究生了。现在我们是横向广度发展，将来我们要往纵向深度发展。

第二，增收仍然是我们的主要办法，包括各个培训中心、创业中心、科研中心（含横纵向课题），以及国际交流中心。我希望大家都要把增收作为我们解决学校资金困难的重要措施来落实。

第三，实验室建设继续实行共建共享的路线，包括体育场、教学楼、宿舍楼的命名，也可以与企业共建共享。

（二）人才问题

我们当前引进人才难，留住人才难。其中，既有外部原因，也有内部原因。

1.外部原因

第一，传统的"一大二公"的思想还有影响，歧视民办高校的状况还没有得到根本解决。譬如有一个培训机构叫"学大教育"，最近，全国的媒体报道"学大"虚假宣传，但是大都在前面加一个"民办培训机构"。只有《中国青年报》没有加"民办"两个字，是客观报道。不是"民办"才作假，公办的机构就不作假？作假与学校成分、性质没有绝对关系。

第二，社会环境不利，政策因素导致部分行业、企业与高校争夺人才。譬如土建类行业受我国十五年来投资拉动经济的影响，发展势头很好，所以，土建类人才很容易找到工作，一些高级人才受薪资影响，不愿意到高校工作。

第三，学校在发展的初级阶段都存在人才缺乏的现象，这可能是发展的规律性问题。譬如北大、清华在建校初期也存在这类问题，蔡元培任北大校长期间，也因为人才匮乏，而不得不聘请兼职教师，包括聘请中学毕业的梁漱溟和实际上没有完成日本全日制普通大学教育的陈独秀等人来校任教。当然，他们都是非常有才学之人。现在师资缺乏的，不只是民办学校，公办学校也一样。各自都有困难，只是程度不同。所以，现在我们缺人才、难留人才，是学校发展过程中不可避免的一段历程。某学院把艺术系承包给四川大学来管理，某师范大学把ACCA专业甚至承包给教育公司来管理，也是因为他们缺乏教师。

2.内部原因

第一，领导重视不够，在引进人才方面没有花足够的力气。作为领导，最重要的任务就是把人才引进来，把队伍建起来，这是我们在"锦城"最重要的成绩。所以，我们要千方百计去招聘人才。

第二，招聘人才的标准要恰当，不能定得太高。1958年时我读过一首小诗："山上有好木，地上有好花，人家有好女，莫钱别想她。"所以，我们要根据我们的实际情况来招聘，适合的就是最好的。招聘相对合适的优秀人才，对学历、资历、年龄都要制定一个恰当的标准。北大、清华等名校在发展过程中也都是如此处理的。

第三，学校当前的实力和待遇还没有做到对高端人才有强大的吸引力，要做到"近者悦，远者来"还有一个过程。当然，吸引和留住人才，不仅要有硬待遇，还要有软环境和领导的关怀。

3.解决办法

第一，给教职工创造发挥作用的平台。包括教学的平台、科研的平台（来源包括横向题目、纵向题目、校内题目）、负责专业和专业方向的平台（就是我们实行的专业方向的教授负责制）、指导竞赛的平台（即指导学生参加竞赛）等。

第二，逐步提高教学科研骨干和管理骨干的待遇。我们应在过去的基础上，逐步提高优秀人才的薪酬待遇，但不搞"齐步走"。对那些全身心投入"锦城"教育，每天都以积极的心态从事教学和工作，为学校作出贡献的人，我们可以采取工龄津贴、生活津贴、绩效津贴、学术津贴等方式，提高其待遇。

第三，各级领导要把发现和培养关键教师、优秀干部作为自己的责任。要吸收他们参与决策，安排他们在会议上发言，使他们得到信任和尊重，并更好地发挥他们在有形或无形组织中的模范带头作用。

（三）教学计划、课程体系和授位改革的问题

各系要本着改革的精神，在原来的基础上进一步调整、改进和完善教学计划，建立适合于本系所确定的人才培养目标的课程体系。我们仍然执行原来的方针，四年的时间有限，知识够用、能用、会用就行了，重点是教给学生学习的方法和运用知识的能力。在这个信息爆炸的时代，要学完所有知识是做不到的。教给学生学习的方法很重要，更多的知识要靠学生继续学习。所以教学不是教得越多越好，而是教会了才好。我们的老师要严谨地备课，把课程设计好，包括讲授多少、讨论多少、考试内容等。

关于授予学位的改革，我们的原则是"堵后门、开前门"，避免毕业的时候为学位而走后门。主要的做法是取消清考，取消挂科五分之一不能授予学位的规定，给予学生补考、重修和降级的机会。总体上，我们要坚持三个原则：第一，不出偏题、怪题、难题考学生，考基本知识；第二，部分教考分离可以试点；第三，出台课程重修管理办法。总之，我们授位改革的出发点，第一是要保证学生毕业质量，

第二是要给学生出路和希望。具体的细节问题大家另行研究。

（四）关于创新教育的问题

我们昨天去考察了大连理工大学的创新实验学院，这对于我们进一步总结和推广我们过去行之有效的传统和做法，以及破解"钱学森之问"有很大的参考意义。创新人才的培养是我国高等教育亟待解决的一个问题。社会公众说，外国人狂热的追求创新，中国人创新能力不足。但是，人才不一定都是在专门的"创新班"里培养出来的，牛顿、爱因斯坦等科学家都不是"创新班"培养出来的。创新人才是整个教育和社会的产物。整个教育如果都是以背诵知识为主的教育，以标准答案为主的教育，那是培养不出创新人才的。整个社会如果没有鼓励独立思考、大胆创新的氛围，创新人才也出不来。所以，如何进行创新教育是一个综合性的、普遍性的问题，不是一个孤立的、单纯的问题。大连理工大学创新实验学院值得我们学习的地方，主要有以下两个方面。

第一，创新知识的系统化。创新实验学院把创新教育作为一门课程来讲，把理论知识系统化。我们创业教育搞得好，但是创新教育不足，需要进一步加强。

第二，创新教育的考核评价。创新实验学院对创新教育的考核评价主要体现在三个方面：学生参加竞赛获奖、在学术刊物上发表科研论文、申请国家专利。我们要进一步加强学生的创造教育，鼓励学生参加竞赛，发表论文，申请专利，把"三练三创"办公室和创造发明协会进一步完善、优化起来。

各系要把创新教育贯彻到全教育流程中去，完善创新教育体系。我们将来也可以举办创新展览、创造展览，从现在起就可以搜集作品。

（五）就业和考研仍然是我们的两张王牌

第一，抓好就业这张王牌。好就业、就好业，四大平台、"高速公路"，"就读锦城，锦绣前程"，这仍然是我们的王牌。我校升入二本能够被认可，第一年招生就达到这个规模，无非得益于三个方面：一是就业好，二是管理好，三是图书馆建设好。所以，就业这张王牌不能丢。我讲过两句话，一句是大学就是大学，另一句是应用型大学学生毕业就是就业。通识教育和专业教育都不可偏废。新生进校，我们就颁发《大学生就业岗位调查报告》，让他们制定规划，不要迷茫，对准岗位，坚定不移。

第二，抓好考研这张王牌。考研这件事情，是国家认可、重点大学认可的一个标志，也是我们和名牌大学站在同一起跑线上的标志。学生考上名校研究生，就和名校学生站在同一起跑线上了。我们还要重视出国留学，特别要重视和国外名牌大学的合作，互认学分，建立本硕连读直通车，出更多的海外硕士和博士。我校的毕业生中，已有文传系的首届毕业生何亚虎同学被录取为华盛顿州立大学的教育心理学博士，还有350余名同学在境外攻读硕士研究生。

（六）学生工作要有创新

第一，增强学生的公民和民主意识。我们要培养合格的公民，培养具有民主意识的公民，因此必须不断地培养学生的公民意识和民主意识。增强公民意识就是要让学生清楚自己作为公民有什么权利和义务，怎样参与国家公共事务；增强民主意识就是增强平等参与、少数服从多数、尊重少数人权利的意识。可以通过锻炼学生按照民主程序选举学生会、社团等学生组织的学生干部的方式来增强学生的公民意识和民主意识。

第二，辅导员工作可以继续改革。辅导员工作没有一个现成的、绝对的模式，现在这个模式也是历史发展的产物。所以，不是不可以改革。但是怎么改革，大家可以研究。譬如毕业班是由专职管就业的辅导员管理，还是一个辅导员一跟到底？类似清华老校长蒋南翔的教师、辅导员"双肩挑"行不行？高年级的优秀学生可否作低年级学生的辅导员？

第三，校风、学风建设要作为校园文化建设的一部分进一步加强。纽曼的《大学的理想》讲了大学应有氛围。他说："一大群学识渊博的人埋头于各自的学科，又互相竞争，通过熟悉的沟通渠道，为了达到理智上的和谐被召集起来，共同调整各自钻研的学科的要求和相互之间的关系。他们学会了互相尊重，互相磋商，互相帮助。这样就造就了一种纯洁明净的思想氛围。学生也呼吸着这样的空气，尽管他本人只攻读众多学科中的少数几门。他得益于一种理智习惯，这种习惯不依赖于特定的教师，而是依赖于这种氛围。"所以，校风、学风建设也是我们区别于其他大学的一个标志。将来，我们迎新教育中重点要告诉学生进校后要形成什么样的学风。不读书，不钻研学问，比吃喝玩乐，比谁的手机好，这是一个很不好的习惯。我们要让学生比学风。

第四，一定要给每个学生应有的、恰当的尊重和关怀。不论他们的家庭出身，不论他们贫困或富裕，不论他们高考成绩的高低，到了

"锦城"，他们就是"锦城"的一分子。所以，各系要准确地、全面地掌握他们的信息，以便给予其帮助。我们不是大包大揽，但应给予热切关怀。有的可以发放助学金，有的可以发放奖学金，有的可以给予社会资助，针对不同学生的具体情况，给予不同类型的帮助。但不管怎样，都要给学生足够的尊严，不要让他气馁。

以上就是我们当前要解决的六个具体问题，有些是新问题，有些是老生常谈。这次我们学习以后，迎新工作要打一个漂亮仗。而迎新对于我校明年招生工作的顺利开展是一个非常关键的铺垫。5000名学生报到可能就有1万名家长来校，这是一个宣传学校的好机会，各部系都要抓住、抓好。

大学精神和大学实践

——在2012级新生开学典礼上的讲话

（2012年9月3日）

今天，我们在这里隆重举行2012级新生开学典礼，我谨代表全体师生员工向进入锦城学院学习的新同学们表示热烈的欢迎和衷心的祝贺！向四川大学、各股东单位、奖助学金设立单位、用人单位和合作办学友好单位的各位领导和来宾对我院长期的支持和关心表示衷心的感谢！也向充分信任锦城学院的广大家长们表示诚挚的敬意！

同学们，你们来自全国29个省（直辖市、自治区），涵盖了18个民族，你们的到来将给这座校园带来无限的活力，我们将共同组成一个团结和睦的大家庭。在这里，你们将受到良好的教育，成为这所学校的主人；在这里，你们将自由地结交良师益友，规划自己的职业生涯；在这里，你们将自主学习，自觉实践，自律管理，享有学习的主动权、生活的管理权和课外活动的安排权。你们在"锦城"的四年将是严肃而又活泼、有序而又自由的。当然，这些自由都是"负责任的自由"。你们要为自己的行动负责任，为自己的发展负责任。学校为你们提供的各类机会，最终都是为了让你们增长智慧，独立思考，成长成熟。

同学们，你们选择了"锦城"，就是选择了"锦城"的规章制度、培养模式和办学理念，选择了"锦城"的精神、校训和生活方式。这些具体细节你们将从学校颁发的各类新生手册和各系的新生入学教育中深入了解。今天，作为开学的第一课，我将重点讲一下"大学是什么"和"怎样读大学"的问题。

近代以来，中外著名的教育家，例如英国牛津大学的纽曼、美国哈佛大学的艾略特和我国北京大学的蔡元培，以他们为代表的中外教育家们对"大学是什么"有一个共识，就是大学是一群学者和一群学生研究学问、追求真理的地方，也是广大学子成长、成人、成才的地方。

大学对于你们已经经历的初等和中等教育来说，是一个崭新的学习阶段。大学与中学的区别不仅仅在于你们年龄的增长和时间的延长。大学教育不是中学教育的单纯延伸，也不仅仅是数量上的变化，更重要的是质的飞跃！这个本质的区别就是，大学教育将其重点和关键放在学生能力的培养和发展上。

锦城学院 2012 级新生开学典礼

在过去的十二年里，你们经历了小升初、中考和高考这三场"战役"，也可以说在考场上"身经百战"了。但是，进入大学之后，情况发生了变化。

首先，学习的目的不再是应试。尽管大学的各门课程也要考试，但是其根本是为了你们的全面成长和发展，为将来的工作、生活和走向社会做好准备。

其次，学习的内容不仅仅是知识。诚然知识很重要，但是大学更重要的是在知识的基础上培养能力，包括进一步学习和更新知识的能力、批判性思维的能力、综合分析和判断的能力、贯彻执行和采取行动的能力等。简言之，就是要培养学生的学习力、思考力、判断力和执行力。

第三，学习的方法不再是听讲和被动接受，而更多的是教师主导教学和学生主动学习相结合。师生双向互动，相互切磋讨论，深入探究问题，最终形成教学相长、师生共鸣的效果。

这就是大学教育与中等教育的本质区别。此外，大学与职业院校和专职研究院所也是不同的。

大学当然要为学生将来的生活和职业做准备，而且你们知道，"锦城"在这方面做得很出色。我校历届毕业生的就业率在国内、省内都是名列前茅的。但是大学不是公司，不是职业培训所，大学就是大学。大学不能单纯开设训练班式的课程，也不能过分地取悦社会。大学要发扬大学的精神，贯彻大学的理念。

大学当然要进行科学研究，探究真理，创新知识，但是它不是专门的科研院所。大学有一个更重要的任务，就是培养人才。应用型大学要培养致力于改造世界的经世致用的栋梁之材，其科研也要为人才培养这个中心工作服务。

我校是应用型大学，它不同于研究型大学，也不同于高职、高专。我们有独具特色的"三大教育"课程体系和"做人第一，能力至上"的育人目标。我们培养的学生要比研究型大学培养的学生有更强的动手能力，比高职高专的学生有更深的文化底蕴和发展后劲。

同学们，这就是大学，在你们步入社会前即将经历的一个十分重要的阶段。从今天起，你们的大学生活就开始了。现在，我再就"怎样读大学"跟你们讲几点建议。

第一，大学是一个有理想、有梦想、有思想的地方，因此你们要以自信而谦逊的心态进入大学。

不论你们的高考分数是多少，这一页已经翻过去了。此刻，你们已经与全国的大学生处在同一起跑线上，这条起跑线就是大学本科。有人问，"锦城"的本科与北大、清华的本科一样吗？我要告诉你们，本科就是本科！"锦城"办的本科是本科，北大、清华办的本科也是本科。北大、清华学生能就业，我校学生也能就业；北大、清华学生能出国，我校学生也能出国。"锦城"不是百年老校，但是，"锦城"是后起之秀，它同样会培养出有责任、有担当、有智慧、有能力、卓尔不群的栋梁之材！所谓"英雄不问出处，成功不看门第"，很多成功人士并不都是出身名校。创造"苹果"奇迹的乔布斯，曾就读于美国一所并不著名的私立文理学院——里德学院；创建中国最大 B2B 网站——"阿里巴巴"的马云，参加 3 次高考才被杭州师范学院录取；万科地产的董事长王石，毕业于兰州铁道学院。《华尔街日报》曾公布，美国 500 家大公司的 CEO 当中，只有 10% 毕业于常春藤名校。最近网上公布的"中国百位富豪那些年读过的大学和专业榜单"显示，35 名 80 后富豪中有 17 位毕业于非重点大学。所以，过去不代表未来，起点不决定终点。有希望就不要让自己失望，有信心就决不让自己灰心！爱迪生在研制灯泡经历一万次失败后说："我没有失败过一万次，我只是发明了一万种行不通的方法。"这就是自信而乐观的力量！当然，在自信的同时，你们还要谦逊。谦逊就是知道自己知之甚少，能够看到他人的优势和长处。面对知识的海洋，你们要明白，自己的知识只是沧海一粟。要如饥似渴地学习，只争朝夕地实践，不断鞭策自己前行。在这个新起点上，我们既要自信，也要谦逊！

第二，大学是一个追求知识、追求真理、追求至善的地方，因此你们要认认真真读大学，而不是松松垮垮混大学。

不上课、不读书、不思考、不实践，只想吃喝玩乐，满足于上上课、背背公式或原理，只求应付考试了事，此谓"混大学"。混什么？混文凭。这是一个误区，不符合大学理念，更不符合"锦城"精神。"读大学"的关键是"读"，就是"学而时习之"，而"阅读"是学习过程中十分重要的一个环节。阅读是我们求知和闻道的主要途径。一个国家公民不断提高的阅读能力和持之以恒的阅读习惯是国家强盛的力量之源。衡量一所大学的水平，除了看它的教师之外，就是看他的图书馆。在网络时代，全世界弥漫着浅阅读的气氛，大学生以娱乐代替读书是一个危险的倾向。阅读是大学师生的主要学习方式。欧美学生的课外阅读量是一般上课时间量的1—1.5倍。我们既要"好读书不求甚解"式的"泛读"，也要"好读书追求甚解"式的"深读"，还要"带问题目标阅读"式的"问读"。英国戏剧家莎士比亚曾经说："生活里没有书籍，就好像大地没有太阳；智慧里没有书籍，就好像鸟儿没有翅膀。"读书离不开思考，读书要融会贯通。孔夫子说过："学而不思则罔，思而不学则殆。"读书既要读通识，也要读专业；要把书读活，也要把知识用活。用阅读感悟人生，用阅读增长智慧。"锦城"就是要让你们畅游知识的海洋，体验思考的尊严，享受与智者对话的快乐，达到成长的目的。

第三，大学是一个认识自我、发现自我、实现自我的地方，因此你们要发展兴趣、爱好和特长，挖掘自己的潜能，做好生涯规划。

大学是人们通过真正的思考和生活发现自我，通过认真的学习和实践实现自我的地方。德国著名的数学家、哲学家莱布尼茨说过："世界上没有两片完全相同的树叶。"你们每个人都有自己的特长和兴趣，正如美国总统奥巴马所讲："每个人都有自己擅长的东西，都是有用之才，而发现自己的才能是什么，就是你们要对自己担负的责任。教育为你们提供了发现自己才能的机会。""锦城"是一所创新型的大学，进校后你们要学会认识自我，发现自己的特长和潜能。我们所推行的教育是扬长避短，而不是削长补短。所以，"锦城"精神之一就是"学校谋特色，学生谋特长"。我们重视你们的个性、天赋、想象力和好奇心，也重视你们的兴趣和爱好；我们将尽最大可能支持和培养你们的特长，尽最大可能按孔夫子的教育思想实施因材施教；我们的图书馆、实验室向一切对学习有兴趣的学生开放，我们的实习基地欢迎你们去生产第一线参与实践。大学就是要使你们通过学习，长处愈长，优势愈优。因此，你们要找准定位，做好规划，立下志向，勇往直前。只有远大的目标才会产生强大的动力！我希望，你们在前进过程中的每一次自我评估都能够不断增值。我相信，你们一定会走出属于自己的精彩人生！

第四，大学是一个既要仰望星空又要脚踏实地的地方，因此你们要明白学习必须刻苦，成功贵在坚持。

"锦城"的目标是培养政界、工商界、学术界等各行各业的领导者，但首先要培养好出色的被领导者。领导是一种能力，被领导也是一种能力。我们致力于培养各类组织和团体的领军者和主角，但首先要培养好执行者和配角。最著名的演员在出道的时候也是从小角色演起的。我们要培养杰出的学者和先生，但先要培养出优秀的学生。各位同学一定要明白，"锦城"是一所目标远大的大学，它重视脚踏实地的每一步。所以，你们在校期间，不要比吃、喝、穿、戴，比"装备"、拼爹妈，而是比学习、比读书、比锻炼、比实践。新东方总裁俞敏洪在北大读书时就和班长王强比读书。他在大学期间读了800多本书，而王强读了1500多本书。他告诫青年，至少要读400本以上的书才算是大学毕业生。你们要明白，别人可以拿走你的一切，唯独拿不走你的智慧。而智慧是不能靠赠予的，更不可能复制和购买，只能靠自己一点一滴地学习和积累。你们要克服当前社会上的浮躁情绪，不要急于一鸣惊人、一步登天、一夜暴富、一举成名。成才没有捷径，成功贵在坚持。在泪水和汗水之间，你必然会选择一样。没有吃苦耐劳、拼搏努力的汗水，你就只能流下无限悔恨的泪水。美国顶级商业教练哈福·艾克说："如果你只愿意做那些轻松的事，人生就会困难重重；如果你愿意做困难的事，那么人生就会变得轻松。"我希望你们充分挖掘"锦城"的各种资源去学习，虽然你们要承受做学问、追求真理的辛苦和寂寞，但是你们将在这里度过一生中最有意义的时光。当你们最终把学与用、知与行有机结合起来，这就是你们将来走上社会参与竞争的最大资本！

同学们，今天，你们即将开始大学的学习之旅、探索之旅、发现之旅。很快你们会认识和了解那些优秀出色的学长们。他们胜过你们的唯一因素就是他们卓有成效地度过了在"锦城"的四年。他们当中有割肝救母、孝感天地的钟颖同学，有见义勇为、舍己救人的周建良同学，有热心助人、救危扶伤的陈春梅同学，有高考英语成绩不理想却发奋图强通过英语六级和托福考试的李宣同学，有充分利用时间通过 ACCA 全部 14 门核心课程的李彬同学，也有"锦城"申请国家专利的领头人、带领全班 33 名同学申请国家专利的高旗同学，还有以过硬的专业水平与诸多高校研究生同台竞争而成功签约省内另一所二本院校任专职日语教师的孙梦同学，以及受聘于世界 500 强 IBM 公司的贾娇同学等，更有被北京大学录取为研究生的王林琳、李思雪同学，被复旦大学录取为研究生的黄雪菲同学，被哥伦比亚大学录取为研究生的马兰同学，以及在美国华盛顿州立大学攻读博士学位的何亚虎同学和在西南交通大学攻读博士学位的唐甜甜同学等。这些优秀的学长们忠实地贯彻了学校"三追两谋"的精神和"止于至善"的校训。他们成了榜样，他们为"锦城"这块品牌的增值作出了贡献。你们要向他们学习，更要超越他们，要长江后浪推前浪，一届更比一届强！当有一天你们离开学校走向社会时，你们会发现"锦城"的声誉对你们的生活和事业有多么重大的意义。

同学们，"锦城"是改变和成就你们一生的学校，而你们的成功也必将成就"锦城"这所名校！

最后，祝各位新同学学业有成，前程似锦！

学而不厌，诲人不倦，坚定使命，争取卓越

——在2012年学院教师代表座谈会上的讲话

（2012年9月26日）

再过两天，即9月28日，是中国古代最伟大的教育家孔子的诞辰纪念日，我们今天召开一个教师代表座谈会。今天大家的发言很热烈，有几个共同点。

第一个共同点就是，发言体现出各位老师对教学和人才培养的高度责任感。高度的责任感是锦城学院教师共同的价值观和行为准则。教师们有共识，对学校的理念能够认同，学校才能不断前进。很多单位，包括企业、学校、团体办不好，就是因为它们缺乏共同的价值观、共同的行为准则和共同的思想基础。鲁迅先生说，左翼文学运动搞不好、不统一，就是它的思想不统一。所以，首先我要感谢大家，感谢你们对学校的理念、方针、路线有共识，具备高度的责任感。

第二个共同点就是，你们在自己的教学过程中，都有良好的创造性，有一些独到的做法，为我们的"三大教学改革"进行了必要的探索和实践，这非常好。

第三个共同点就是，你们都接受了学院提出的"全身心投入'锦城'的教育事业是'锦城'教师的第一师德"的观念。什么叫全身心投入？就是学生的成长成为教师的全部生活，随时随地都想到学生。

生活中发现某些可以联系到学生或帮助学生的案例，就记录下来教育学生。做什么事都想到学生，做什么事都想到"锦城"的教育，做什么事都想到"锦城"的发展，这就是你的全部生活都充满了"锦城"的教育，这就是全身心投入！所以，全身心投入更具体化的表述便是——学生成长就是教师、管理者和服务人员的全部生活！

今天我想了一副对联，上联是"学而不厌，诲人不倦"，这是孔夫子说的；下联是"要么卓越，要么灭亡"，这是我们当前面临的竞争形势；横批是"质量第一"，这是教育部提出的观点。"学而不厌，诲人不倦"出自《论语》，毛主席在《中国共产党在民族战争中的地位》中也说过："对自己，'学而不厌'，对人家，'诲人不倦'，我们应取这种态度。"今天座谈会的主题就是这两句话，我希望全体教师铭记这两句话。

一、学而不厌——向中国优良传统和西方先进文明学习

学而不厌是关于学习力的事情。我们的老师要学习，不学习不能提高，不学习不能继承，不学习不能发展。我们的老师要有底气，有底气就是你们要比学生懂得多、懂得宽、懂得深。在这点上，要学习孔夫子。

孔夫子在政治上不是一个成功者，他总是希望回到三代或尧、舜、周公那里去，克己复礼。这在当时战乱纷争的时代很难实现，没有统治者愿意真正采纳他的施政方略，所以他改造世界的愿望没有实现。但是孔子是一个成功的教育家。他有弟子三千，贤人七十二。在那个时代，这样的学生规模已经非常大了。要知道，当时的鲁国很

小，人口很少。如果按当时的人口比例来看，这已经是"国际化"的一所学校。孔子所带的学生不仅有鲁国人，还有秦国人、齐国人、宋国人等。可以说，这是一所国际化的大学，和现在美国的哈佛大学一样，是一所留学生很多的大学。为什么孔子能够吸引这么多学生来求学？就是因为他学识渊博。他在周游列国的过程中，尽管政治主张不被接受，但他虚心请教，调查研究，见多识广，回到鲁国办学校，专心执教，能有这么多学生慕名而来，可见他的吸引力非同一般。我们的教师能否做到让很多学生慕名而来？能不能有这样的影响力？学生知道你教哪门课，就争着去听这门课。如果我们每一位教师、每一个系有这样的吸引力，我们的学校就是一流的学校。

关于孔夫子的第二个小故事是，他周游列国时身无分文，跟随他的学生，少则十几人，多则上百人。在陈国、蔡国的时候遇到了困难，吃不起饭，但是学生们对他仍不离不弃。我们的教师能否做到让

邹广严院长在2012年学院教师代表座谈会上讲话

学生追随我们？学生不离不弃，就是"亲其师，信其道"。他们觉得孔子所教的理论都是正确的，这就是一种信仰和崇拜。老师用自己的知识彻底地征服了学生。所以，孔夫子仙逝后，学生守孝三年，其中子贡更是为他守孝六年。师生关系到了这个水平，实在难得啊！

第三个故事是《论语》中讲到的："叔孙武叔语大夫于朝曰：'子贡贤于仲尼'，子服景伯以告子贡。子贡曰："譬之宫墙，赐之墙也及肩，窥见室家之好。夫子之墙数仞，不得其门而入，不见宗庙之美，百官之富。"意思是，叔孙武叔在朝廷上和大夫们说："子贡比孔子贤能。"子贡知道后说："拿宫墙做比喻，我的墙才到肩，可以看到家中房舍的美。老师的墙有数丈高，如果找不到门进去，就见不到里面宗庙的壮观，不了解孔夫子的伟大。"可见，子贡是多么地维护老师的声誉。还有一段说："叔孙武叔毁仲尼。子贡曰：仲尼不可毁也。他人之贤者，丘陵也，犹可逾也；仲尼，日月也，无得而逾焉（老师是不可诋毁的。别人的贤德，好比丘陵，还可以超越；老师好比太阳、月亮，无可超越）。"子贡见有人诋毁老师，能够站出来说不对。那么，我们的老师能不能培养出这样的学生？我校一直主张尊师重道，不亲其师则难信其道，不信其道则难有教学效果。所以，我们要学习培养孔夫子与其弟子那样的师生关系。

当然我们的老师还要学习孔夫子的高深学问，学习他的教育思想。他的教育思想很多，我举三条：

第一条是"有教无类"。有教无类解决什么问题呢？解决教育公平的问题。就是不论富家子弟还是贫家子弟，拿一点儿肉干之类的见面礼来交学费，孔子就教他，没有别的条件和要求，也不禁止异地"高考"，不管学生来自哪里，都可以来学习。这就是教育公平！所以，不论是鲁国、齐国还是楚国的子弟，不论是官宦还是老百姓的子弟，孔子都施以教诲。颜回家里贫穷，"一箪食，一瓢饮"，孔子一样教他。他说"贤哉回也"，就是说颜回是我的好学生。可见孔夫子不歧视任何一名学生。

第二条是"因材施教"。教育是平等的，但是不能说是千篇一律的。要因材施教，针对不同学生的不同特点开展教育。《论语·先进》篇中讲，子路和冉有都有一个问题问孔子："知道了就要去做吗？"但孔子的答案是不一样的。对于子路，孔子说，听到了也要去征求父兄的意见；对于冉有，孔子却说，听到了就去做。原因是子路性格鲁莽，冉有性格优柔寡断，所以，孔子因材施教，根据其不同的性格特点来教育。我校的教育理念是给每一名学生平等的、优质的教育。我们不办精英班，不搞特殊待遇。我认为，没有一个科学家是在特殊的精英班里培养出来的。蔡元培、钱学森都不是这样培养出来的。但是我们的教育和培养还是要有一定的针对性。比如针对要考研的学生，我们提供给他们复习的教室，使他们方便学习；针对要就业的学生，我们提供给他们实习的场所，让他们去实践。所以，我们既要平等待遇，又要因材施教。

第三条是"启发诱导"。《论语》中说："不愤不启，不悱不发，举一隅，不以三隅反，则不复也。"这就是孔子提倡的启发式教育，"启发"这个词就是他发明的。教育要启而发之，教会学生举一反三。

所以，"有教无类"解决公平问题，"因材施教"解决效率问题，"启发诱导"解决方法问题。

老师们要学习中国教育的传统，当然也要向西方先进文明学习，比如古希腊的哲人苏格拉底、柏拉图等。他们的教育方法是平等的对话讨论，就是现在所说的课堂讨论法。苏格拉底倡导"问答法"，他说："我接近真理的方法，就是提出正确的问题。"他向学生提问题，也鼓励学生提问题。我向来主张笨鸟先飞，其实我们搞"六大教学法""十种学习法"，都属于笨鸟先飞。华罗庚早年所研究的数学理论曾被人非议，说他的研究脱离实际。自20世纪60年代后他开始转向优选法和统筹法的推广、应用和普及。优选法算不上高深的数学理论，对于他这样的世界著名数学家来说，实际上是大材小用。但是华罗庚坚持致力于数学为国民经济服务，体现了科学技术面向经济建设的精神，并取得了可观的经济效益。可以说，他做的是一项铺底的工作，但是这铺底也是一个伟大之举。因此，我们不要怕做铺底的工作，笨鸟先飞，用最笨的方法来解决最聪明的问题。所以，苏格拉底说："不要听从我，要听从真理。"这也是柏拉图的学生亚里士多德所说的"我爱我师，我更爱真理"。孔夫子也说过类似的话："当仁，不让于师。"就是说面对仁义真理之事，应勇于承担而不推让，即使是老师，也不同他谦让。我们既要学习我们的老祖宗，也要向苏格拉底等西方圣贤学习。欧洲文明的发源地是雅典，雅典文明的发源则来自苏格拉底，还有柏拉图、色诺芬、亚里士多德等学者都很有名。我们还要向约翰·杜威这位美国实用主义教育家学习。他认为，最好的教育就是"从生活中学习，从经验中学习"，反对传统的灌输和机械训练，强调"从做中学"即从实践中学习。他不仅在美国影响大，在中国影响也颇深。他曾到中国讲学，民国时期一些重要人物如胡适、陶行知、郭秉文、张伯苓、蒋梦麟等均曾在美国哥伦比亚大学留学，也曾是他的学生。另外，苏联教育家苏霍姆林斯基也值得我们学习。他从一名中学教师到中学校长，写了很多教育理论方面的文章，包括《给教师的一百条建议》等，后人将之结集成册，有整整五大本。苏联还有一位教育家叫伊·安·凯洛夫，他的观点是教学以讲授为主。我们要把课堂讲授和欧美后来提出的讨论式教学结合起来，形成更为优化的教学方法。我们要学会兼收并蓄。举个例子，我年轻的时候，苏联著名植物学家米丘林的学说盛行一时。他认为，通过环境的作用，可以迫使物种改变。但是，西方摩尔根学派的观点是，基因控制生物的遗传与变异。当时的苏联和中国都认为摩尔根学派是唯心主义，米丘林学派是唯物主义，一边倒地反对摩尔根学派的学说，现在看来是错误的。所以，我们要学会兼收并蓄，博采众长，最后自成一家。

总之，我们要号召学生读书，也要号召先生读书。我们"锦城"教师的修养、学识都应当比其他学校的老师高，要懂得多、懂得宽，了解得深。我们要学习孔夫子的博学多问、学而不厌，提高自身的专业素质。当然，提高专业素质的方法很多，可以平时自学，可以利用假期进修。以上讲的就是大家如何"学而不厌"。

二、诲人不倦——让学生的成长充满教师的全部生活

诲人不倦是教师这个职业所决定的。作为一名教育工作者，你的职责就是教育学生。有的人用负责的态度教育学生，有的人用敷衍的态度教育学生；有的人千方百计地帮助学生成长，有的人上课来、下课走，根本不操心学生的成长、成人和成才。"锦城"的老师要做到诲人不倦、不厌其烦，对学生负责到底，学生的成长要充满自己的全部生活。对学生负责是我们学校的主要特点，与百年老校比教师资历的话，我们很难与他们竞争，但是我们的教师就是要凭这种诲人不倦

的精神、敬业的精神，对学生、对家长、对社会负责的精神，与他们竞争。

三、坚定使命，争取卓越，在反思中不断进取

老师们，我们处在当前这样一个高度竞争的形势下，学校要胜出，教师要胜出，靠什么？就靠这两句话——学而不厌，诲人不倦，也就是是全身心投入。你只有全身心投入，才能学而不厌，诲人不倦。教育部今年出台的《关于全面提高高等教育质量的若干意见》提出了三十条意见，对于"锦城"的教师，首先应该做到今天我说的这两条。如果每一位老师都能做到这两条，"锦城"的老师在中国都是最优秀的。

当前我们的竞争形势是"要么卓越，要么灭亡"，这也是市场竞争的一个铁定规律。我校只有且必须争取卓越！我们要有危机意识，有反思精神。美国人就很善于反思。1983 年，美国高质量教育委员会发布了题为《国家处在危险之中：教育改革势在必行》的报告，警示美国教育正在经历"一股平庸化浪潮"，从而引发进一步改革。所以，不反思怎么能有进步，不知道危险怎么能更好地前进？美国人的理念就是，没有一个强大的敌人，就没有一个强大的美国。这是美国太平洋舰队总司令的一句话。对我校而言，到处都是竞争对手，我们在三本序列甩掉了一批竞争者，进入二本后依然打了一个胜仗，今年的招生情况很好。但是毕竟我们还存在劣势，比如办学时间短、师资队伍年轻、物质条件不充裕、学费比公办学校贵等。而且随着适龄人口的减少，高校将面临生源危机。我一直信奉刘伯承讲的两句

话："两军相遇勇者胜，勇者相遇智者胜。"我们一定要有这种进取和战斗的精神、未雨绸缪的精神，要有危机感。我相信你们都愿意与我校共存亡，不会半路另谋高就、另起炉灶，我们是一个最高事业的共同体！你们要随着学校的成长而成长，随着学校的发展而发展，随着学校的提高而提高！我校将来成为一流名校，你们就是名校的教师；"锦城"的地位提升了，你们也会觉得光荣！

学校的教育质量要货真价实，就要靠老师。我们的办学思想再正确，办学理念再伟大，都要通过老师来实现，因为学生最尊重的是老师。你们每天跟学生接触最多，你们应当把学校的办学思想、教育理念和发展目标融合到教学活动中去。如果你们都对学校不关心、不信奉、不崇拜，那么要使学生热爱母校也很难。所以，我希望大家都能把责任感、光荣感和使命感树立起来，为学校的发展贡献力量！

关于教职员工绩效考核方案制订和实施的意见

——在几次院务会上的讲话要点

（2012 年 11 月）

一、绩效考核方案的目的

通过科学、严谨的绩效评估和考核，表彰先进，鞭策后进。通过多劳多得、优劳优得，增进员工的满意度和敬业度。

二、坚持三项原则

1.反映现实，体现差别。坚决反对好坏不分，赏罚不明。

2.公平公正，实事求是。应以事实为依据对教师和员工的课内课外、教学科研、教书育人、管理服务等诸方面工作进行全面评估和考核。

3.过程保密，结果公开。为了保证评价者能畅所欲言，评估过程可由各部系领导掌握，但应保守秘密。评估的结果应在一定范围内公开，以发挥鞭策作用。同时，结果公开也是一种公示，以更广泛地听取意见。

三、关于顶层设计

1.确定考核板块，即总指标或考核内容。应按教师、辅导员、管理人员、服务人员分别提出考核内容。

2.确定考核比重，即各板块之间占的相对比例。例如教师考核中，教学、科研、管理等各占多大比重为妥？应予确定。

3.确定考核标准和考核方法。首先要确定各项考核指标的合格标准和加分标准，然后确定实施计分的方式方法。

4.确定考核者，即应明确哪些指标的评估由领导实行，哪些由同事实行，哪些由学生实行，以及有必要听取其他人的意见等。原则上是"直接、有关"。

四、一些技术问题

1.部系领导要亲自动手，加强领导，不能当甩手掌柜。

2.把员工自己申报与客观评价结合。

3.把平时考核与年终考核结合。

4.要保证直接服务对象的发言权。

5.允许各部系根据实际情况对学校设计的总指标和分指标进行必要的调整或细化。

6.鉴于干部和教师存在着行政级别和职称层次，要妥善处理层次和分数问题。原则上是层次决定基数，分数决定差距。

五、绩效考核结果的使用

1.作为年终奖励的依据。

2.作为评选夫子育人奖的依据。

3.作为今后晋升薪酬的依据。

一所大学道德教育的使命与责任

——"当代大学生明德教育教材系列丛书"总序

（2012年12月）

改革开放以来，中国从计划经济向市场经济转轨，经济建设和社会发展取得了巨大的成就。进入21世纪，经济全球化、信息网络化、价值多元化给正处于转型中的中国社会带来新的冲击。财富利益的分化与侵蚀、行为观念的多元与错位、经济社会的发展与阵痛，使我们的道德体系面临着前所未有的复杂社会生态。在持续三十多年的经济高速增长的背后，一些领域道德失范、诚信缺失的现象，部分社会成员人生观、价值观扭曲的现象日益暴露出来。随着食品、药品、交通、建筑等重大安全问题撼动了社会的道德底线，人们疾呼"道德重建""诚信工程""人性良知"。与此同时，张丽莉、郭明义、吴菊萍、吴斌、沈星等一批道德模范，又用其良知和善举，不断感动和震撼着每一个人的心灵。

作为教育界人士，在观察社会道德的同时，我们应当反思当前的道德教育。社会道德滑坡的状况反映了我们的家庭教育、中小学教育乃至大学教育中存在的现实问题。作为高校管理者，我们更需要思考大学教育在面对这种现状时应当采取怎样的举措。

大学教育的根本目的在于培养人才。如何培养人才？早在2004

年印发的《中共中央、国务院关于进一步加强和改进大学生思想政治教育的意见》中就明确指出："学校教育要坚持育人为本、德育为先，把人才培养作为根本任务，把思想政治教育摆在首要位置。"胡锦涛同志在2007年全国优秀教师代表座谈会上也强调："要坚持育人为本、德育为先，把立德树人作为教育的根本任务。"

道德是一种意识形态，是人们共同生活的行为准则和规范。它往往代表着社会的正面价值取向，是判断行为正当与否的标准之一。它是一门做人的学问，也是一门待人接物的学问。所谓德育，就是对学生进行品格和道德的教育，即人之所以为人的教育。所以，学校的道德教育是一种立人、树人、成人的教育。

那么，德育的目的是什么？就是培养学生养成良好的道德意识、道德品质和道德行为，树立正确的责任感、荣誉感、正义感和幸福感，使其做一个道德纯洁、人格高尚、对社会和人民有贡献的人。胡锦涛同志在纪念共青团成立九十周年大会上要求："广大青年一定要把正确的道德认知、自觉的道德养成、积极的道德实践紧密结合起来，提高品德修养，弘扬传统美德，倡导新风正气，用高尚的道德行为推动全社会文明程度的提高。"道德是有层次之分的，分为一般层次和高级层次。因此，道德教育也应当有层次之分，首先是使学生做一个好人，继而做一个贤人（贤德之人），最高层次则为圣人。

什么人是好人？做到孟子所说的，有"恻隐之心、羞恶之心、辞让之心、是非之心"的人是好人。"做人有底线，做事有常识"的人是好人。两岁女童"小悦悦"两次被车碾压，18名路人视而不见的情况下挺身而出救人助人的拾荒阿婆陈贤妹是好人；二十年献血6万毫升，十多年为希望工程和灾区群众等捐款12万元，先后资助180多名特困生的普通采场公路管理员郭明义是好人；三十年如一日，义务赡养6位无任何血缘关系的孤寡老人，在自家创办的企业安置20名农民职工的普通农民林秀贞是好人；二十多年捐款40多万，坚持用80%收入做慈善的96岁老将军张玉华是好人；用一套房换灾区孩子一幢教学楼的"上海奶奶"沈翠英是好人。而时时处处做好事、全心全意为人民服务的雷锋更是全社会学习的好人楷模。所以，做好人的教育就是挖掘人性中最美好部分的教育。其最终目的，就是要通过教育，在全社会形成一种学好人、敬好人、做好人的良性循环。

什么人是贤人？按孔夫子的标准，耐得住清贫、以快乐的心态坚持做学问的学者颜回是贤人，所以他说："贤哉回也，一箪食，一瓢饮，在陋巷，人不堪其忧，回也不改其乐。"按孟子的标准，"贫贱不能移，富贵不能淫，威武不能屈"的人是贤人。按中国传统的标准，做到舍生取义、杀身成仁的人是贤人，精忠报国的大将军岳飞、赤胆忠心的民族英雄文天祥都是这样的人。按中国当代的标准，不远万里来到中国帮助中国抗战的加拿大大夫白求恩和印度医生柯棣华是贤人；身患肝癌、坚持同全县干部和群众一起，与深重的自然灾害顽强斗争的"人民的好公仆"焦裕禄是贤人。还有汶川地震中用自己的身躯保护学生而牺牲的谭千秋等英雄教师们，用一颗大爱无畏的心锻铸出不朽的师魂；黑龙江省佳木斯市女教师张丽莉关键时刻舍生忘死，勇敢地以自己的血肉之躯救出两个学生，此谓大贤人也。按毛泽东主席的说法，他们都可以被评价为"一个高尚的人，一个纯粹的人，一个有道德的人，一个脱离了低级趣味的人，一个有益于人民的人"。他们都是能够为国家、为民族、为社会、为人民奉献毕生精力和智慧的人，毫不利己、专门利人的人，这就是贤人。

为实现上述德育的目标，四川大学锦城学院构建了以社会主义核心价值体系为指导，以"三讲三心"明德教育为重点的大德育体系。概括来讲，这个大德育体系就是"一个统领""三个倡导""六个方面""八个结合"。

"一个统领"，就是以社会主义核心价值体系统领全局。它是兴国之魂，是社会主义先进文化的精髓，决定着中国特色社会主义的发展方向。

"三个倡导"，就是党的十八大报告中对社会主义核心价值体系的新阐述，即倡导富强、民主、文明、和谐，倡导自由、平等、公正、法治，倡导爱国、敬业、诚信、友善。这24个字是对原有社会主义核心价值体系的进一步精简和凝练，是从国家、社会和公民三个层面对社会主义核心价值体系进行的精辟阐述。

"六个方面"，即"三讲三心"：讲诚信、讲礼仪、讲感恩；对国家、人民尽忠心，对父母、长辈尽孝心，对同学、同事尽爱心。这"六个方面"结合了当代社会的道德要求，传承了中华民族的优良传统，强调培养学生的社会责任感、历史使命感和个人道德感。

"八个结合"，一是道德教育的民族性与世界性相结合，二是道德教育的历史性与现实性相结合，三是道德教育与政治教育相结合，四是道德教育与思想教育相结合，五是道德教育与心理教育相结合，六是道德教育与法律教育相结合，七是道德教育与公民教育相结合，八是道德教育与知识教育相结合。

第一，道德教育的民族性和世界性相结合。

不可否认，道德是具有民族性的。不同民族、国家或阶级的人群有不同的道德观念和道德标准。中华民族传统伦理讲究"仁义礼智信、温良恭俭让",西方现代伦理道德观念认同"自由、平等、人权、博爱"。但是,在不同民族、不同道德观念中总是存在一个共同的、赖以互相沟通的因素,那就是要使人成为一个人、一个好人的基本要求。德国人拉贝在南京沦陷时期先后保护了20多万难民;印度诗人泰戈尔为和平正义而赋诗声援中国抗战;我国维吾尔族大叔阿里木江·哈力克靠卖羊肉串谋生,以微薄的收入资助数百名贫困学生。尽管这些人国籍不同、民族不同,但他们都是大家都认同的好人。所以,我们既要发扬以中华文明为基础的民族传统美德,发扬现代革命传统美德,又要以开放开明的心态向世界其他文明学习,学习其他文明当中有益、有用的部分,采用审慎的态度,做到"洋为中用"。道德本身不但具有民族性,也具有世界性。我们通常说的各国、各民族之间要"求同存异",这个"同"就是大家都认可的共同的道德理念和价值标准,具有普遍性、包容性、基础性和开放性的特点。如果道德只有民族性没有世界性,在经济全球化背景下,人们如何交往?各国之间若没有普遍认可的价值准则,如何谈判沟通?因此,我们要把世界文明的共同成果和价值共识作为德育的重要资源之一,促使学生在中华民族传统美德和世界先进文明道德观念的熏陶中,成长、成人、成才。

第二,道德教育的历史性和现实性相结合。

任何一个民族的道德都有其产生的历史过程。在这个历史过程中,道德观念不断融化到人们的血液中,形成心理文化积淀。道德的传承是道德发展的基础。正如马克思所说的历史"是在直接碰到的、既定的、从过去承继下来的条件下创造"。毛主席在《中国共产党在民族战争中的地位》中也指出:"我们是马克思主义的历史主义者，我们不应当割断历史。从孔夫子到孙中山，我们应当给以总结，继承这一份珍贵的遗产。"这就是说，传统美德是现代道德教育的重要资源之一。当然，道德是发展的，不是一成不变的。但是总有一些古今相通的要素，它们具有跨越时空的价值。我们权且称其为永世价值。例如古代讲公忠体国，现在讲爱国主义；古代讲舍生取义、杀身成仁，现在讲舍生忘死、见义勇为；古代讲仁者爱人，现在讲团结友爱；过去讲"不独亲其亲，不独子其子"，现在讲尊老爱幼；过去讲"和而不同"，现在讲"求同存异"、构建和谐社会，等等。这些无疑是可以继承的。只有积极传承历史发展过程中形成的优良道德传统，才能站在一定高度，为道德的持续发展作出新的贡献。所以，在构筑大学生的道德观和价值观时，历史与现实是不可或缺的两个维度。德育既要发扬我国优秀文化传统，又要关注社会现实，彰显时代特色。正如胡锦涛同志所说，要"弘扬传统美德，倡导新风正气"。

第三，道德教育与政治教育相结合。

道德教育不同于政治教育，它有一套相对独立和完整的教育体系。政治教育突出用马克思主义的立场、观点和方法来分析现实问题，阶级、政党、政权、政治制度和政治理念居于中心地位。在道德教育中，培养具有完整人格的人是主要任务，它更注重人的存在和精神追求，道德信念、道德品质和道德规范居于中心地位。中华人民共和国成立后，特别是"文化大革命"时期，道德教育出现泛政治化的倾向。1995 年，钱伟长在《切实解决教育发展中的几个紧迫问题》中就指出："在德育工作中，往往以政治教育代替道德教育……以至流于形式。"但是，如果只有道德观念，没有正确的政治信念和追求，不关心国家的前途和命运，显然不妥。1989 年，江泽民同志在庆祝国庆四十周年讲话中就明确指出："要把德育放在首位，确立正确的政治方向。"因此，我们的大德育是在强调道德教育的同时，结合政治教育，帮助学生树立正确的政治方向。这其中，爱国主义无疑是当前经济全球化时代必须强调的核心内容之一。一直以来，爱国主义就是中华民族的光荣传统和崇高美德，也是中国各民族大团结的政治基础和道德基础。存有爱国之心，才有报国之行。对祖国的成就和文化感到自豪，具有强烈的民族自尊心和民族自信心，才会竭尽全力，为中国屹立于世界民族之林作出应有之贡献。

第四，道德教育与思想教育相结合。

道德教育与思想教育不同。思想观念和宗教信仰的异同，不能决定人的道德水平的高低。道德是一个对任何国家、民族、人群更普遍的东西，而理论、思想、信仰是因人或人群而异的。我们不能要求所有人都信仰马克思主义，也不能要求所有人都信仰某种宗教，但应要求人们遵循人类文明的共同道德底线。获得诺贝尔和平奖的特蕾莎修女信奉天主教，但是作为慈善工作者，她的一生主要替印度加尔各答的穷人服务。南丁格尔奖章将荣誉赋予来自全世界各个国家秉持人道原则、胸怀慈善美德的慈善人士，不论其信仰和身份，这充分说明不同思想和信仰的人群中都有好人。但是，道德教育与思想教育是紧密相连的。二者结合，有助于良好道德观念的树立和形成。因为道德是基础，思想信仰是更高层次的追求，是对终极价值的判断，具有巨大的能动作用。道德教育结合思想教育，使学生了解和领会马克思列宁主义、毛泽东思想、邓小平理论、"三个代表"重要思想和科学发展观，学习和掌握历史唯物主义和辩证唯物主义的思想方法，能够更好地帮助大学生树立正确的世界观、人生观和价值观，从而提升其道德观念和水平。

第五，道德教育与心理教育相结合。

道德教育与心理教育的范畴和侧重点不同。道德教育关注个体人格的完善和行为的规范，侧重对人的世界观、人生观、价值观进行教育。心理教育关注个人合理的心理需求和良好的心理素质的培养，侧重对动机、情绪、兴趣、意志等心理品质的教育。近年来，面对多元文化冲击和社会转型时期的复杂环境，学生的心理健康教育日益成为其全面发展不可或缺的要素之一。马加爵杀人、留学生刺母、刘海洋硫酸伤熊等事件，都反映了个别大学生存在严重的心理问题与道德问题。当前，学业问题、情绪问题、情感问题、人际关系问题、环境适应问题和特殊群体问题是大学生中普遍存在的心理健康问题。道德的形成有赖于心理结构中认知、情感、意志、行为的全面发展，而成熟稳定的心理状况是科学世界观、人生观、价值观形成的保证，是良好道德素质养成的基础。因此，道德教育与心理教育二者有机结合，才能培养出学生高尚的道德情操，促进学生形成健康的心理品质。

第六，道德教育与法律教育相结合。

道德与法律不同。道德是自身观念对个体行为的内心约束，是一种自发自律；法律是从外部对人的行为进行约束，是一种外发他律。道德来源于人类社会发展过程中的人文自觉，总体而言是先于并高于法律的，因此是一种更高层次的追求。所以，道德是法律的外延，法律是道德的底线。但是，道德和法律作为维持社会秩序的两种手段，二者缺一不可。道德通过扶正和扬善伸张正义，法律通过压邪和惩恶匡扶正义。2001年中共中央印发的《公民道德建设实施纲要》就强调："把法制建设与道德建设、依法治国与以德治国紧密结合起来。"因此，在大学生教育中，道德教育要与法律教育相结合，一方面，引导学生加强自身道德修养以健全人格；另一方面，教育学生了解法律制度以规范行为。最终，就是要形成自律和他律的统一。

第七，道德教育与公民教育相结合。

道德教育与公民教育不同。道德教育主要是对人的道德意识、观念和行为进行教育。公民教育一词来源于西方民主社会，特别是美国，"做合格的公民"一直是美国价值教育的一个目标。中国过去的德育主要是培养"臣民"，五四运动后才兴起公民教育。公民教育相较于道德教育，更注重培养现代公民的公民意识和公民行使权利与履行义务的能力，更加强化国家认同和身份认同。我们对学生进行公民教育的基本目标，便是使学生对中国特色社会主义政治制度、政党、政府的运作机制以及民主与法制加深了解，学习参与社会公共事务的知识和技能，明白公民的权利和义务，培养学生积极参与社会事务、为国家和社会服务的责任意识。把道德教育与公民教育相结合，就是在健全人格和价值判断的基础上，教会学生参与国家事务，肩负社会责任，承担相应义务。我们不仅要培养行得正、走得直、坐得端、重品行、明是非、讲礼仪的有德之人，也要培养"先天下之忧而忧，后天下之乐而乐"的合格公民。

第八，道德教育与知识教育相结合。

道德教育与知识教育不同。有知识不代表有道德，考分高不等于品德好。美国纽约大学心理学教授海姆·吉诺特是纳粹集中营里的幸存者，他在写给老师的一封信中说道："我亲眼目睹了一般人看不到的事情：毒气室由有学识的工程师建造；孩子们被受过教育的医生毒死；婴儿被训练有素的护士谋杀；妇女和孩童被受过高中或大学教育的毕业生射杀。"所以，我们的教育不应当培养"学识渊博的野兽、身怀绝技的疯子、受过教育的纳粹"。相反，拾荒阿婆陈贤妹救起"小悦悦"；获得"第三届全国道德模范"荣誉的普通村民刘兴元、刘贺龙父子和胡文传舍己救人，营救落水儿童。这些平民英雄没有渊博的知识，但是他们有高尚的道德。所以，知识不等于道德。当然，广大人民勤劳向善的风貌是优良的历史传统和清正的社会风气"风化"的结果。对大多数人来说，受教育程度高，道德水平也相应高一些。钱学森、华罗庚、梁思礼、朱光亚、邓稼先、钱三强等著名科学家们，放弃国外优厚的工作待遇和生活条件，冲破重重困难回到祖国报效国家，展现了爱国知识分子的高尚情操和道德水平。因此，一切知识，只有用在把学生教育得更有人性时，才更为重要。只有道德教育和知识教育统一协调发展，才更有利于培养德才兼备的人才。

在大学阶段，无论什么教育都是以知识教育为基础的，德育也不例外。我们说，德育要回归生活，绝不是否认知识教育的重要性和必要性。我们一定要明白，学习道德知识对于形成稳定的品德、树立正确的思想观念、养成良好的道德品质是必不可少的。作为培养人才、传授知识的大学，培养"有理想、有道德、有文化、有纪律"的"四有新人"，应当是高校一项重要的研究课题。鉴于此，我们编著了这套"当代大学生明德教育教材系列丛书"。它在总结四川大学锦城学院大德育体系和实践的基础上，进一步归纳理论，搜集案例，形成了一套挖掘传统文化之精髓、把握当今时代之脉搏、联系学生现实之问题、注重理论联系实际的大学生德育教材用书。其有效地解决了上述"一个统领、三个倡导、六个方面、八个结合"的问题。本套丛书包括《忠义千秋——忠义读本》《孝悌力行——孝悌读本》《大爱仁心——仁爱读本》《以礼立人——礼和读本》《知诚讲信——诚信读本》《感恩怀德——感恩读本》共六册，将为我们培养好人、贤人发挥重要的作用。同时，该丛书有幸由天津大学出版社出版，也是我对母校天大多年来的培育教导表示感谢。

我衷心希望大学生们学习好、应用好这套丛书，修身明德，止于至善，使自己在个人品德、职业道德、社会公德方面都有所提升，做一个有理想、有思想、勇担当、负责任、德才兼备的优秀公民！

培养出社会需要的学生，
才有资格立足于现代大学之林

——在2012年就业工作会上的讲话

（2012年12月20日）

今年，各部系抓就业工作都抓得很好，我校的就业工作总体来说是抓得不错的。今天，针对就业工作我还想讲几点。

一、我校立足于现代大学之林凭借什么？我校与名牌大学竞争什么？

刚才给大家放了一个简短的片子，这是我的母校天津大学的宣传片。天大是中国第一所现代大学，1895年诞生，它的前身是北洋大学。

我们与百年老校竞争什么？竞争历史，行不？天大建校117年，我们"锦城"的办学历史只是人家的一个零头——七八年，显然不行；竞争学术底蕴、学术成果，行不？天大拥有国家一级实验室、实验中心，我们和他们竞争，显然也不行。那么，我们和百年老校竞争什么？科技、师资、学术都无法与之相较。但是我历来主张，你打你的，我打我的，你发挥你的优势，我发挥我的优势。百年老校发挥的是历史积淀的优势，"锦城"发挥的是青春的优势、改革的优势、创新的优势。当然，百年老校的学生就业率是不会低的，天大对外宣布的就业率是98%以上。那么，我们的王牌是什么？我们的王牌是学生。我们要是不能培养出优秀的、社会需要的学生，我们就难以立足于现代大学之林。

"锦城"的课堂是一个开放的课堂，社会就是我们的课堂之一。我们要更好地利用社会资源，也就是你历史长，我创新好；你国家实验室多，我面向大社会；你培养的学生有研究能力，我培养的学生有实干精神，但他们最终都能成为卓越的工程师。

近日，天津大学党委书记刘建平、副校长冯亚青一行来到成都参加四川校友会活动，并在我校举行在川优秀生源基地挂牌仪式。天大领导与成都七中、石室中学、树德中学、外国语学校、绵阳中学、南山中学、南充高级中学和资阳中学这八所中学的校长们一同参观了我校。他们对我校八年来的办学成绩和特色非常肯定，对我校的办学理念和思想非常赞赏。所以，我们应该各人发挥各人的优势，既不能盲目地骄傲自满，也不能盲目地妄自菲薄。我们要在某一方面比别人好，比别人强。要是我们在所有方面都不如人，那我们有什么资格和别人竞争？竞争就有法则。什么是竞争法则？竞争就是优胜劣汰！就是"要么卓越，要么灭亡"！什么叫卓越？就是比别人做得好，别人做不到的你做到了，别人做不好的你做好了，而且止于至善。

刚才，我们看到的第二个短片，其中有三名学生去应聘中国水电集团四川分公司的岗位。面试时，同台竞争的有来自四川大学、财大、西南交通大学等多所重点大学的本科生、研究生。这时候，大家就是站在同一起跑线上的。所以，人才竞争是不分学校背景的，是开放性、世界性的竞争。我们培养的人才同样可以和名牌大学的学生竞争！

这三名学生在应聘成功后给学校寄来了感谢信，他们说："没有哪一所大学有我们学院如此重视学生的就业工作，更没有其他哪一所大学的领导和老师能为学生的就业工作如此亲力亲为。"用人单位的领导也谈道："你们学校的老师是我所见过的最负责的老师，其他学校的学生面试过后从来没有学校领导打电话询问情况的，你们学校的老师几乎每天都要关心询问情况，而且还会收集我们对学生的反馈信息。有这样负责的老师的学校，培养出来的学生一定不会差。"你们看，其他学校的学生出去面试，没有老师随行指导；我们学校的学生去面试，老师、辅导员都随行指导。其他学校的学生面试结束后，老师不跟踪用人单位录用信息，我们学校的学生面试结束后，老师主动向用人单位咨询学生的面试、录用情况和人才培养需要改进的地方。这就是别人做不到的我们做到了，这就是优势。

二、当前就业工作中需要特别注意的几个认识上的问题

（一）就当前的就业形势，反复对学生进行教育和辅导

当前，学生对就业形势的严峻性认识还是不足。明年全国应届毕业生将达到699万，是历史上人数最多的年份，接近700万。同时，受金融危机的影响，近年来我国经济增长速度有所放缓。就业机会整体上没有增加多少，但毕业生增加了。一些学生对目前的就业形势不清楚，稀里糊涂，懵懵懂懂，不在乎也不珍惜学校给他们创造的就业机会。举办招聘会，老师们替学生着急，个别学生不着急。尽管我校

2013届毕业生大多数在年前找到了工作，但还有少数人在观望等待。年后的任务还很重。

（二）解决毕业生好高骛远、漫不经心的问题

目前，我们仍有少数毕业生好高骛远、漫不经心。现在有些学生对就业岗位、初始工资、就业地点，甚至实习工资、实习地点都看得很重。说实话，如果你确实是有条件的、十分优秀的，就业单位争着抢，那你可以讲点儿条件。像计科系现在的就业是"行商"变"坐商"，企业争着来录用毕业生。但是，你若是条件不足，就要脚踏实地，积极出去找工作。我们帮助12名学生联系到中国移动成都分公司去实习，公司要培养基层管理人员，把学生下派到乡镇，结果很多人就不去了。不愿意到基层，这怎么行？我大学毕业时，在江油武都镇上的长钢四厂干了12年。还有的学生嫌实习津贴低，在现在的就业形势下，有实习津贴已经非常好了。

锦城学院2013届毕业生实习招聘双选会

（三）解决毕业生中怕笔试、怕面试、怕去省外的问题

我们的毕业生就业时还有一种状况是怕笔试，怕面试，怕去省外。譬如中国邮政储蓄银行上海分行去年录用了我校10名毕业生，今年又来校招聘。我们有40名学生报名，到笔试的时候却只剩下9人了，其他的人一听说要笔试就打退堂鼓，望风而逃，撒腿就跑。笔试结束后，还剩下4人。其中还有3人不想去上海，说上海房价贵，最后只有1人成功应聘。其实去了上海再往四川调也不是不行啊，要先就业再择业嘛。等于对方从上海派了3位工作人员来我们这里招聘，最后录取了1人，那明年人家很可能就不来招聘了。所以，我们必须好好教育毕业生，不要怕笔试、怕面试、怕去省外，也不要怕与名牌大学的学生竞争更不要坐这山、望那山，总想着后面还有更好的工作。就业怕考试，现在是个严重的问题。对于高端就业而言，包括政府机关、央企、外企，人家规定逢进必考。如果学生怕考试，就是我们教育的失败。现在的大学生都是一路过关斩将，从小学到中学，从中学到大学，身经百战考过来的，就业时居然怕考试？不可思议！人才培养是基础，综合素质是保证。我们要像抓考研一样来抓就业考试。

另外，我们到处奔走呼号，反对学历歧视，争取与所谓部属或重点高校一样的权利。但我们还必须告诉学生，我们争取的是平等的权利，而不是特殊的权利。如果人家考得好，而我们的学生确实考得不好，我们也不可能去争取特权。所以，我们要争气，要努力啊！中国建设银行是中国四大国有控股银行之一，比如说，它本来只招收985、211高校的学生，但是他们的行长来我校参观访问后，觉得"锦城"办学正规、理念清晰、特色鲜明、学生懂礼貌、综合素质高，所

以决定招收锦城学院的学生。这就叫"985、211+锦城"。通过考试，最终录取了10人。今后，各系都要抓好就业工作中的重点、难点、薄弱点，要解决学生"怕"的心虚心理。我们也可以模拟就业笔试，针对部分毕业生重点辅导。当然，根本的是，我们要把学生的基础打牢，毕业生出去找工作一定得靠实力。在战场上、职场上、考场上，都要靠实力！没实力，就别想取胜。基础不打牢，就别想找好单位。

三、深入地进行就业教育工作

就业教育工作总体来说效果还是不错的，值得肯定，因为我们安排了就业教育和职业生涯规划相关的课程，辅导员、系主任、总支书记做了很多工作，还邀请了许多企业界的人士来进行指导。但是，少数同学仍然是不入心、不入脑。这里面有四个重点。

（一）就业前的职业教育

所谓就业前的职业教育，就是我们要根据行业、企业、岗位对人才的要求，例如综合素质、职业技能、专业知识等，对学生进行就业前的职业教育，包括考取相应的专业资格证书、培养胜任岗位的能力、取得实习实践的某些经历等。

（二）就业教育

就业教育就是充分考虑和全面分析——你想做什么？能做什么？有机会做什么？使就业机会、就业市场和自身实力相匹配的教育，就是就业教育。什么样的能力做什么样的工作。要告诉学生先下手为强，后下手遭殃。有机会就要抓住不放，先就业再择业。所以，就业教育就是抓住机会的教育，就是恰当匹配的教育，就是先就业后择业的教育。

（三）从业教育

什么叫从业教育？就是就业后要敬业的教育、忠诚度的教育、干一行爱一行的教育。从业教育本来是到了用人单位才进行的教育，但是，现在看来要提前到学校来进行。据统计，能在一个单位干上三年的人仅有9.7%，一年以内跳槽的人有60%多。这样的员工怎么可能受到重用和提拔呢？你们看，曾任中共中央政治局常委的李长春刚从哈尔滨工业大学毕业时，就是被分配到沈阳开关厂当技术员，后来干得不错，才被调到电器工业公司任党委常委。我毕业时刚分到江油长城特殊钢厂的时候，在地图上甚至找不到江油这个地方。当时这个地方火车站叫中坝，不叫江油。到了江油还要往山沟里走17公里。但是我坚持在那里工作了12年，奋斗了7年才当上科长。所以，敬业度、忠诚度教育要提前到毕业班来进行。我们要告诉学生，要想成功就要坚持住，将帅起于卒伍，领袖来自基层嘛。我们的从业教育要入脑入心，让所有学生铭记。

（四）把一般教育与个别教育相结合

我们针对学生不同的情况，要有不同的教育方式。有个别学生到大四了还在迷茫。就业教育要从大一开始，不能到了大四才开始。我们不是做了大学生就业岗位调查吗？我们的教育，特别是就业教育，就要与岗位调查结合起来。要让学生大一时就明确以后要做什么职

业，干哪个或哪些岗位。这样学生毕业时就会方向明、能力强、信心
足、不迷茫。

锦城学院承办四川省旅游行业双选会

四、毕业生的就业服务问题

就业服务的基础就是人才培养，就是综合素质的培养。在针对毕
业生的管理上，要注意以下四个方面。

（一）做好机会管理

我们的老师、同学要共同做好机会管理。什么叫机会管理？就是
发现机会、抓住机会、创造机会。要发现机会，机会到处都有；有了
机会，还要抓住机会；还要创造机会，没有机会就要创造。这就是机
会管理，教师和学生都要抓好。

（二）做好时间管理

我们目前对大四的管理还是比较松。做好时间管理，一是实习要规定时间、规定内容，要有报告、有总结。二是实习的时间不能过长，也不能过短。过短了没效果，过长了还得拿时间来补习考试。一般就是三个月实习，要么干得好争取留在单位，要么就返校进行模拟考试训练找工作。

（三）做好学生个人管理

学生个人管理，大家都做得很好，对学生的基本情况、特长、爱好、求职方向都了解得比较清楚。每个辅导员对每个学生都要进行基本情况的摸底和管理，对学生的基本特点和情况以及就业方向都要做到心中有数、方向明确、应聘有效；要建立巩固的"就业根据地"，"建立就业事务咨询所"；要进一步加强就业指导课程体系的改革，推动就业指导全程化，在日常教育中注重对学生的就业和职业观念教育；要对学生进行个性化的服务，量身打造就业计划。

（四）做好就业随访管理

就业服务是要延伸的，从就业服务到就业后的跟踪和随访，既表明学校对学生的关心和重视，也表明学校对用人单位的支持和负责。我校要建立这样一个就业随访网络，对毕业生就业后的去向、情况随时关注，对用人单位对人才培养的要求随时了解。

从机会管理、时间管理、学生个人管理到就业随访管理，总之就是要给学生有效的就业服务，不搞无效服务，不走过场。

五、今后就业工作的目标

现在不是讲教育转型吗？我们的就业工作也到该转型的时候了。我们前几年贯彻的是"多就业，就好业"，重点是"多就业"，取得了很大的成绩，就业率连续四年达到98%以上，高端就业率达到40%，这是一个了不得的成绩。现在我要给大家提出今后就业工作新的目标。我们要从"多就业"为主向"就好业"为主转型，要争取高端就业率在两三年内达到50%，在五年内达到60%。我们现在不能满足于全部毕业生找到工作就行了，还要满足于大部分学生能够找到一个称心如意的好工作！

做办学理念的贯彻者，学生成长的引路人，"锦城"声誉的呵护者

——在第二届辅导员论坛上的讲话

（2012年12月27日）

今天我们举行第二届辅导员论坛，辅导员们都讲得很好，表明了我校辅导员队伍专业化、职业化的建设迈出了新的一步。辅导员工作我们有一套比较完整的定义，比较完整的职能上的分工。在某种意义上讲，我校的辅导员工作职责比教育部规定的要求更全面一些，更符合高等学校的实际。比如，我们的"四大职能"（学生道德、思想政治辅导，学生读书、学习辅导，学生生活、心理辅导，学生创业、劳动及就业辅导）和"三访两沟通"（访问学生宿舍、访问课堂、访问实习场所、与学生家长沟通、与任课教师沟通），这都是我们"锦城"的创造。今天十位同志的发言基本上体现了我们"锦城"辅导员的风采。从他们的发言中，我们可以总结出以下几条。

一、辅导员工作在"锦城"大有前途

辅导员工作在锦城学院大有可为，主要是因为以下几个方面。

（一）辅导员工作是贯彻学校办学理念、办学意图的一个重要环节和渠道

通常，学校的办学理念、办学意图要通过几个渠道来贯彻。

首先要通过教师。教师这个岗位的主要职责是教书育人，不能说只教书不育人，不能把教书和育人分开，说教书是教师的责任，育人是辅导员的责任，这是不对的。西方的大学没有辅导员这个制度，但是有学生管理岗位的制度。在学校所有人员当中，教师对学生的影响是最大的。所以，我们要首先通过教师这个渠道来贯彻办学理念。

其次，在中国，辅导员这个渠道也很重要。其实，"辅导员"这个说法我早就想改，因为"员"这个名字没有"师"好听，我们索性改成"育人导师"或"某某师"，也是可以考虑的。"锦城"是一个敢于创新的学校，所以"辅导员"这个名字我们也可以大胆地改。毛主席就曾对斯诺说过，他不要四个伟大（伟大导师、伟大领袖、伟大统帅、伟大舵手），只要留一个"伟大导师"，而导师用英语说就是teacher（教师）。他说自己在成为共产主义者之前，本身就是湖南长沙的一位小学教师，所以他还是最喜欢教师这个称号。

另外，我们还有两个渠道，也就是管理干部渠道和服务人员渠道。服务人员包括后勤、保卫等服务部门的员工。

所以，学校的办学理念、办学意图是通过这四个渠道贯彻下来的。辅导员是其中一个重要的支柱、重要的环节，也是贯彻学校的办学理念、办学意图的一个重要渠道。

（二）辅导员岗位是教学和管理相结合的岗位，辅导员工作可以专业化、职业化

我曾经讲过，没有一流的校长办不成一流的大学，没有一流的班长也办不成一流的大学。我们的学校以班级为基本单位；还有句话叫"支部建在连上"，我们的党支部、团支部建在班级上、年级上，这是中国特色。这种情况下，辅导员工作就要进一步专业化、职业化。你们不要企图打一枪换一个地方，其实辅导员岗位照样可以评教授。教师序列有博士生导师，辅导员序列以后也可以有导师。举个例子，乌克兰出了两个名人。第一个名人叫奥斯特洛夫斯基，他的名著叫《钢铁是怎样炼成的》。这本书教育了我们一代人、两代人，甚至三代人。我们都记得书中这样一句话："一个人的一生应该是这样度过的：当他回首往事的时候，他不会因为虚度年华而悔恨，也不会因为碌碌无为而羞耻。"第二个名人是位教育家，叫苏霍姆林斯基。他一辈子没有当过大官，也没有在大学里工作过，就在中学里任教师，最高职务是中学校长。但是他是乌克兰历史上最伟大的一位教育家。在他的《苏霍姆林斯基全集》中，他以中学校长的视角，总结了很多教育理论。关于劳动教育，西方的教育学著作中几乎没有人论述，只有苏霍姆林斯基论述得好，论述得系统，因为他十分重视劳动。所以，任何事情，你们不要认为它涉及面小就不愿意做，涉及面小照样出大成果，"勿以善小而不为"嘛。一个辅导员管理200名学生，管200人不简单啊！我大学毕业后在长城特殊钢厂当班长，只管12人，你们一毕业就管200人，这不得了啊。做好200人的工作可以出多少成果啊，你们可以不断调查、研究、总结、提高，取得更多的成果。

锦城学院第二届辅导员论坛

二、做好辅导员工作有三项要求

（一）尊重学生、热爱学生是做好辅导员工作的基础

尊重学生、热爱学生是做好辅导员工作的基础。媒体最近报道的浙江省某幼儿园的一位老师把小孩耳朵提起来，把小孩放到垃圾桶里去，这种行为首先是不热爱学生，这样的人怎么能当幼儿园教师？学生的成长你高兴，学生的错误你自责，这就叫关爱学生、呵护学生。辅导员要给学生关爱，让他们体会到温暖。

（二）帮助学生成长、成人、成才是做好辅导员工作的目的

辅导员工作的目的是帮助学生成长、成人、成才，是让学生通过

大学教育实现本身的增值。如果学生读了四年大学，没有增值反而贬值了，那就是"通货膨胀"了。刚才你们都讲得很好，都是在帮助学生成长，在学生成才的方向上努力。我们学校怎样才算办好了？老师们增值了，学生们增值了，当然学校也就增值了，这就是办好了。老师要是在"锦城"越混越差，那就是本校长无能；学生要是没有增值，出去工资低、干不成事，那就是我们教育不成功。大家都很注意抓毕业生的就业工作，这很好。但就业工作最主要的是"功夫在事外"，在平时对学生的培养和教育。所以，辅导员工作的目的必须很明确：帮助学生成长、成人、成才，实现教师和学生一起增值。

（三）肯投入、负责任、有突破是做好辅导员工作的必要条件

首先是肯投入。我校的口号就是"全身心投入'锦城'的教育事业是'锦城'教师的第一师德；全身心投入学习是'锦城'学生的第一要务"。将不用心，士不用命，仗还能打赢吗？你们看看，明朝灭亡就是这样，李自成的部队打到北京城门口，崇祯皇帝上朝问，诸位大臣谁出来御敌？大臣们个个儿低头退缩，关键时候没有人挺身而出。所以，肯投入、动脑筋是我们做好辅导员工作的第一个条件。

其次是负责任。"锦城"的辅导员必须对每一名学生都负责，不放弃任何一个学生，不落下任何一个学生。白天负责任，晚上也负责任；对成绩好的负责任，对成绩差的也要负责任。我们不仅要做好学生的工作，也要做好家长的工作。要多与学生家长沟通，有时候家长的意见我们也不能完全迎合。比如在学生的专业选择上，学生的意愿和家长的意愿产生冲突时，我们分析学生的实际情况，应该动员家长，做好家长的工作，尊重孩子们的选择，尊重孩子们的兴趣。

再次是有突破。辅导员要有突破的精神，这也是做好工作很重要的一条。做什么事都要争取突破。譬如在发明创造、专利申请方面，机械系就带了个头，出了个"最牛创造发明班"，这就是突破。不让一个学生掉队，不让一个学生挂科，这也是突破。我希望你们很多方面有突破，比如学生现在三更半夜醉酒晚归的情况屡禁不止，你们哪位辅导员可以做到一个学期内所带学生没有一个晚归，这就是突破。还有就是，周一到周五总有学生浩浩荡荡地往犀浦镇上跑，吃喝玩乐，他们为什么不往图书馆跑？如果哪位辅导员做到让学生乐于学习、勤于学习，下课经常去图书馆、实验室，多读些书，或做研究，搞发明，那就是突破。所以，我希望大家在一些"老大难"的问题上有所突破。我一生就是信奉"做什么事都要有点儿突破"，比我的邻居、比我的前人、比我的前后左右、比别人做的有点儿突破。我当班长的时候，当得比别人好；我当工段长的时候，做得也比别人好；我搞车间的时候出个风头，学习邓小平"三项指示为纲"，那个时候《成都日报》都在头版登了我的照片，新华社也发了一个通稿。所以，你们要有突破，别人做不到的我做到了。否则的话，就是平淡。

所以，做到"肯投入、负责任、有突破"这三点，你们的辅导员工作就能够取得成功。

三、加强和提高自身修养是做好辅导员工作的基本条件

加强和提高自身的修养，使学生对你有一定程度的尊重和崇拜，这是必要的。"亲其师，信其道"啊！我们的辅导员必须做到有人格、有学问、有素质。包括穿衣服，辅导员既不能不修边幅，也不能奇装

异服。老师就是老师，上课就是上课。要穿戴得体，举止大方，懂分寸，知进退。要明白见了领导该怎么说，见了学生该怎么说，要掌握分寸。所以，辅导员要加强自身的修养。当然，加强自身修养最重要的是读书学习，有三本书必须读。

第一本书是有关教育学的书。过去五十年，我们推行的是苏联著名教育家伊·安·凯洛夫的《教育学》，他的重点是以教师为中心，注重教师在课堂教学中发挥的作用。后来，我们学习了美国学者卡尔·罗杰斯和杰罗姆·弗雷伯格的《自由学习》，他们的重点是以学生讨论学习为主体。我主张二者结合，不走极端。我建议，大家选一本教育学专著，好好读一遍。教育是有规律的。你们在学校里工作，不读教育学怎么可以呢？一些学教育学的研究生甚至都没读过马丁·特罗的两篇文章——《从精英向大众高等教育转变中的问题》和《精英高等教育与大众高等教育：美国模式与欧洲现实》。其中，第二篇是我们组织教师翻译的。我们整天讲"高等教育大众化"，但是不知道这个划分是从哪里来的，这可不行。读教育学，包括苏联的教育学、欧美的教育学，还有我们中国的教育学。孔夫子就是中国最大的教育家，《论语》就是中国最早的教育学著作。现在很多词语都源自《论语》。例如，"学习"一词是怎么来的？就是"学而时习之"；"启发"一词是怎么来的？就是"不愤不启，不悱不发"。还有，"因材施教""有教无类"等教育思想都源自孔夫子。我们要把各国的教育学学习后，融会贯通，并结合"锦城"的实际，最终形成"锦城"自己的教育学。

第二本书，是有关心理学的书。我们不能以为只靠引进两个学心理学专业的辅导员就能够解决一切问题，我们需要所有的辅导员都懂点心理学。心理学是研究人类行为和心理过程的科学。它涉及知觉、认知、情绪、人格、行为和人际关系等许多领域。现在的孩子动不动就忧郁、郁闷、纠结，我们的辅导员要指导学生更好地调适自己的心理。心理学上不是有性格心理分析，什么性格适合学什么专业、做什么工作吗？所以，我们要用心理学的知识指导学生成长，化解学生在人生道路上出现的问题。不要把什么问题都说成是思想问题。我们首先要保证学生的心理健康，要做好生命教育，不要动不动就跳楼。你们如果发现有学生自己躲起来哭，要主动去问一问，关心关心，疏导疏导，把教育和关心相结合。

第三本书，《百家经典选读》。《百家经典选读》涵盖了文学、政治、经济、管理、军事等各个方面内容，是我校自编的一本小百科全书。在时间有限的情况下，读一下这本书，有助于提高你们的素质。一个人什么都不懂，说话干瘪瘪的，别人就说你没有学问。所以，每位辅导员都得读《百家经典选读》。

同志们，今天我借这个机会鼓励你们几句，同时也提出要求。从你们的实际工作来看，大家都做得很好。很多同学反映说，"锦城"的辅导员最关心学生。你们要做我们"锦城"教育理念的贯彻者，要做学生成长的引路人，还要做"锦城"声誉的呵护者。三位一体，责任重大。所以，我希望你们不断实践、总结和提高，最后每个人都能成为教育家。辅导员完全有可能成为和苏霍姆林斯基一样的教育家！这就是你们的职业前景！你们能够教育好两百人，就能教育好两千人、两万人！所以，我希望我们的辅导员要涌现出一批有"锦城"特色的教育家！

"锦城课堂大于天，锦城发展重于山"

——在学院2012年度总结大会上的讲话

（2013年1月22日）

各位老师，今年工作的重点是讲发展、讲质量。怎么发展？认识和遵循客观规律，以加快学校发展。怎么提高质量？以课堂为中心来提高质量。

就过去一年的工作而言，大家知道，我们已经制定了2005年到2015年的学校发展规划，这是我们的行动纲领，我们要根据这个规划来检查我们每年的工作落实情况。很多高校几乎都是规划定好后就放在桌上，贴在墙上，以后就陈列在档案馆里了。我们要改变这个习惯，就是每年按照规划上的要求检查一次我们的工作进度。我校规划的目标就是在不太长的时间内，即到2025年，通过两个十年计划，把锦城学院或者将来叫"锦城大学"，建设成中国一流的应用型、创业型大学。以前我们的目标是办成"西部第一、中国一流、世界知名"的独立学院，现在我们的目标是成为"西部领先、中国一流、世界知名的应用型、创业型大学"！

什么叫一流大学？学术标准上有很多解释。相对通俗的说法有两种。一种是曾任复旦大学校长、现任宁波诺丁汉大学校长杨福家院士的观点。他把问题说得很简单——一流大学就是能够改变学生一生的大学。我觉得他说得很好，很有创造性，把一个复杂的问题简单化。一所学校改变了多少学生一生的命运，这就是对学校的考核标准。第二种说法就是我们"锦城"提出的说法——能够使学校、教师和学生都增值的学校就是一流大学。大家知道，教育是一种人力资本投资，我们向教育的投资最后都要形成人力资本，所以教师和学生都要增值。学校想提升自己的品牌，也要增值。如果一所学校不增值，教师不增值，学生不增值，这所学校不能叫一流大学。我这种说法也是把复杂的问题简单化了。当然，专家们列出许多指标来评价一流大学，可能更准确些。

邹广严院长手稿

2012年工作成绩

按照以上标准，我们贯彻执行十年规划，去年取得了八项阶段性成果。

一、升二本一举成功

我历来反对将中国高校分成一、二、三本，这实际上是把学校分成三六九等，包括985工程、211工程，这都是对高校等级的划分。截至2011年3月底，我国985高校有39所，211高校有112所。2011年4月24日，胡锦涛总书记在清华大学百年校庆大会上发表重要讲话。据此，教育部又实施了"2011计划"，就是"高等学校创新能力提升计划"。但是，我们看看美国的高等教育，没有"985""211"等，他们的高等教育照样是世界一流的。美国的常春藤盟校也不过是东北部八所院校组成的体育赛事联盟，而不是官方划定的高校等级联盟。英国、德国的高校同样也没有这些"工程"或"计划"，也都是一流的。所以，我不赞成对学校的分级，不赞成一、二、三本的划分。这种划分既不是国际惯例，也不是生来就有的。我国改革开放以前和初期都没有这种划分，是后来为了招生方便才划出来的。但是，最后却演变成了把学校和学生划分等级，产生了就业歧视、社会歧视，这样很不好。我们现在不赞成，以后也不赞成。我们也曾递交提案，提出取消三个批次的划分。但是目前看来，我们的教育主管部门还不想改变现行的政策。那么，按照大家常说的"要么你就改变它，要么你就适应它"，现在我们改变不了现状，那只能适应它。我们前几年已经招收了许多二本分数线的考生，但是我们仍旧被列为三本批次。因此，去年我正式向教育厅、教育考试院递交报告，要求列入二本批次招生。经教育厅、教育考试院审核批准，我们自2012年起在二本招生。

　　7月，我校首次在省内二本招生就一举获得成功，生源饱满，不需要征集志愿。而且在全省二本批次招生的31所高校中，我校文科位居第23位，理科位居第19位，处于中游。我校第一次正式进入二本招生，就处于中游，这很不简单。另外，艺术系4个专业中有3个专业的录取分数线都是排在二本学校的前列。我们每年招收500人，报名的有3000多人。总体看来，升二本后，我们生源充足，基本是一志愿录取，而且老师反映这届学生的素质普遍提高。

在招生上，我们去年还有一个突破，就是第一次接受来自十几所学校的182名应届专科毕业生进入我校进行专升本学习。现在看来，结果也是比较好的。根据专升本学生的反映，"锦城"的教学管理正规，老师、辅导员关心学生，他们觉得在这里学到了他们在原来学校没有学到的东西，感到"锦城"办学很好。这是去年我校贯彻十年发展规划的第一步。我们原计划是用十年时间升二本，再用十年时间升一本。现在我们用八年时间，已经实现了升二本的目标。

二、通过学位评估和思政课评审

去年，由教育部委托、省教育厅组织的学士学位评估，我校34个专业参加了评审，全部一次性通过，学院得到了学士学位的授予权。所以，去年我们颁发了"锦城"自己的学位，这是历史性的大事。除了学位评估，去年我们还通过了思想政治理论课的评审。通过全体教职工的努力，我校的两大评审顺利通过，而且专家们的反映良好。当然，通过评估，我们也发现了过去工作中存在的许多问题，诸如不规范、不细致等。通过评估，我们对这些工作漏洞进行了很好的弥补。刚开始办学自然有很多不规范的地方，当年刚组建的抗大也不规范，连课表都没有。办学有一个过程。我们通过这次评估，把学科建设、教学质量，包括管理制度的完善和档案的保管都推进了一步，向正规化建设前进了一步。

三、"三大教学改革"不断深化

自我校提出教学内容、教学方法、教学评价的"三大教学改革"以来，得到了广大师生的热烈响应。特别是教学方法的改革，我们99%的教师经过了培训，而且在教育厅的教师资格证考核中，都反映我校的教师教学方法运用得好。现在，我们的教师对"六大教学法"（案例教学法、项目驱动法、问题导向法、模拟仿真法、以赛促学法、数字平台法）都运用自如，同时大家还在不断地创新。比如财会系的王媚老师为了提高学生的兴趣，创新问题导向的方法。还有很多老师对自己的教学内容进行了更新，譬如计科系的王建老师在教学中加入了现在产业和学术上前沿的信息。我们的教学必须把最前沿的知识教给学生。教育本身是滞后于科学和产业发展的，因为理论总结需要时间。但是，正因为如此，我们要随时把科学和产业最前沿的信息融入教学，这样才能使我们的教育满足社会需求、紧跟时代脉搏。财会系、外语系、文传系把职业资格证书考试的相关内容纳入到教学计划，这也是结合社会需求的。每个系在教学内容、教学方法，尤其是教学评价上都进行了很好的改进，把过去只重视考核结果调整为考核结果与教学过程并重，把课堂出勤、课上提问、平时作业和单元测验相结合。大家采取了很多办法，使我们的教学评价方式更加多元化。所以，"三大教学改革"是我校办学的一项重要措施。

四、师资队伍有所提升

首先，师资队伍的数量增加。我们现在有专职教师355人，兼职专任和兼职教师1008人，专职专任教师队伍有所壮大。

其次，专职教师的素质有所提高，特别是贯彻"全身心投入'锦城'的教育事业是'锦城'教师的第一师德"以来，广大教师纷纷按照该要求全身心投入"锦城"的教育事业。

我们有一批专兼职教师在这方面做得很好。如：

工商系的杨泽明老师把学生当成自己的孩子，每周五天几乎都在学校，休息时间主动到学校辅导学生、评阅作业和进行教学准备。

电子系的张志亮老师每个星期都工作6天，金融系的郑焕刚老师还受某重点高校邀请，举办指导性培训讲座，还利用国庆假期帮助信义楼实验室新购电脑研发相关软件，方便实验室电脑管理。

基础课部思政教研室的张志老师这次被评为"夫子育人奖"一等奖，这是我校首次把青年教师评为"夫子育人奖"一等奖。他每周利用一个晚上在学生宿舍搞学术交流，每学期给学生搞16次集中交流，每学期办读书会30余次，给学生写了13封信，每年义务指导学生考研20人次以上。

艺术系辅导员谭晶共带264个学生，还任播音两个班的专业老师。她每天早晨坚持带学生晨练，中午给艺术团和助教团开会、排练、指导，晚上还义务给学生进行普通话、朗诵的专业指导，同时还抓好了学生班团骨干，使整个班风良好。她说："一个辅导员拥有学生的爱是无比幸福的。"说得多好啊，这就是称职的、全身心投入的老师。我听了以后很感动，我问她是哪个学校毕业的，她骄傲地说："我是'锦城'的毕业生！"

就业部副部长李滨雁关心学校的很多事情，重视学生的就业工作，经常带学生到企事业单位面试，给我们的老师找对象，还帮老师的家属找工作，并且充分利用社会关系四处"化缘"，拉回办公桌椅、书柜、沙发、复印机、传真机、装订机、碎纸机、打印纸等多件办公设施，还有各类专业图书1258册，等等。这就是爱校如家的典型！

保卫部的副部长程昌林手机24小时开机，任何时候找他都能找到，所有突发事件不论大小都能及时赶到现场处理。

我们学校真正涌现出了一批全身心投入工作的同志，这是我们学校兴旺发达的标志，也是我们力量的源泉。大家知道一句话："将不用心，士不用命，乃亡国之兆也。"就是说，做将军的只顾着吃喝玩乐，不关心打仗；战士们一看有好处就自己拿，打仗的时候都逃命，那么必然亡国。同理，如果我们的干部都不用心管理，老师不用心育人，那我们的学校还怎么办？所以，今年我们的"夫子育人奖"各奖项，特别表彰了一批全身心投入的教师。我们要进一步提倡爱岗敬业，以校为家，全身心投入"锦城"的教育为最大的荣誉！我们要树立这样一个校风。

另外，我们的教师结构不断优化。在读和毕业的博士已达30余人，还有61位老师在读硕士。教师在职提升学历占专职专任教师比例达26.2%。去年，我们一共有300多人参加培训，其中，岗位培训28人，学院派出培训175人，自行培训70人。特别是我们倡导业界精英与学校教师双向进修以来，已有47人参加了这项工作。土建系易晓园、张爱玲等取得了国家注册一级建造师证，向双师型教师迈进了一步。我们的教师都在通过各种途径不断提升自己的水平。总体看来，我们的师资队伍数量增加了，素质提高了，结构优化了，培训增值了，这是我们教师队伍一个很大的变化。

五、规章制度进一步完善

一个学校要长期稳定地发展，不单是要靠校、系两级班子强有力的领导，而且要靠完善的、良好的制度。邓小平同志说，一个好的制度可以把坏人变好，一个坏的制度可以把好人变坏。就我们学校而言，一个好的制度是保证我们学校健康、平稳、良好地向前发展的基础，所以我们去年进一步完善了领导班子的建设和分工制度，完善了专业顾问委员会和专业方向的教授负责制度，完善了会议制度、阅文制度和值班制度，还完善了兼职班主任制度。

兼职班主任制度是我们学生管理、教学管理、人才培养方面的一个措施。它不仅仅是管理学生工作，而且是培养、帮助、辅导、指引学生成长的重要一环。学生成长靠指引，辅导员是指引，教师是指引，兼职班主任也是指引。我校绝大多数员工都担任了兼职班主任，今年我们还表彰了20位兼职班主任。优秀的兼职班主任真正把所带的班级当作自己的教育阵地，把学生当自己的孩子来教育、帮助和管理。有的学校兼职班主任给报酬都做不好，我们学校不给报酬，但是大家还落实得很好，这是一种奉献。

今年，我们还建立了一个最重要的制度，就是绩效考核制度。我们分类对教师、辅导员、行政人员制定了绩效考核制度，打破了传统的方法——德、能、勤、绩，这些标准太笼统了。我们现在把绩效考核更加具体化，各个部系均进行了考核。今年的"夫子育人奖"得主也通过绩效考核产生，而且以后职务晋升也将参考绩效考核。学校的绩效考核在中国实际上没有解决，在美国也没有完全解决。美国曾经搞过几次较大改革的绩效考核，但分歧还是很大。我们现在结合"锦城"的实际把绩效考核具体化了，这是一个很大的进步，当然也还需要改进。譬如教学和科研的关系，科研占多大比重，这是我们还要进一步研究的。所以，通过绩效考核，大家要知道学校倡导什么，鼓励什么，反对和禁止什么。

六、创业、捐赠较大幅度增加

2012年，我们建设创业型大学有很大的进展。我们学习了世界上办得较好的创业型大学，像英国的沃里克大学、美国的芝加哥大学等。去年，我校在创业方面据不完全统计，创下了近350万元的收入。分别是学生服务中心128万、外事部40万、"三练三创"中心59万、管理咨询培训中心2.1万、艺培中心1万、医务室结余37万、财务部理财80万元等。外事部开拓了很多业务，包括与川大合作联合培养硕士班、国际双联班、政商领袖精英班和总裁班等。其中，政商领袖精英班还在我校设立了助学基金。职业技能培训中心的双证教育也进一步提升，服务考生9306人次，比上年上升21.4%。医务室今年也想了很多办法，争取国家政策等，一改过去入不敷出的状况，为学校争取到很多政策性支持。所以，350万对有些学校来说无关大局，但是对锦城学院来说是一份很大的成绩。我们每一分钱都要计划着用，但是光节流不行，必须开源。

捐赠方面，今年我校接受设备和软件捐赠101万，图书捐赠20万册价值682万，其他各类现金捐赠100万，合计883万。上海交大、成都市图书馆、蓝光集团、恒丰银行、四川新华文轩、西南新兴书局、新视觉教育图书有限公司、四川大学，以及教职员工个人和2008级毕业生都向我校捐赠了图书。其中，大宗的是上海交大捐赠15万册图书，成都市图书馆捐赠10万册图书，蓝光集团捐赠50万元人民币用于购书，恒丰银行捐赠10万元人民币用于购书。还有四川省邮政公司、武汉宽泛能源科技有限公司、川投能源股份有限公司、川威集团、成都经典视线传媒有限公司、四川锦城恒信投资有限责任公司等在我校设立奖、助学金。

总体看来，我校创收和接受捐赠一共超过了1200万元。另外，政府给学生的奖学金、助学金、退伍学费返还等，加起来还有1184万元。

我们积极提倡联合举办实验室、图书馆，就是共建、共管、共享的方针。我校图书馆现在对外开放，已经挂牌成都市图书馆锦城学院分馆、高新区合作街道市民图书馆；我们与用友软件、金蝶软件建设了ERP实验室，与麦凯龙公司、青白江区共建了物流实验室。工商系、财会系、金融系共同管理ERP实验室，现在做得很好。我们金融实验室据说领先于其他院校，这也非常好。金融系的郑焕刚老师还被某重点高校邀请去做指导培训讲座，这也证明了我们在某些方面已经实现了突破。所以，我们在创业、创收、创新、对外开放、争取赞助等方面都取得了很好的成绩。

七、就业、升学再创佳绩

在全国就业压力较大的背景下，今年我们保持了98%的高就业率，举办招聘会100多场。同时，我们考研和出境留学的学生突破

200人，文传系、外语系都是考研比例较高的系。就业、升学搞得好，保证了我们学生有出路，这是我们学校品牌发展的一个重要环节。

八、科研实现突破

建校初期，我说我们以教学为主，但是随着学校的发展，科研的比重也要逐步加大。不论是应用型大学还是研究型大学，科研都是必不可少的。

在教师科研方面，今年，科研课题达到35个。教学部系教师发表学术论文170篇，其中发表在核心期刊的论文有35篇，出版著作（含教材）29部。其中，基础课部教师发表论文数最多，达到49篇，其中国际核心（SCI）6篇、国际会议论文（EI）3篇、C刊1篇、北大核心4篇。文传系教师发表论文比例最高，人均达到1.5篇。

特别令人欣喜的是，学生科研有进步。尽管是刚刚开始，但今年学生发表了二十多篇论文。我们给学生出版了一个小集子，鼓励大家公开展示自己的研究成果。特别是机械系搞专利发明，学工部便组办了创造发明协会。机械系的"最牛创造发明班"，全班33位同学人人都申请了专利，有30人获得国家实用新型专利证书。将来如果我们能自主创造一个"3D打印机"，就走在了前沿。

2013年工作重点

今年的工作，重点抓两条。

一、研究和遵循"三大规律"，加快学校发展

这"三大规律"就是人才成长的规律、教育发展的规律和市场经济的规律。现在的大学，不管是欧美的还是中国的，都处在市场经济和全球化的大背景下，不管你承认不承认，它已经市场化了。在这样一个背景下，我们要办学校、搞教育，就不但要研究和遵循人才成长的规律、教育发展的规律，而且要研究和遵循市场经济的规律。

（一）研究和遵循人才成长的规律

人才的成长是有规律性的，可以分为一般的规律和特殊的规律。

所谓一般的规律，即人的认知和成才有规律性。例如循序渐进、厚积薄发，学习与其身体发育阶段相适应，等等。所以，古希腊的柏拉图、捷克的夸美纽斯、法国的卢梭等大思想家、大教育家都主张教育有阶段性，都主张教育要适应身体发育的自然规律。现在有些地方把中学的课程放到小学上，小学的课程放到幼儿园来上，不符合人的成长规律。基于对这些规律的认识，大学教育同样不能犯急性病，要遵循通识基础课—专业基础课—专业课的教学顺序，再加上实践—总结—提高的过程，循序渐进，稳扎稳打。正如钱学森所说："为什么我一再强调要学好基础理论，因为任何尖端的问题无非是一种自然现象，都离不开物质运动的基本规律。"他还特别要求从事基础课教学的老师，要从科学规律和系统性上理解基础课和专业基础课教学。

我们要培养高层次创新型人才，还应研究和遵循人才培养的一些特殊规律。例如，中国人事科学研究院院长王通讯提出了"八大规

律"——"师承效应规律""扬长避短规律""最佳年龄规律""马太效应规律""期望效应规律""共生效应规律""累积效应规律""综合效应规律"等。这些规律当中，特别强调了教师在人才成长中的作用。就是说，只有好的老师才能教出好的学生，优秀的教师是优秀人才成长的最重要条件之一，也就是我们俗话说的"名师出高徒"。早在1948年，美国学者曾经对"科学美国人"中的2607位知名科学家做过问卷调查，在涉及对其高成就影响的人时，科学家们所选择的顺序分别为大学教师（28.5%）、研究生导师（25.5%）、父母（10.5%）、妻子（10%）和高中老师（7%）。华东师范大学高教所在对2005—2009年的诺贝尔奖得主的分析中发现，在涉及对其成就有重要影响的他人时，90%以上都提到教师对他们的影响。所以，我们要给学生找一些好老师。能给学生找一位名师当然好，不能找名师也要找良师。只有优秀的教师，才能教出优秀的学生。

这些规律还强调了环境、校风和文化对人才成长的促进作用。全世界获得诺贝尔奖最多的12所大学中，有10所在美国，美国学者占全球获奖者的三分之二左右。为什么？除了其雄厚的物质基础之外，就是挑战权威和竞争创新的氛围充盈着美国教育界。钱学森曾说，他转到美国加

邹广严院长手稿

州理工学院学习之后，感到搞研究、做学问的气氛很浓，创新的氛围弥漫整个校园，脑子一下子就开了窍。这说明一个良好的校风和积极向上的校园文化多么重要！

因此，我们要遵循创新人才成长的规律。我们必须尊重学生的兴趣、特长、个性化选择和发展，并鼓励之；必须造成一个自由宽松的学术环境，鼓励独立思考，自由表达，消除学生在政治上、学术上、价值评价等方面的顾虑和恐惧。我们要鼓励成功，使创新者在物质利益和荣誉方面得到好处。我们还要宽容失败，使学生的"个人英雄主义""好出风头""异想天开"等行为不受指责。

在研究和遵循人才成长规律时，我们还必须研究一个"长板原理"。众所周知，管理学上有一个"短板原理"或称"短板效应"，意思是一个由若干块木板组成的木桶的盛水量是由其最短那块板决定的。那么这个理论是否适合于教育和人才成长呢？不完全适合。相反，教育和人才倒是适用于"长板原理"。就是说，一个人在其基本面（德智体美劳等基本素养）合格的情况下，他的成功取决于他所具有的最长的那块"板"。我们可以分析很多科学家、艺术家都是有短板的。钱锺书是文学家，但他考清华时数学只考了15分；吴晗是历史学家，但他考大学时数学是0分。中国第一个参加奥运会的运动员刘长春，东北大学录取他时，他还是一个人力车夫。如果你考姚明和刘翔的数、理、化或者哲学之类的学科，他们考得可能就比较差了。但由于他们都有一技之长，后来都成了"家"。这就叫"长板原理"。民间说"一招鲜，吃遍天"，就是这个道理。这里我顺便说一下"钱学森之问"。他老人家问为什么我们的学校培养不出杰出人才？原因很多，其中重要的原因之一就是违背"长板原理"。多年以来，我国教育学苏联，重集体、轻个人，重共性、轻个性，谁要冒尖就被指责为"个人英雄主义""出风头"等。在高考当中讲总分、不讲单科成绩，例如，2010 年陕西考生孙建坤，文史成绩优异，被八名教授称赞不已，但只因高考总分比一本线低 6 分，陕西省招办拒绝向复旦大学投档。试想一下，这样的高考制度扼杀了多少人才？我们"锦城"的"学校谋特色，学生谋特长"，就是发挥要长板效应。对于一所大学来说，要做到什么都强，是不可能的，包括哈佛、耶鲁、牛津、剑桥等世界名校。在中国，最典型的案例是，1917 年蔡元培主政北大，他分析工科非北大所长，故决定只保留文、理、法科，主动建议将工科划给北洋大学，而将北洋的法科划给北大。这样两所学校的长板越来越长，至于短板的学科不办就是了，何必要求大而全、小而全呢！所以，我们在人才学和教育学上要实行的是扬长避短，只要这个短不是基础性的，大可不必花很多力气去补，就像现在很多大学追求学科齐全，不具备条件也要办医、农、艺、体一样，补的效果并不好。

（二）研究和遵循教育发展的规律

关于教育发展规律的说法很多，有学者说高等教育要遵循三个规律：一是人才培养中无限性的规律，二是教育教学中的职业性规律，三是科学发展中的开创性规律。但最具权威的还是教育学的创始人之一、厦门大学的潘懋元教授的观点。他认为，教育有外部和内部两大规律。外部规律就是教育要与社会发展相适应，内部规律就是教育要与学生的德智体美劳全面发展相适应。我在后面加了四个字——"要促进之"，就是要鼓励和促进，教育主动与社会发展适应，与人的全面发展相适应。人才成长和全面发展的规律在前面已经讲过，这里重点讲教育与社会发展相适应的问题，这是教育领域的重大任务，也是教育事业的时代命题。大学的基本职能便要求我们办学必须满足社会需求包括当前需求和未来需求。社会需求是教育发展的原动力，满足社会需求是大学教育的主要目的。

要满足社会需求，首先要做好社会发展、产业进步的人力支撑。我们要根据产业结构的调整和科学技术的进步来改革好我们的教育，我们培养出来的人才必须适应经济和社会发展的需要。具体表现在我校进行大学生就业岗位调查，就是要以岗位调查和岗位分析为起点，进行专业设置和人才培养的教育改革，这样才能适应当前产业和行业对人才能力和素质的要求。

要满足社会需求，还要满足与社会发展阶段相适应的人民群众日益增长的接受教育的需求，也就是满足人民群众"有学上、上好学"的需要。现在，中国的高等教育已经步入了大众化的阶段。随着科技进步和社会发展，我们还将向普及化阶段迈进。像美国、日本、韩国等发达国家，他们的高等教育毛入学率都已经超过70%。所以，我们既要扩大办学的规模，使人民群众有学上；又要提高教育质量，使人民群众上好学。要办人民满意的教育，还有一个结构问题。随着社会发展和产业升级，社会需求的结构和层次会不断变化，中专、大专、本科、研究生要有一个合理的比例和结构。一些新兴产业的入职门槛提高了，我们的教育计划（包括招生指标）不能停留在以前的概念上。原则上说，社会欢迎的、学生和家长愿读的，就多办些，反之，就少办些。社会需求就是导向，人民需求就是导向！我们为什么要反其道而行之？要办人民满意的教育，就不能和人民的需要对着干。

大学教育要满足社会需求、适应社会发展，必须主动地适应，而不是被动地适应。要主动适应，我们就要争取更大的办学自主权，实现自主调整和变化。教育要有超前性，要引领社会。现在教育部的政策改革有进步，专业设置可以由学校自主决定。但是高校的招生自主权一直落实不到位，特别是民办高校的招生自主权处于缺失状态，这与国家政策法律和国际惯例都是不相适应的。因此，我们要争取招生自主权，包括自主决定招生的规模、层次、范围和专业，取消招生批次的划分，等等。

（三）研究和遵循市场经济的规律

我们是民办高校，我们是后起之秀，我们要加快发展还要研究和遵循市场的规律。市场规律的核心是什么？就是优胜劣汰，就是适者生存。

要生存和发展，就要抓机会、抢时间。该评估要评估，该转设要转设，该升二本就升二本，该申报研究生教育就积极申报。

要生存和发展，就要高质量、低成本。办教育是要花钱的，但不等于花钱就能办好教育，更不是花钱越多就办得越好。我们无论是搞建设还是抓教学、科研，都要讲投入产出，都要以较少的人力、物力投入取得较大、较好的效果，就是要讲效率、讲效益。

要生存和发展，就要敢于竞争、善于竞争。竞争靠什么？一靠质量，二靠特色。中国的高等教育，靠这个"工程"、那个"工程"是搞不出一流大学的。美、欧、日本等发达国家和中国香港地区，不搞什么五花八门的工程，不人为地把学校分为三六九等，照样出了一批一流大学。所以，一流大学是竞争出来的，而且是平等竞争出来，不是封出来的。

在竞争当中要注意两点。一是不和重点大学搞同质化竞争，二是不和同类学校搞恶性竞争。中国刚进入高等教育大众化阶段，离普及化还差很远。中国高等教育还有很大的发展空间，所以中国高校的竞争不是零和竞争，而是错位竞争、特色竞争、长板竞争。

二、以课堂为中心，提高教育质量

（一）课堂的定义

这里的课堂是指五个课堂，而不是一个课堂。2005年，我们提的是三个课堂，后来我们将课外活动作为第四个课堂加入进来，现在我要讲第五个课堂——网络教育课堂。

同志们一定要明白，网络技术已经改变了人们的生产和生活，它也必将改变我们的教育。我们已经知道，通过传统的教育，我们要走在全国重点大学的前头是有困难的。但通过网络在线教育，我们走在前列是有可能的。现在哈佛、麻省理工等世界名校和中国教育部已经将中外名师的精品课放在了网上，还有可汗学院的独具特色的视频也放在网上，组织学生充分利用这些资源，并与我校的老师实行互动，将极大提升我校的教育水平。

我们将网络在线作为一个课堂，它遵循"一个结合"的原则，即线上和线下相结合。它实现"两个再造"的创新，即充分利用学校、国内名校以及国外一流大学的视频教育资源，进行教学视频影像的再造和重组，而绝不是传统课堂教学视频的简单搬家；同时，网络课堂也不是传统课堂的简单重复，而是整个教师教学过程和学生学习方式的再造。它采取"三个自主"的措施，即在配备教师指导的前提下，根据不同学生的不同学习阶段、进度和情况，他们可自主安排网络在线课堂学习的时间、地点和内容。网络课堂是学生自主选择的课堂，是全天候、随时随地的课堂。网络课堂不同于传统大学的一般网络学院教学，这个课堂配备我校教师的辅导，加上其余四个课堂的互相配合，不仅可以提高学生的学习质量，而且可以提高教师的教学水平。我校推行的"六大教学法"当中，有一个数字平台法，也就是网络教学法。文传系、计科系带头，从系主任到任课教师，充分利用网络技术平台，成功地、全天候地对学生进行教育和辅导，效果甚好。今后各系都要这么做。在网络教育课堂中，我们要充分研究教、学、管如何结合，教师的工作量如何计算，列入教学计划的学分如何认定。

（二）课堂的重要性

列宁的夫人克鲁普斯卡娅说："教师的尊严和名誉主要是在课堂上获取的。"到目前为止，提高教学质量的核心仍然在课堂。所以，上好每一节课是教师的天职，也是教师水平的试金石。

教师对课堂应高度重视，充分准备，兢兢业业，珍惜分分秒秒。通常我们所说的"台上一分钟，台下十年功"，就是老师要把课堂作为自己表现才能的舞台，要全身心投入，用所有的精力保证上好每一堂课。

文传系王大江教授讲得很好，他说，上好每一堂课，一要选好教材，二要确认教学参考书，三要找准知识和能力的对接点，四要找到合适的教学方法。外语系日语教研室的唐玉婷老师说，抓好课堂教学要抓好五个环节：一是集体备课，确定大纲；二是个人设计，突出特色；三是课堂观摩，互相学习；四是课后反思，总结提高；五是再次设计，提升水平。这五个环节就是对教学的高度重视。所以，外语系的日语通过率比全国高十个百分点。还有工商系的杨泽明老师给不同专业的学生上同一门课，备课内容都是不同的，可见其良苦用心。

（三）课堂中存在的问题

根据督导组的检查、学风督导队的反映，现在我们的课堂中存在教师管理的十大问题和学生不良表现的十个方面。

1.当前教师管理课堂存在的十大问题

一是课前准备不充分或毫无准备。有的老师要给学生讲些什么，达到什么目的，没有弄清楚，到上课时信口开河，忽悠一阵；有的老师准备一个稿子或整一个PPT，用几年不变，没有任何新意；或者备课不看对象，备一次课"放之四海而皆准"。

二是部分老师随意停课，随意调课，随意挪课。有的找自己的同学代课，有的找自己的同事代课，甚至找自己的学生代课。

三是有的老师上课迟到早退，缺乏对课堂应有的尊重。

四是有的教师照本宣科，死气沉沉，没有互动。

五是有的教师不管理课堂，对学生不看不管，不闻不问；对学生上课迟到、旷课现象视而不见，不严格考勤管理；对学生上课睡觉、玩手机、吃东西、随意进出等违纪行为不制止、不考核。

六是有的教师不布置作业，或不批改作业，或不点评作业。

七是有的教师考试命题评卷不严谨或每次考试题目都千篇一律，考核方法单一。

八是有的教师上课匆匆来，下课匆匆走。

九是有的教师对"三大教学改革"无认识、无热情、无行动，我行我素，内容、方法、评价毫无新意，一切照旧。

十是个别青年教师经验有限，授课深度不够，缺乏知识沉淀。

2.当前学生在课堂上的十种不良表现

一是迟到、早退、旷课。

二是随意进出教室，不尊重老师的劳动。

三是玩手机、听耳机、玩电脑。

四是把食物带进教室吃。

五是上课看与课堂无关的书籍。

六是课堂纪律差，不安静，随便说小话。

七是不背书包，不带书、笔、笔记本。

八是上课睡觉。

九是在课堂上不思考，不回答问题。

十是上课不认真听讲，不记笔记。

当然，根据学风督导队的评价，外语系、机械系、计科系、文传系的课堂管理都是比较好的。个别教师和学生在课堂上的不良表现，共同的一点即是缺乏对课堂的尊重和重视，缺乏对教师劳动、学生学业的敬畏。

（四）对课堂要高度重视

所谓高度重视，就是对课堂应有尊重和敬畏之心。什么叫敬畏？就是要做到像孔夫子说的："出门如见大宾，使民如承大祭。"意思就是出门见人就像见贵宾一样以礼相待，使用民力就像祭天祭祖一样隆重认真。我们如果对课堂像对外宾一样尊重，像承大祭样严谨，那么我们的课堂不会搞不好。同志们，在"锦城"，我们必须认识到"锦城课堂大于天"！我们对教学怎么重视都不过分。这个口号不是我心血来潮提出来的，而是经过深思熟虑才提出来的。

福州有一位优秀中学教师叫郑熔红，她刚结婚没几天就回到学校来上课。有人问她新婚和新课有什么相同之处，她说，相同之处就是"用最初的心做永远的事"，就是要用谈恋爱的心情对课堂有期待。教师每次上课都应该有一种第一次面对的心态，就像初恋时的激情一样。钱理群教授曾经说，每次上课都像赴一场重要的约会一样。所以，老师上课以前要有期待，有兴奋感，有表现欲，有对课堂魅力的向往。那么，每一位老师在上课之前都必须问自己三个问题：一是我应该给学生教什么？二是我要怎样教给学生？三是我教了之后能达到什么样的效果？如果这三个问题不清楚，我们又怎么能把课堂管好、课程上好？大家要回去好好地自我反省一下，看自己是不是尽到了一个老师的责任，做好了自己该做的事。我们对误人子弟的行为是零容忍的，坚决不允许这样的老师存在于我们的学校中。

（五）怎样上好一堂课

1.牢固树立"锦城课堂大于天"的观念

鉴于此，我们必须牢固树立"锦城课堂大于天"的观念，继续深化"三大教学改革"。一定要意识到深化教学改革的关键在教师，保证教学质量的关键也在教师。教学改革的中心在课堂，教学质量的核心也在课堂，课堂永远是教学的主战场。对老师最重要的评价在于其给学生一个丰满的课堂、充实的课堂、学生有收获的课堂。

请全体教师以高度的敬畏之心对待课堂，保证学生增值。

在这里，我想讲一下美国著名经济学家托马斯·萨金特教授如何对待课堂和学生的故事。2011 年 10 月 10 日，68 岁的萨金特正像往常一样，急匆匆地准备出门，然后搭乘火车去普林斯顿大学。在那里，研究生们在等着他上宏观经济学理论课。这时电话铃声响起，妻子卡洛琳接起电话，电话里传来"瑞典腔调"："我代表诺贝尔奖官方组织通知您：托马斯·萨金特获得了 2011 年度诺贝尔经济学奖。"此时萨金特已经走到楼下，卡洛琳打开窗户，把这个天大的好消息告诉丈夫。萨金特没有停止脚步，也没有回头，只是淡淡地回应夫人："我的学生在等着我上课，这可比得任何奖都重要多了。我最宝贵的财富就是学生。"在开往普林斯顿的列车上，萨金特深深伏在车厢的小桌上，将昨天备的课又认真检查了一遍。一个小时过去，他小心翼翼地将那十几页纸加进自己随身携带的讲义夹，从容地走进教室。同志们，这就是一位大师如何重视学生，重视课堂。他认为这比获得诺贝尔奖更重要！

2.坚持执行"六大制度"

一是观摩听课制度。教师之间互相观摩、互相听课、听名师授课是青年教师成长的必经之路。各教学单位要把教师观摩听课的相关安排纳入教师课表。

二是三级查课制度。学校督导组、教务部查课，系领导、教务科查课，学生自主管理查课。要及时发现、反映、纠正存在的问题。

三是课程归口管理制度。充分利用学校综合性大学的优势，各部系之间的资源和师资共享，实行跨系课程由归口单位负责的制度。

四是坚持学生上课背书包制度。背书包、带"三大件"（书、笔、笔记本）是学生必须养成的良好习惯之一，请学工部继续加强检查工作，各班、团干部带头执行，要养成习惯，一以贯之。

五是教师进修制度。教师要通过到校外进修、学校和业界双向进修、读书交流等多种途径提升自己的业务水平。全体教师每学期必须读几本书，坚持数年，必有好处。

六是上下课礼仪制度。理念、思想需要通过礼仪来实现，因此上下课的礼仪仪式是非常必要的，各系务必贯彻落实，把学校的上下课礼仪坚持下去。

三、实现教学过程最优化

教学过程最优化是苏联伟大的教育家巴班斯基在名著《教学过程最优化》这本书中提出的。它的定义是："教学过程最优化是在全面考虑教学规律、原则、现代教学的形式和方法、该教学系统的特征以及外部条件的基础上，为了使过程从既定标准看来发挥最有效的（即最优的）作用而组织的控制。"也就是说，教学教育也同任何其他社会实践活动一样，既要讲收益，又要讲成本，即要在尽可能地节约时间、精力和经费支出的同时，取得最佳、最好的效果；就是要在一定的社会经济条件和人力、物力及时间因素的约束下，达到尽可能最好的工作效果；就是要在精神产品上，生产耗时少，社会效果佳，出的人才最顶用。这就是教学过程最优化。

如何把教育的过程最优化，巴班斯基提出了四个阶段：第一个阶段是设计教学任务；第二个阶段是选择最合理地完成教学任务的方案；第三个阶段是实施所选定的方案；第四个阶段是分析教学结果。

我们"锦城"的教学过程必须最优化，就是要花较少的时间、较少的精力，取得最大的效果。不能企图靠增加总学分的办法来提高教学效果，这违背了最优化的原则。

我要特别强调，首先，每个专业都要建立一个具有"锦城"特色的、科学的课程体系。每个系的系主任要带头，教研室主任要担负重要责任，对每一个专业、专业方向按照一定的培养目标所要求的知识、技能和素质，制定一个课程的总规划。这个总规划就是一个课程体系，这个体系就是我们要完成的顶层设计，而不是单方面的、某一部分的设计，不能头疼医头、脚疼医脚。课程体系要体现我们要达到的目标——我们要给学生传授什么。

其次，要重视和改进教学计划。教学计划就是按照时间、地点、方式、方法实施课程体系的一个方案，就是将课程安排在适当的地点、适当的时间、用适当的方法来上，以达到最好的效果。民国时期课本教授法都把课程的教学目的、课时、进度、教学方法、考核方法写得很清楚。所以，我们的教学计划不但要安排时间、地点、课程、教师，而且要安排教学方法和评价方式，这样的计划就能体现"锦城"特色，是达到最优化的教学计划。

第三，我们必须把解决教学任务的效果、质量，教师和学生为解决这些任务所花费的时间和精力，以及学校为此所付出的代价作为教学过程最优化的重要标准，并且要对这些组成标准的要素进行分析和考核。

这次讲话我提了两个很重要的概念，一个是"锦城课堂大于天"，一个是"教学过程最优化"。我们对待课堂，要像见贵宾一样尊重，像做祭祀一样敬畏，像初恋一样有激情，像约会一样有期待，像演员上台一样有表现欲，像探险家一样有好奇心。大家一定要认识到，我们现在的教学质量关键就在课堂。当然，课堂的内涵扩大为"五个课堂"，包括劳动、实践都是课堂。今年的重点就是按照"三大规律"发展我们的学校，以"五个课堂"为中心提高教育质量。我相信，大家全力以赴、全心全意、卧薪尝胆，奋斗十年，一定会把"锦城"办成一本高校，办成中国一流大学！使"锦城"所有的岗位在高校中具有竞争力，使大家都对"锦城"有一种向往！

2013年
构筑愿景"锦城梦"

这一年，"锦城梦"正式构筑，"锦城"将坚定应用型大学办学定位，攀登一流；

这一年，"锦城"时间响彻整个校园，"锦城"学子只争朝夕；

这一年，"锦城"提出"从严治校，三不放水，保持大学教育的高水准"。

梦想和行动

——在2013届毕业生毕业典礼上的讲话

（2013年6月25日）

今天，我们隆重举行2013届学生毕业典礼。首先，请允许我代表锦城学院，代表全院教职员工，并以我个人名义，向近四千名毕业生致以热烈的祝贺！并向支持、关心你们的四川大学领导、各位校董、各位来宾、各位家长，向教育、培养和服务你们的各位老师及员工致以衷心的感谢！

对于本届毕业生来说，有两件事最值得我们祝贺。第一，你们在"锦城"接受了四年的高等教育，现在学业有成，成绩合格，顺利毕业了。第二，你们经过自己的努力和打拼，与其他高校毕业生同台竞争，找到了一份比较满意的工作，顺利就业了。

我问过许多同学，你们找到工作没有。他们都响亮地回答，找到了！我听到后真有说不出的高兴。我历来认为，学校的成功与否，取决于你的学生是否被社会认可。"锦城"学子都找到了工作，这是我校最自豪的事情之一。还有外语系的要媛同学，她成功考取北京大学国际关系学院的研究生，还拿到393的高分。这是我校考入北大的第三个研究生，她代表了我校的教育水平。

同学们都知道，毕业就是离开学校、走向社会。不论你是专科生、本科生，还是研究生，就业都是所有学生成才成功的必经之路。英文里"毕业"这个词的词根不是"完成"之意，而是蕴含着"重新起步"之意。所以，毕业、就业只是一个良好的开端，至于以后的路怎么走、能否走好，则是另一回事。

我和你们的老师们、家长们一样，在孩子离家去闯事业的时候，总想唠唠叨叨地叮嘱几句。但讲什么呢？过去四届毕业生毕业典礼上，我都讲了话。这些话对你们也并不过时。但是今年的毕业典礼上我不想再重复那些话了，而是要讲一些新内容，这是最近数月以来，我很焦虑的事情，就好像一道高考作文题一样。现在，我终于选定了一个主题——梦想和行动。

梦想是什么？是理想、信念、计划、打算，是一个规划的目标和蓝图。如果说，进入大学是开始筑梦，那么，大学毕业就是开始追梦和圆梦。现在，你们即将开始漫长的追梦和圆梦之旅了。就像河流，只有不断聚集水势，积蓄力量，冲破阻碍，奔涌向前，才能最终拥抱大海。所以，九层之台，起于累土，千里之行，始于足下，一切都要从脚踏实地的行动开始。

当然，行动要有规则，行动要有"道"。没有规则，可以制定规则；有了规则，就要遵守规则。规则就是"道"。做人要有"道"，各行各业都有自己的"道"。当前中国出现了许多不良现象，其源盖出于某些人不按规则办事，缺乏处世之道。个别官员热衷于作秀，个别学者热衷于作弊，个别商人热衷于作假，就连个别农民都知道把受污染的食品卖到城里而把没有污染的留着自用。如此道德沦丧、底线失守，上对不起列祖列宗，下对不起黎民百姓！

同学们，我校的"三讲三心"明德教育是做人的教育，也是做事的教育，是企图力挽狂澜、重建道德高地的教育。希望你们能牢牢记住，时时诵之，时时行之。

一、遵循"为人之道"

同学们，无论你们今后从事什么职业，都要遵循"为人之道"。这是修身立世之本，也是做人成事之本。

《左传》里讲"三不朽"，乃立德、立功、立言，立德为第一。所以，做人要有良心，做好人，不做坏人；做人要有底线，做善人，不做恶人；做人要有浩然正气，做君子，不做小人！

孟子讲做人有"四端"，即"恻隐之心、羞恶之心、辞让之心、是非之心"。我希望你们为人要讲"三道"，即做人要地道，待人要厚道，办事要公道。

做人要地道。就是要持正做人，走正大光明之道。品行端正，做人才有底气，做事才会硬气。所谓"正"，就是要正派、正直、正当，就是不阿谀奉承，不投机取巧，不走歪门邪道。"人民的好公仆"焦裕禄，为人师表的北大博导孟二冬，坚持"正直地获取财富"的柳传志，就是正派、正直之人。而另一面是，原铁道部部长刘志军滥用职权，贪赃枉法，这就是歪门邪道！湖北省某县几年来让高考作弊顺理成章，个别教师甚至直接参与作弊或成为作弊公司代理人，以打造"高考强县"，这就是旁门左道！所以，"锦城"学子在校要堂堂正正做好学生，走上社会要光明磊落做好公民！

待人要厚道。就是要像弥勒佛一样"大肚能容，容天容地，容天下难容之事"；就是要有怜悯之心，懂得仁慈宽厚，不要尖酸刻薄、恃强凌弱；就是要"己所不欲，勿施于人"，不强人所难、强加于人；就是要"海纳百川，有容乃大"，学会宽容，能多看到别人的优点，容下他人的缺点，容下不同的意见；就是要懂得尊重他人，有团队协作的精神，学会合作，学会妥协，学会共赢；就是要对部下、对朋友、对同事、对民众立足于帮，不能立足于整。这是我工作几十年最大的心得。

办事要公道。要出于公心，秉公办事，不谋一己私利，像明镜高悬、铁面无私的"包青天"，像清正廉明、不徇私情的海瑞；要公正公平，一视同仁，一碗水端平；要坚持中庸，判断有度，这才有利于和谐；也要学会换位思考，将心比心，如此才能沟通无碍，融洽和气。

今天，当社会公众疾呼"道德重建""唤醒良知"的时候，我希望，每一个"锦城"青年都能遵循这"三道"，成为敬好人、学好人、做好人的明德典范！

二、践行"为政之道"

今年，你们当中有近200人考取了公务员，当上了村官、选调生或西部志愿者。文传系还有一个"最牛考公务员寝室"，四个人全部考上公务员！所以，你们有一部分人即将踏上从政之路，快要担任公职，为人民服务了。那么，怎样当一个好官、清官？怎样践行"为政之道"？

一要修官德，养正气，坚守公职人员的道德和操守。"政者，正也。"公职人员首先应当以身作则，身体力行，这就是习近平主席说的"打铁还需自身硬"。身正，则不令而行；身不正，则虽令不从。

所以，官德影响民德，官风引导民风。正如孔子所言："上好礼，则民莫敢不敬；上好义，则民莫敢不服；上好信，则民莫敢不用情。"为官者以身作则，讲究道义和诚信，百姓则自然服气、尊敬，也敢说真话。官德是风向标，官德水平提高，民德随之提高，社会风气得以净化。公职人员的操守就是要保名节，养正气，做到孟子所说的"贫贱不能移，富贵不能淫，威武不能屈"；还要恪守清正廉洁，甘愿两袖清风，因为做清官、不做贪官是老百姓的期待。朱镕基总理说："我就信奉两句话：'民不服我能，而服我公'，老百姓并不是服我有多大本事，而是服我办事公正；'吏不畏我严，而畏我廉'，下面的官并不怕我严厉，怕的是我廉洁。我行得正，坐得稳，就敢于揭发你的歪风邪气。"所以，为官不贪污腐败，不损公肥私，坚持头顶一片青天，心中一面明镜，"仰不愧于天，俯不怍于人"，才能无愧于国家和人民！

二要重法度、敬民意，这也是法治和民主的两个方面。中国的"人治"有两千多年的传统，要转变为民主和法治的现代文明，需要一个脱胎换骨的过程。法度就是法律、制度，就是笼子。重法度，就是要依法办事，不徇私枉法、无法无天。要善用公权力，让权力在阳光下运行。官大了，权力大了，欲望不能大！因此，要限制权力，节制欲望，不能什么都要。我们要明白，"权为民所赋"。所以，公职人员必须敬畏民意。天大地大，民意最大，"水能载舟，亦能覆舟"。为政者不敬畏民意，怎么能为人民服务？敬畏民意，就是要敬畏公民权利，敬畏公众舆论，敬畏社会评价，真正实现官民共同治理社会！

锦城学院 2013 届毕业生合影（局部）

三要尽责任，有担当，胸怀国家，心系人民。中国知识精英历来以修身、齐家、治国、平天下为己任。近代著名学者梁启超说："人生于天地之间，各有责任。知责任者，大丈夫之始也。行责任者，大丈夫之终也。"负责任是从政的基本要求，是一个人品格、胸怀、使命和追求的体现。所以，在其位，谋其政，负其责。身为公职人员，就要为国家、为人民诚惶诚恐，尽职尽责，兢兢业业，如履薄冰。同时，为政者还应当有"居庙堂之高则忧其民，处江湖之远则忧其君"的忧国忧民之情怀和"先天下之忧而忧，后天下之乐而乐"的奉献精神，也就是要有一种始终把国家和人民利益放在第一位的担当！

此外，我还想提醒你们，要做公务员，既要当好领导者，也要当好被领导者；既要做自己喜欢做的事，也要做自己不喜欢但有利于人民的事。做公务员贵在务实，要说实话，做实事，不作秀，不做表面文章；要坚决响应党中央的号召，反对形式主义、官僚主义、享乐主义和奢靡之风。

三、恪守"为商之道"

今年，我校有60名同学选择了毕业后创业，他们已从就业岗位的竞争者转变为就业岗位的创造者。还有近3000名同学应聘到各类企业去工作，包括国企、外企、民营企业、中外合资企业等。总体来说，有很大一部分同学从事工商业，走上了工商报国之路。我希望你们恪守"为商之道"，在中国工商界开启一代新风。

为商之道首先是诚信经营，取之有道。诚信经营就是童叟无欺，正当谋利，不弄虚作假，不鱼目混珠。孔夫子曾说："富与贵，是人之所欲也，不以其道得之，不处也。"因此，"君子爱财，取之有道"。取之有道就是不欺不假，不伤天害理，不发不义之财，不做无道之事。不把地沟油、毒大蒜搬上餐桌，不把假药品、毒奶粉卖向市场，不把化学毒素排入江河，不把工业废气排放天空，不竭泽而渔、浪费资源，不破坏环境、伤害社会！20世纪50年代有一部电影叫《废品的报复》，讲的是一家制衣厂的纽扣工经常漫不经心、偷工减料地钉纽扣，结果却买到自己钉纽扣的服装，在舞会上纽扣全掉、惹人嘲笑的故事。所以，如果所有人都掺毒作假，欺诈顾客，最后的结果将是人人受害，你将以害人开始，以害己结束，最终是搬起石头砸自己的脚！

为商之道还要心怀感恩，用之有道。用之有道就是崇尚节俭，反对奢华。2011年底，我国奢侈品市场消费就占据了全球份额的28%，成为全球第一的奢侈品消费国家。但是，无论从"俭以养德"的中华传统美德来看，还是从中国当前的人均国民收入来看，我们都不应当成为全球第一的奢侈品消费大国。相反，有一些成功企业家却懂得"成由勤俭败由奢"的道理。例如，宜家家居的创始人、瑞典富商坎普拉德经常光顾便宜的餐馆，出行常常会乘坐公交车或地铁。所以，即使有一天你飞黄腾达、发财致富了，也切莫贪图安逸、声色犬马，应该铭记"一粥一饭，当思来之不易；半丝半缕，恒念物力维艰"。

2013届毕业生干部联谊会

用之有道就是要扶危济困，帮扶弱势群体。巨大的财富也是一种巨大的责任。被誉为"中国首善"的江苏企业家陈光标在汶川大地震时，共计捐款2.1亿元。在前不久的芦山地震中，他又第一时间亲自率队到灾区捐款捐物，参与救援。坚持"行善不行贿"的福建企业家曹德旺，曾向西南五省（自治区、直辖市）十万贫困家庭捐赠善款2亿元。二十年来，他帮助贫困生，共计捐出数千万元，真正体现了一个企业家的社会责任。

用之有道就是要做慈善之事，让财富更有价值。世界顶级富豪比尔·盖茨立遗嘱称，将捐献身后几乎全部财产用于慈善活动，这将惠及全球穷苦人群和卫生教育事业。截至今年初，他的比尔和梅琳达基金会——全球最大的慈善基金组织已捐出280亿美元的惊人数字。钱不在多少，这是一种"穷则独善其身，达则兼济天下"的精神，更是一个为商之人的社会担当与感恩精神！

当然，我也希望，当你们发达了，有钱了，也会像哈佛学子、耶鲁学子一样，捐赠和回馈母校，让我们建设一流应用型、创业型大学的"锦城梦"得以实现。我在这里先谢谢你们了！

四、坚持"为学之道"

你们当中，有近200名毕业生将继续求学深造，你们有的考取了北京大学、同济大学、四川大学等国内知名高校的研究生，有的被布里斯托大学、伯明翰大学、香港中文大学等境外名校录取。同时，还有100余名同学将奔赴科教文卫系统工作。对于你们而言，或是读书做学问，或是以知识服务社会，都应当坚持学术道德，践行"为学之道"。

为学首先当知"学然后知不足"，有"学而不厌"的精神。伟大的发明家爱迪生之所以一生能有1100多项发明，就在于他从来没有停止过学习和研究。75岁的时候，他仍坚持每天准时到实验室搞研究，晚上在书房读书3—5小时。一代鸿儒钱锺书老先生不仅博览群书，而且必做笔记，摘出精华，指出谬误。他的读书笔记有整整五大麻袋之多，堆在屋里如一座小山。在当今这个信息社会，新事物、新研究层出不穷，终身学习是你们必须做的。同时，你们还要见贤思齐，取长补短，这样才能有所增益。

为学还要耐得住寂寞，板凳要坐十年冷，文章不著一字空。至圣先师孔夫子钻研易经，韦编三绝，研究欣赏音乐，三月不知肉味；数学大师陈景润历经六年，身处陋室，埋头钻研，实现了对哥德巴赫猜想的理论突破；"杂交水稻之父"袁隆平投身杂交水稻研究，一干就是几十年。所以，治学既要有静气，也要有锐气。也就是既要保持潜心专一，有咬定青山不放松的定力，也要在任何难题面前有勇于攀登、锲而不舍的精神。正是"路漫漫其修远兮，吾将上下而求索"！

为学还有一点很重要，那就是追求原创。模仿和"山寨"可能是创新、创造过程中的一个尝试和学习，但是我们必须追求原创！我们要的是学问的发明家、创造家，而不是抄袭家、拼凑家。同学们一定要记住我校的"三练三创"教育，无论你在哪个行业、哪个岗位都一定要将创造、创新进行到底！

如果你要做学者，一定还要发扬"三追"的"锦城精神"。追求事实，就是弄清真相，溯本求源，不人云亦云，不随波逐流；追求真理，就是追根究底，坚持"求是"，不信口开河，不弄虚作假；追求至善，就是细嚼慢咽，严谨完满，不囫囵吞枣，不浅尝辄止。

此外，我希望你们还能有公忠体国、浩然正气的知识分子精神。当前，中国不仅需要飞船上天、蛟龙下海的科学家，更需要"为天地立心，为生民立命，为往圣继绝学，为万世开太平"的有骨气、有气节、有独立思想并敢于直言的有识之士。古语说："千人之诺诺，不如一士之谔谔。"我们的国家、社会、民族，需要以天下为己任，置生死于度外，敢于说真话、讲实情的正直之士，以端正世风！不论你们将来是平民百姓还是成名成家，都不要忘记身上肩负着公共知识分子的责任。任何时候，"锦城"都希望听到你们正气凛然的声音，看到你们坚持真理的风骨！

　　同学们，世间有一种比海洋更大的景象，是天空；有一种比天空更大的景象，是梦想；有一种比梦想更大的景象，是拼搏！四年前，你们怀着梦想走进"锦城"，今天，你们又怀着新的梦想走向社会。在习近平主席国家富强、民族复兴、人民幸福的"中国梦"的鼓舞下，我祝愿你们飞扬青春，放胆追梦，努力拼搏，成就事业！

攀登一流应用型大学之路

——在2013年暑期人才培养与教学改革工作会议上的讲话

（2013年8月21日）

今天，我给大家讲讲我的"锦城梦"。"锦城梦"是一种愿景、一种理想。这个梦由三句话来构成：

第一句话——近期，要争取把"锦城"建设成为一所"近者悦，远者来"的大学。

第二句话——要把"锦城"建设成为一所世界著名、国内一流的应用型、创业型大学。有人说世界大学分为几个档次，第一是顶尖大学，第二是一流大学，第三是著名大学。我们在世界上著名就可以啦，在国内争取一流，顶尖我们还不敢说，北大、清华是顶尖级的，牛津、剑桥是顶尖级的，哈佛、耶鲁是顶尖级的。

第三句话——把"锦城"建成一所百年长青的大学。

第一句话说的眼前的目标是"近者悦，远者来"，这是当务之急；第二句话说的是远期目标——"世界著名，国内一流"；第三个是说"锦城"要"基业长青"——"锦城"不是我们这一代人在办，换一代人就不办了的学校。昨天晚上我和几位院领导散步，我说我要宣布一个我早就想说的话——当你们年轻一代退休的时候，如果国家不改革，我就改革，把你们的退休金补到和公办大学一样的水平。他们说：

"你在没有问题。"言下之意是:"您老要不在了呢?"我说某某某嘛,接着干嘛。他们说:"如果某某某不在了呢?"我开玩笑,说某某干嘛;某某干完了,另外某某某接着干嘛。看样子,大家还是有点怕,怕"人亡政息"嘛。所以,我们要建立一个机制,让"锦城"百年长青、长盛不衰,像哈佛、耶鲁一样。

2013年9月16日,锦城学院贵州校友会成立仪式,校友向母校赠送银饰画《团结》

我们要学习艾略特。艾略特是把哈佛引向世界一流的舵手。艾略特接班的时候,哈佛尽管已经办了两百多年(哈佛大学1636年成立,艾略特1869年开始担任哈佛校长),但是在当时还是个一般的大学,艾略特经过几十年的努力,把哈佛引导到一流。他掌舵哈佛的时候,提了两句口号——"教师的学术卓越,学生的选择自由"。咱们可不可以也来试一下?

还有,世界这么多著名的学校,都不是全面卓越,而是一部分卓越,一方面卓越,重点卓越。下面,我本着这样一个思想来讲下面几个问题。

一、重点思考四个问题，找到着力点

（一）我们的发展空间到底在哪里

新建学校面临一个天然的困境——现有的资源已被瓜分。在我们中国，大学的资源已被公办学校瓜分，特别是北大、清华等985、211高校，几乎占有了所有优质资源。但是，北大、清华也不是所有的学科都是一流，其他高校也有一流学科或专业。新建学校必然会面对现有资源被瓜分的困难，所以我们就有一个天大的问题：发展空间在哪里？我经常举这个例子：土地革命时期，共产党就是找了一个边区做发展空间，找了个边角旮旯的地方。那时候想打大城市，打长沙，失败了，没找对空间嘛！后来跑到井冈山，就可以了！我去井冈山一看——蒋介石错了，那个时候他不要搞军事围剿——去修高速公路，把高速公路修到井冈山，红军就困难了。

（二）我们的优势在哪里

Jamil Salmi所著的《世界一流大学：挑战与途径》一书中说，要"最大程度发挥自己的优势"。我们的优势之一是体制新、机制灵活，要是我们把川大的、交大的、财大的、教育部属大学的那一套统统搬过来，那我们就没有优势了。当然了，有时候不搬过来也不行，我们还是归教育部管嘛。所以我给咱们的教务部长说："这个壳从哪里捅破？你要想办法。"完全照教育主管部门的办，自己一点优势也没有。

现在教育多元化了，但是教育主管部门的管理办法还没多元化，还是千篇一律，都是清一色地下文件，不管你是民办的、中外合资办的，还是公办的，不管是财政拨款，还是不拨款，都是一个办法来管。在这种条件下，我们就更得研究我们的优势在哪里，怎么发挥。有优势不发挥等于零，等于没有优势。

（三）我们的劣势在哪里，怎么克服

光说优势不说劣势也不行。对于我们的劣势，能克服的尽力克服，暂时不能克服的，不妨拖一拖，等到条件成熟一点再来克服。

（四）哪些是别的学校不想做、不愿做、做不好，而我们能做，而且能做到卓越的

别的学校不想做、不愿做、不屑于做，或者说做不了、做不好，例如明德教育，劳动和创业教育，建立实习、就业基地，"三大教学改革"等，我们就要做好，做出成效。我们还可以考虑集中力量发展若干特色专业、优势专业。总之，要找到可持续发展的空间。

以上四个问题，我希望大家能够认真思考。

二、要实现"锦城梦"，我们要实行"四个广开"

（一）广开思路

广开思路就是大家要积极思考问题。思路决定出路，思路不正

确，出路就难找。今年暑期考试里面有一个问题："为什么美国的高等教育系统是最优越的？"其中有一条，就是它有一个学术自由的氛围，学者可以没有畏惧地研究问题。我们以往有段时期，运动搞了不少，很多人、很多事就耽搁了。比如说华罗庚本来是研究数论的，结果他老受批判，他最后说："算了，我还是去为工农兵服务吧。"后来他就用大量的时间去搞"优选法"，全国跑，这是为经济建设服务，不受批评，但是他本来可以在理论上有更多的发现，有更多的成就的。办学者的思路对师生的影响很大，思路打开了，局面才能打开。

（二）广开言路

广开言路就是发动大家出主意，想办法，人人都是主人翁，接地气，走群众路线。

以上两条说的是一个老问题，即独立之思想，自由之表达。我们一定要按照钱学森推崇的加州理工学院那样——"给学者、教授们，也给年轻的学生、研究生们提供了充分的学习权利和民主氛围。不同的学派、不同的学术观点都可以充分发表，学生们也可以充分发表自己的不同学术见解，可以向权威们挑战。"

（三）广开财路

广开财路这个事情肯定也是要考虑的，经费短缺的问题肯定是我们最大的劣势，国家政策上的不公也是一个现实。经费短缺我们得想办法，广开财路。建校以来，我们依靠社会、依靠企业、依靠慈善人士，已经募集到的捐赠，包括设备、图书、软件、资金等，价值将近一亿元，这极大地缓解了我们的资金困难。这个学期以来，我们有些系有了一些收入，我就"放水养鱼"啦。外语系办了个培训，有了点小小的收入；工商系和财会系搞了些培训，除了上交的，都是自己的；计科系也做了点题目，搞横向合作和纵向合作，现在经贸委给批了个项目。缺资金，得找政府，找企业，还有基金会、慈善机构等，我看都得想办法。图书馆书籍不够，除了我帮你们募集，学校所有的干部和员工，也得想想办法啊。我现在见了人就请别人送书、赠书，多少不限，支持教育，随喜功德。你们也要会"化缘"嘛。

（四）广开出路

学校要有出路，老师要有出路，学生要有出路。出路就是成长，就是发展，就是有光明前途。

以上两条讲的是"革命到了1942年，遇到了空前困难，怎么办？"以部系为单位，也来个"大生产运动""自己动手，丰衣足食"。我相信我们也会出一批"359旅"和几个"南泥湾"。

三、八条措施，让"近者悦，远者来"

"人才荟萃"是一流大学必不可少的条件。为此，我们酝酿了八条措施：第一是考虑加薪，把教学骨干和管理骨干的收入逐步增加到有吸引力的水平；第二是考虑提高退休待遇，让我校自有的教学骨干和管理骨干退休后与公办学校同等待遇，无后顾之忧；第三是考虑购买大病补充保险；第四是提供经济适用房，让老师们安居乐业；第五是调整专职任课老师的超课时费标准；第六是调整长期在我校兼职教课的老师的课时费标准；第七是考虑实行科研成果奖励；第八是考虑适当提高紧缺专业研究生和讲师的入职起点收入水平。

四、逐步实行"三个放开"

为了更好地与世界一流大学接轨，给学生更大的选择自由，我们要有步骤地实行"三个放开"，即放开课程、放开专业、放开教师。

第一是要放开课程。就是要允许学生上自己喜欢的课。前天晚上，凤凰卫视采访我国著名学者何兆武，他在西南联大读了四个系，到四个系去上课，想上什么课自己选择，只要把最后选定专业的课程学分修够就行。西南联大能放开课程，我们能不能放开？

第二是要放开教师。同样的课，由不同的老师来上，学生可以选择。譬如英语，文举老师也上，武举老师也上，你可以选择文举老师的，也可以选择武举老师的。思想政治课，张志老师也在上，李志老师也在上，张志老师上得好，你就可以去听张志老师的，不听李志老师的。

机械系实验课堂

第三是要放开专业。这里有两层意思,第一层意思,是否可以考虑,学生在三年级以内,每学期开学以后的第一周可以选择转专业。改变原来只能半年以后"转一次"的规定。当然,这个还要经过讨论,以发文件为准。第二层意思,学生可以在主修和辅修的范围内,自主选择毕业时的主导专业。比如说外语系某位学生,既修了英语,又修了外贸,又修了市场营销,毕业的时候,如果他所有的学分都合格了,他要求按哪个专业毕业就按哪个专业毕业。这样一来,系就等于说只是个行政管理的组织,将来学生从哪个专业毕业,不取决于他在哪个系,而取决于他喜欢并修完了哪个专业的课程,只要他修够了该专业的课程和学分就行。为了达到这样的一个目标,就要求每个专业要有一个课程体系,每门课程的学分是多少,核心课是哪些,选修课是哪些,必须清清楚楚的,要在网上公开,让学生了解和选择。我们学校有一个大通识课,总共有接近50个学分,占总学分的30%左右,各系都差不多,所以那些要加修专业的同学,主要是加修另外一个专业的专业课程。外语系的学生不用转专业,将来就可以市场营销毕业,这叫"主辅互换",多好啊。关键是看我们能不能解放思想,能不能办得到。

五、正确处理三个关系,做到"三个服务""三个善待"

第一,在教师和学生的关系上,是教师为学生服务;第二,在教师和行政管理干部的关系上,是行政干部为教师服务;第三,在学校与用人单位及合作单位的关系上,是学校为用人单位及合作单位服务。这个话的着眼点在哪里呢?就是要善待学生、善待教师、善待合作单位。就是要处好这三个关系，根本目的是"近者悦，远者来"。为学生和教师的成长创造一个良好的氛围和条件。

我这里要特别说明，学校是个什么地方。是为师生服务的地方。办学校搞教育就是办服务，在某种意义上说，我们"锦城"就是实行的"服务教育学"。当然这个服务不仅是传统意义上的服务，还有更高层次即精神层面的服务。服务的目的就是为了使广大教师在教学、科研、人才培养等方面做得更好，让学生学习生活得更好。

六、背靠大树好乘凉，各系都要主动做好"四个联系"

第一，联系一个政府主管部门。光"傍大款"还不行，还得"傍大官"，即要联系一个政府的部门或机构。在中国，没有政府支持，要办成事情很困难。第二，要联系一批著名企业，要和这些企业合作做事情，建立稳固的根据地。第三，要联系一批大专家，请人来举办讲座、当顾问，指导我们的工作。第四，要联系一批校友，校友是最重要的资源，是学校的名片。每个系都要联系一批名校友，榜样的力量是无穷的，要增进我们的影响力、凝聚力、吸引力，没有比这个更灵的了。

据招生办报告，我校凡是哪个专业有考上北大研究生的，这个专业招生就相对较好。这是偶然还是必然呢？我看有点必然联系。大家都认为你这个专业有学生能考上北大，那肯定不简单，是不是？同志们，西方有一句话，"看你和谁站在一起，就知道你是什么样的人"；中国也有一句话，叫"物以类聚，人以群分"。你经常和大企业一起做事儿，人家就会说这个学校有水平。

汉朝有一个"商山四皓"的故事。刘邦晚年，想废掉吕后的儿子——刘盈，把戚夫人的儿子立为太子。刘盈即后来的汉惠帝，这个人比较忠厚平庸，他说："算了，我爸想立谁就立谁嘛。"但是吕后不干，就到处找人想办法，最后找到了张良，说老爷子要把大儿子废了，你得帮我想个办法啊，你我都是同时跟老人家打天下的啊。张良说，你们家的事我帮不上忙，但是我告诉你，商山上有四个老头，你能把他们请出来，到老爷子面前晃一晃，你的问题就解决啦。结果吕后回来以后，就为每个人准备了一份厚礼。然后到商山去拜访四位老头。老头们说我们无功不受禄，想当年皇帝要我们出山，我们还不下去呢。吕后说，我不要你们帮别的忙，你们就到老爷子面前去晃一下就行啦。或许是厚礼和态度起了作用，四位老人家一想，"晃一下"这个能做到——可以吧，只亮亮相，我们不说话啊。于是，有一天，刘邦举行宴会，看见大儿子背后有四位老人，就问：这四位老人是谁呀。旁边张良说，这四位老人就是当年您想请他们出山，他们却不出来的那几个家伙。喔！刘邦一看，心想，大儿子能把他们都请出来，看来是羽翼丰满，大局已定了，他的威信在国内已经树立起来了，旋即就把废太子这事儿给取消了。所以，我们也要联系"四位老人"，这"四位老人"是谁呢？一个是政府部门，一个是大企业，一个是大专家，一个是校友。

七、我们还要建立一个卓越的、一流的公共服务系统

公共服务系统不光是后勤，不光是保卫，还包括图书馆、实验室，包括我们的机关服务，包括网络。这个公共服务系统一定要是

一流的，首先要有一流的服务态度，第二要有一流的服务设施，第三要有一流的服务效果。我认为这个是我们应该而且能够做到的。大家知道，我们现在学生宿舍的条件在全国都是一流的，四人一间，有卫生间、热水器，但服务是不是一流就难说了。我们的教室全是多媒体教室，远远超过教育部的相关要求，但要加强维护，保证效果。再说图书馆，现在我校这个图书馆，外观漂亮，但藏书不丰，因为是个新馆，新馆要为广大师生的教学和科研服务，满足大家需要，这不容易，王馆长她们很努力，师生反映也不错，但必须再努一把力。首先是增加馆藏，发动全体教师、干部、学生提书单，凡是师生需要的，统统买进来，特别是中外经典和学术前沿，应买尽买，学校出钱支持，募捐支持。建校以来，各友好高校、企业、机关和个人捐赠的图书已达 20 多万册，这是很大的贡献。其次是周到服务，要有求必应，有的可以送书上门。无论是纸质书还是电子书（包括影像资料），凡是师生需要的，要尽可能保证找到。关键是我们要把一流的服务搞起来，一流的公共服务系统是建成一流大学必不可少的要素。

八、进一步落实通识教育，提高学生综合素质

我校自建校伊始，就十分重视通识教育和学生综合素质的培养，因此确立了"通专结合"的教育思想，明确了通识课程设计方面的五条原则，颁布了《通识教育选修管理办法》，成立了通识教育中心，全权负责通识课程的教学安排。应该说，通识教育已经取得很好成绩，在一定程度上保证了"锦城"学生的综合素质和就业核心竞争力。

学校第八届暑期人才培养与教学改革工作会

　　但是我们和国内一些名校比，例如复旦大学等，还有一些缺点和不足，比如认识不到位，课程不丰满，安排欠妥当，措施不到位，等等。

　　从认识上说，我们之所以重视通识教育，理由有三。

　　首先，重视通识教育是大学理念的回归。大学是什么？这是办学的基本问题，蔡元培说："大学者，研究高深学问者也。"并且说大学不是培养工匠的。另一位中国教育家潘光旦说，大学是"做人造士"的地方，并说中国教育没做到这一点应该忏悔。在国外，有19世纪英国著名神学家、教育家纽曼，他在牛津生活了20余年，他提出"大学是一个传授普遍知识的地方"，目的是"培养良好的社会公民"。和纽曼同时代的另一位教育家约翰·密尔明确提出"大学是培养有能力、有教养的人才"，"当你被培养成贤明、有能力的人之后，才能成为贤明的律师、医生，成为从事专门职业的人"。他们所说的"普遍知识""高深学问"和"教养之学"，就是所谓的博雅教育，它是欧洲古典自由主义教育与美国现代大学教育相结合的产物，亦称为通识教育，集其大成者是《1928年耶鲁报告》和《1945年哈佛红皮书》，耶鲁和哈佛成功地遏制了大学过早专业化的倾向，捍卫了通识教育的重要地位。此后，进行通识教育成为现代所有大学的共识。

其次，通识教育是培养学生就业竞争力的必然要求。现在，严峻的就业形势不仅在考验学生的就业竞争力，也在考验学校的教育。学生的竞争力取决于学生的综合素质和专业能力。综合素质从哪里来？很大程度上是通过通识教育完成的。当然我校还有"第四课堂"，即课外活动的训练。

第三，通识教育是对全社会教育过于功利化和以就业为导向的实用教育的一种调整和补充。社会发展到现在这个阶段，要大学再回到象牙塔，不管士农工商各行各业的需要，关起门来，自搞一套，所谓"不功利"，显然不可能了。但过早的、过分的功利化，忽视基础，忽视素质，一味迁就用人单位的一时之需，显然也不可以。所以我们要加强通识教育，以此来做一些必要的调整和补充。

从安排上来说，要明确三个问题。

一是课程体系。通识教育是指面向不同学科背景学生开展的，着力于教育对象精神成长、能力提高和知识结构优化的非专业教育，其目的是把学生培养成和谐发展的人。在课程设置上要学习国内外一些大学的经验，涵盖三大领域（人文科学、社会科学、自然科学），培养九大能力（逻辑思维、冷静判断、科学探索、生命关怀、艺术修养、语言表达、自省反思、合作沟通、就业竞争能力），设置核心课程七大板块（即"6+1"），具体是："6"指的是中外文明和文化（含外语），历史、哲学和逻辑，科学精神和探索（含数学、计算机），环境与生命（含安全、防灾、心理），音体美艺术修养，政治、军事、法律和道德（含"马列毛邓三"）；"1"指的是大类平台通识课，可因学科不同而不同；例如北京大学分为理工、文史、社科、经管四个大类。通识教育中心应根据"6+1"的原则，依照"大通识"的理念，列出一个通识教育课程体系，并公布之。

二是教学计划和教师安排。我校的通识课程按现在的大口径共计50学分左右。从修读方式上，分为学校规定主修、各系分类必修、学生自由选修三部分。现在，我们在保证主修、必修的前提下，对英语、体育等课程进行通识化改造，本着放开教师、放开课程的原则，扩大品类，适度放开，扩大选修。从时间安排上，我们应学习北大、清华、复旦、交大的经验，特别是复旦大学，复旦大学单独设有复旦学院，大一不分专业，统进复旦学院，集中学习通识课。我校的通识教育课程似可集中安排在大一，实在安排不下或有困难的，也可将一部分内容安排在大二。总之，应该尽早安排，以免影响专业课程之学习。在课程和任课教师选择上，成立"通识课程审定委员会"，由刘华、白俊峰、通识中心和有关教授组成，同时成立"通识课教师资格审定委员会"，由王亚利、人事部、教务部和通识教育中心组成，这样做是为了保证通识课的质量。

三是通识教育效果的评价。学校采取多种方式考评教师教课质量和学生学习的成效，除了通常的期末考试之外，还应通过学生的读书笔记、课程论文、讨论会发言、学习心得和反思报告等，对通识教育效果进行量化评价，形成一个多元化的评价体系。

我讲了以上八方面的内容，希望同志们在今后的工作中认真思考、贯彻落实。让我们再接再厉，为把我们锦城学院早日建成一流应用型大学而不懈奋斗！

"锦城时间"

——在2013级新生开学典礼上的讲话

（2013年9月9日）

今天，我们在这里隆重举行2013级新生开学典礼，我谨代表全体师生员工向进入锦城学院学习的新同学们表示热烈的欢迎和衷心的祝贺！向四川大学领导、建行领导、交投领导、各股东单位、奖助学金设立单位、用人单位和合作办学友好单位的各位领导和来宾对我院长期的支持和关心表示衷心的感谢！同时，向充分信任锦城学院的广大家长们表示诚挚的谢意！

同学们，我相信，对于锦城学院的有关情况，你们在填报志愿时已经充分了解。你们选择了"锦城"，不仅意味着选择了"锦城"的理念、特色、精神，选择了"锦城"的规章和制度，而且更重要的是，选择了"锦城时间"。

时间是青年人最宝贵的财富，是你们的希望所系，前途所在；时间就是生命，它给空想者以痛苦，给创造者以幸福；时间既可以是朋友，也可以是敌人，既能开出美丽之花，也能结出苦涩之果。而这一切，都在于你的选择和把握。

从现在开始，你们已经是一个"锦城人"。接下来的几年，你们将在这里度过你们的"锦城时间"。"锦城时间"是有目标、有效率、有意义的，是不舍昼夜、紧张充实、争分夺秒的，是靠你们砥身砺行、勤学苦练、坚持数年才能有所收获的。你们在"锦城"所受的教育是否成功，除了校方的努力之外，关键是看你们怎么安排和把握自己的"锦城时间"！

同学们，你们要充实、高效、有意义地度过"锦城时间"，首先必须消除"三大误会"。

在你们来大学之前，或许听到一种说法——"高中是冲刺阶段，到了大学就轻松了"，或者"在大学里就是天天睡懒觉、打游戏、凑饭局也是可以混个文凭的"，等等。这是一个误会。

朝气蓬勃

大学是立德树人之所、成才圆梦之地，大学时期是人生发展的关键阶段。成功的大学生涯将改变你的一生。所以，我们必须克服松懈情绪和歇歇脚的思想。进入大学，就要立即进入状态。在这方面，你们的一位学姐可以作为你们的表率：财会系2008级ACCA专业的李彬同学在校期间就顺利通过了ACCA全部14门考试，这对很多人来说几乎是不可能的事，但她却做到了。她是怎样做到的呢？她坚持每天早上六点起床，晚上十二点睡觉，并坚持每天在图书馆和教室学习钻研，把图书馆看作是自己的"第二寝室"。这就是成功的真相——一分耕耘，一分收获。所以，大学不是松松垮垮混文凭的地方，你们中的任何人都不要想在"锦城"混文凭。"锦城"崇尚的是严师出高徒，勤奋出成绩。"锦城"效仿的是艾略特校长在哈佛实行的更高的标准、更严格的考试、更扎实的实践，以保证学生培养的高质量。所以，未来的数年将充满挑战，你们要做好吃大苦耐大劳的准备。

同学们，你们或许从一些好莱坞电影里看到，或是道听途说，以为美国的大学生们学习不刻苦，但是却很有创造力；以为美国人唱着Rap，玩着X-box，却能轻松取得事业上的成功。这是又一个误会。

实际上，美国的大学生是很刻苦的。我国央视的摄制组凌晨两点到哈佛大学，发现图书馆灯火通明，座无虚席，餐厅里、教室里，还有很多学生都在做笔记。同学们，九层之台，起于累土，创造力不是空中楼阁，它不是凭空产生的。你或许会说凯库勒是在梦境中悟出了苯环的结构，或许会说门捷列夫是在打盹的时候有了元素周期表的灵感，但是你们必须看到，在攫获灵感之前，他们经历了漫长而艰难的探索。正如俄罗斯名画家列宾所言，作为创造力之源的"灵感不过是因顽强劳动而获得的奖赏"。所以，不努力学习，是不会真正有创造力的。著名作家葛拉威尔曾经提出"一万小时定律"，这个定律讲的是，"要想在一个领域里卓有成就，就至少要在这个领域花上一万小时的时间"。成才之路向来艰辛，你们要选择走窄门，下力气，流汗水，靠艰苦努力走成功之路。用比别人十倍的刻苦、百倍的勤奋，去创造优势，取得胜利！

同学们，我们已经进入了网络时代，有些同学以为网络可以搜天下，"百度"一下全知道，因而可以不读书、不思考、不做笔记、不记忆，这是第三个误会。

我们生活在信息化时代，网络新媒体给我们带来了诸多便捷，但它也带来了知识的碎片化、阅读的娱乐化和思维的浅显化等弊端。电子阅读的特性决定了其阅读方式的特点是急、浅、快，轻（松）、便（捷）、高（效）。它一方面使我们方便快速地获得了丰富的信息，另一方面也使我们渐渐失去了静心的力量，丢掉了细读慢研的习惯，著名作家王蒙指出，"这是一个危险的信号"。因此，我们必须警惕，不能让泛读代替精读，浅阅读代替深阅读，一般阅读代替分析阅读和主题阅读。

勤学苦练

我们推行"大学生阅读经典计划"，就是希望培养你们深阅读的习惯和批判性思考的能力。让你们能够从那些表面的、有误导性的和迷惑人的东西里区分出合乎情理的东西。希望你们进行深入的思考，去辨别矛盾和悖理之处，以你们的方式去推理出智慧的结论。你们可以运用这些批判的洞察力，去实现个人的抱负，但同时也要为公共生活作出贡献！

阅读是我校的一个大战略。每一个大学生除了教科书之外，每月至少应该读一本课外读物（特别是经典），并写出笔记或心得。如果"锦城"学生每年至少精读12本书，我们的教育质量和学生素质必然会大大提升。有的同学会说，我们上课学习已经很忙了，没有时间读书。但是时间是靠挤出来的。数学家华罗庚年少时辍学在家，在他父亲开的小杂货铺里干活，既要招呼客人，又要忙着记账，但他还是能挤出时间来钻研数学问题；第八、九届全国政协主席李瑞环青年时代是个木匠，白天忙于工作，晚上常常到路灯下读书，即便是寒冷的冬夜也是如此。他相信，读书虽然是难事、苦事，但也是需要坚持的大事。

要读书，图书馆是个好地方。作为"锦城"的学生不"泡"图书馆，你们的大学就白读了！

你们要充实、高效、有意义地度过"锦城时间"，还要破除"三个迷信"。

社会上有些不正之风已经侵入校园，其中有一股就是迷信。迷信什么？第一，迷信金钱，以为金钱万能；第二，迷信权力，以为"我爸是李刚"就可以逍遥法外；第三，迷信关系，以为关系可以摆平一切。我校以前有个学生，考试不及格，系里通知他补考，他不参加，到毕不了业时，就托关系、走后门，企图蒙混过关，在"锦城"这显然是行不通的。我们要信仰真理，真理指引方向；我们要崇尚科学，科学蕴藏力量；我们要自立自强，自强成就未来。作为"锦城"学子，你们不要拼财富，而要拼学习；不要拼关系，而要拼能力；不要靠别人，而要靠自己。大丈夫、男子汉，女同学也一样，要凭真本事吃饭！你们一定要记住：做人是人生之基，能力是生存之本。

同学们，你们要充实、高效、有意义地度过"锦城时间"，还须要牢记三句话。

第一句话，明确目标有动力。

目标是人生的灯塔，是成功的开始。没有目标的人生，既没有方向，也没有动力。美国哈佛大学做过一个调查，这个调查的样本里面有 3% 的大学生有明确而清晰的目标；13% 的大学生有目标但时而清晰，时而模糊；其余 84% 的大学生则没有目标。当这些大学生步入职场以后，最成功的就是那 3% 的人，次之则是那 13% 的人，而另外 84% 的人几乎都庸庸碌碌。可见目标之于成功有多么重要。你们的学姐、外语系要媛同学入学时就立志考研，做外交官，经过不懈努力，终于如愿以偿，今年顺利考入北大国际关系学院。所以，必须有明晰的目标，才会有持久的动力。

你们在制定目标时，既要充分考虑自己的特长和爱好，也要考虑社会对人才的需求。"锦城"提倡"长板原理"，认为一个人的成功不取决于他的短板，而取决于他的长板。因此，你们每门课都优秀当然很好，但如果你们能发展一门特长，并形成一种不易被他人赶超和替代的优势，那就更好了。同时，"锦城"强调大学教育与社会需求对接。你们已经领到了我校编著的《大学生就业岗位调查报告》和配套小册子，它是社会需求的具体化。我们希望你们对照社会和岗位的要求来制定个人的生涯规划和职业目标，只有这样，你们才能更有针对性地学习。

你们在制定个人的大目标、总目标、长期目标时，也要制定一些分目标、子目标和阶段性目标。世界著名撑竿跳运动员布勃卡在每次刷新自己保持的记录后，都将之后的训练目标提高1厘米，因此得名"一厘米王"。当他成功跃过6.25米、第35次刷新世界纪录时，他感慨地说："如果我一开始就把目标定位在6.25米，没准儿会被这个目标吓到。"这就是实现目标的智慧。

你们在制定目标时还要把"个人梦"和"中国梦"统一起来，以天下为己任，怀爱国兴邦之志，修经世济民之德，把人生目标、事业规划与强国之愿、报国之志相结合，让明确的目标引领自己前进的脚步。未来的你们不仅是各行各业的中坚，更将是实现伟大"中国梦"的栋梁！

第二句话，管好自己就能飞。

前不久有一个和你们年龄差不多，名叫吴牧天的高中生写了一本名为"管好自己就能飞"的畅销书，讲述自我负责、自我管理的体会，引起了广大青年的共鸣。他提出了一个"自我管理"的问题。自我管理就是自制、自控和自律，这是青年人成长中十分关键的一个问题。同学们经历了漫长的他律为主的时候，到了大学，环境变了，在这里你们将享受到更多的自由。你们要实现高中到大学的华丽转身，实现从他律为主到自律为主的战略转变。所以如何管住自己的问题就迫切地提到日程上来了。

一个人最大的敌人不是别人，而是自己。青年人难就难在有时候管不住自己：明知道抽烟酗酒有害健康，却还是忍不住沾染恶习；明知道酒后驾车是违法行为，却还是忍不住以身试法；明知道明天的幸福要靠今天的努力，却还是挡不住外界的干扰和诱惑。据报道，四川的某位考生以优异的成绩考上了北大，到了学校，缺乏自制，整天打游戏，因而荒废了学业，最终被校方劝退，这就是管不好自己的恶果。可以说，人生有很多遗憾都是因为没有管好自己造成的。

我校推行"三自三助三权"管理模式，给学生更多的选择和自由。提倡自主学习、自觉实践、自律管理，让学生掌握学习的主动权、生活的管理权和课外活动的安排权，但这些自由和权利是建立在自律基础上的。英国著名剧作家、诺贝尔奖获得者萧伯纳曾说："自我控制是最强者的本能。""锦城"就是要强化你们这项本能。管好自己，你的"锦城时间"就没有遗憾；管好自己，你就是"锦城"骄子，就一定能展翅翱翔！

第三句话，养成习惯，成功一半。

思想家培根有句名言："习惯是一种顽强而巨大的力量，它可以主宰人生。"当优秀成为一种习惯，成功就水到渠成。你们进入大学，有个重要任务，就是要发扬以往的好习惯，摒弃以往的坏习惯。有的同学智商很高，但学习成绩不好，为什么？就是因为习惯不好，坐不住，沉不下来。再如读书做笔记，看似是小事，但养成习惯就是大事。数学大师丘成桐先生就曾讲过："如果一个学生没有养成记笔记的良好习惯，任何学科都难以学好。"所以在锦城学院，不做笔记的课程不能算真正及格。好习惯靠养成，你们要从细节和小事做起，有目标、有计划地培养良好的学习、生活、工作习惯。习惯虽小，影响却大，好习惯如同好种子。今天，你播种下良好的习惯，明天，你就将收获光辉灿烂的人生！

亲爱的同学们，刚才我给大家讲的大学第一课就是"锦城时间"。我们为什么要如此重视时间？按照美国高质量高等教育研究小组的报告，最宝贵的教育资源之一是学生的时间，而学生的时间和精力是有限的。教育者就是要和家庭、朋友、KTV、网吧等学生日常生活中的其他力量争夺那有限的时间和精力。大量研究证明，学生投入的时间越多，付出的努力越大，他们的成长就越快，成绩就越好，前途就越光明。所以我校提出，全身心投入学习是锦城学子的第一要务。我希望，你们能够有"一万年太久，只争朝夕"的紧迫感，不仅要学习知识、研究学问，而且要培养批判性思考的能力，养成热爱生活、珍爱生命、爱护环境的品质，做一个好人、能人和全人。

高尔基曾说："世界上最快而又最慢，最长而又最短，最平凡而又最珍贵，最易被忽视而又最令人后悔的就是时间。"时间对待每个人都是平等的，但在每个人手里产生的价值却是不同的。锦城学院的特点是什么？就是让时间增值，让青春飞扬！

在这里，我要套用奥斯特洛夫斯基的话，与你们共勉：当你们毕业，离开"锦城"，回首往事的时候，能够不因虚度年华而悔恨，也不因浪费时间、碌碌无为而羞愧。你们可以骄傲地说：我充实、高效、有意义地度过了我的"锦城时间"！

现在，我愉快地宣告：你们的"锦城时间"——正式开始了！

继承孔子教育思想，弘扬孔子教育传统，为中国民办教育的复兴不懈奋斗

——在纪念孔子诞辰2564周年暨学校教师大会上的讲话

（2013年9月27日）

　　各位老师，今年有一个很重大的事情，国务院法制办和教育部出了一个草案，提议把教师节改到9月28日，得到全国人民的拥护。学界、教育界乃至全社会反响热烈，大家都非常拥护这个方案。9月28日是个什么日子呢？是孔夫子的诞辰，尽管这个时间还有点争议，但是总的来说大致都赞成这个时间。我觉得国务院法制办和教育部做这样一个更改完全有必要，为什么？因为节日至少要有三个要素：第一要有一个人物，第二要有一个故事，第三要有一些意义。譬如说西方最大的节日是什么呢？是圣诞节，圣诞节就是耶稣诞辰——有一个人物。又如护士节，是为了纪念南丁格尔，护士节这一天就是她的生日。我们中国的节日里面，譬如说端午节，是为了纪念屈原，又如七夕节，我们也编了两个人物——牛郎、织女嘛。一个节日，总得有一个人物，有一个故事，并且体现出一些意义。

　　反观9月10日这个时间却不具备上述三个要素，因此，法制办和教育部的提议一出来，大家都是拥护的。全国人民都希望教师节的日期能改到9月28日，包括我们学校，我们也通过人大代表做了

很多提案，要求改。今年，国务院法制办和教育部提议，建议把教师节改为9月28日，这无疑非常正确，非常得人心，也是非常有意义的。

一、孔子的生平、贡献、地位

孔子是我的"老乡"，春秋时期鲁国人，故乡在山东曲阜。他出生在一个低级军官家庭，父亲六十几岁的时候，母亲还不到二十岁，属于老夫少妻。孔子的母亲十八岁生了孔子，孔子三岁的时候，他父亲就死了，用古话说，叫幼年失怙。他父亲死了以后，他母亲一个人把他拉扯大，孤儿寡母啊。我常想，一个年轻的母亲能够把他的孩子教育成圣人，是很不简单的。孔子十七岁的时候，他的母亲也死了。十七岁的孔子考妣俱丧，不得不一个人直面生活的压力，为生存而奋斗，十七岁就相当于我们现在上大一这批孩子的年龄。这样一个家庭背景，能够自学成才真的不简单。

百家经典诵读大赛

历史上对孔子的评价很多，我只说三个具有代表性的人物和他们的观点，这三种评价都是非常到位的。

第一个就是宋朝开国宰相赵普，他和邓小平同志的经历差不多，他三次为相，三起三落。他讲了一句什么有名的话呢？叫"半部《论语》治天下"。这位老兄文化水平不高，跟着宋太祖打天下，后来拜相。大家都知道，宋朝是非常重视知识分子的一个王朝，有一个"不杀士"的规定，惩罚知识分子的最大办法就是把他撤职，把他流放，把他弄下台，但是不杀。大家看宋朝那么多的知识分子敢于坚持自己的意见，就是宋朝礼遇知识分子的结果。大量地重用知识分子，庙堂里知识分子就多了，这赵普就相形见绌呀，朝堂上就有这样的议论，说赵普这个老头是"老革命"，资格老，但是文化水平不高。后来，太祖的弟弟赵光义继位，就是太宗皇帝。就有人对赵光义说，这个赵普啊，读来读去只读一本《论语》，没有多少学问。太宗皇帝听了，就在一次上朝的时候问赵普："老赵啊，听说你读来读去只会读一本《论语》啊？"赵普说："是的，我知道的东西没有超过这本书的。不过，我从前用半部《论语》辅佐太祖定天下，我现在用另外半部《论语》帮助陛下致太平。"这就是"半部《论语》治天下"的出处了。赵普这个话呢，多少带着点自我开脱的色彩，然而也不失其严肃性——你们不是说我读书少吗？是的，我就读了这一本书，但是打天下、治天下的道理都在这本书里头哩。所以《宋史》记载，说赵普死后，他的家人从他的"保险箱"里找出来一本书，这本书就是《论语》，而且已经被翻得破损不堪了。这个记载可以从侧面说明赵普对孔子学说的重视。我今天上午听了我们的"百人百句读《论语》"诵读会，很多都是孔子的箴言。我心里想，如果我们真的照这一百句来做，我们学生的水平肯定会大大提高，在四川，乃至在全国，肯定都是佼佼者。

第二个代表性的人物是南宋的一个大儒，名叫朱熹。当然了，这句话并非朱熹的原创，是他转引的，据说是一个叫唐子西的人在蜀中一所邮亭上看到的，其原创者应该是一位"民间思想家"。但是朱熹对此话很推崇，而且这句话后来也很流行。是什么话呢？这句话叫"天不生仲尼，万古长如夜"，是说如果天不生孔子，万古就像黑夜一样。后来邓小平同志说："没有毛主席，至少我们中国人民还要在黑暗中摸索更长的时间。"这种表达方式，与"天不生仲尼，万古长如夜"有异曲同工之妙。为什么说"天不生仲尼，万古长如夜"呢？这就是宋儒见解精辟的地方，用当代学者钱穆的话来说就是："在孔子以前，中国历史文化当已有两千五百年以上之积累，而孔子集其大成。在孔子以后，中国历史文化又复有两千五百年以上之演进，而孔子开其新统。"孔子是一个卓越的文献整理学家，他"述而不作，信而好古"，对中华民族前两千五百年的文明，多有整理之功。为了授徒，孔子着手整理过《诗》《书》《礼》《乐》《易》等中华文化经典，并通过教育，使之得以广泛流传。后来的两千多年，特别是汉武帝"罢黜百家，独尊儒术"之后到新文化运动以前那段时间，又是孔夫子的学说主导的文化、文明。宋代是传统文化鼎盛的时代，所以宋儒们要那样说。这当然也是夸大了的，但是大的方向没有错，站在今天的立场上看，能够把上下五千年文明串起来的，恐怕也只有孔夫子一人吧。

第三个评价来自太史公司马迁。司马迁给孔子做了一个传记，在《史记》里，叫《孔子世家》。他在传记的最后评价孔子："天下君王至于贤人众矣，当时则荣，没则已焉。孔子布衣，传十余世，学者宗之。自天子王侯,中国言六艺者折中于夫子,可谓至圣矣。"意思是说,天下的皇帝君主,贤达之人多得很,那些当皇帝的、当诸侯的、当大官的,在台上非常荣耀,死了就没了。然而孔子一介布衣,到司马迁那个时候,传了十几辈了,从天子王侯到寻常百姓,判断是非都是以孔子的标准为标准的,所以最后的结论是:"可谓至圣矣!"他在给孔子做传记的时候,读了孔子的书,到山东去看了孔庙,回来以后感慨万分,他说孔夫子的学问不简单啊,比那些当大官的、当皇帝的伟大得多。

归结起来说,孔子有四个第一。

第一,孔子是中国第一位伟大的教育家。在孔子以前,学在官府,平民子弟受教育的机会不多。孔子兴办私学,有教无类,大兴民办教育,弟子三千,贤者七十二,是我们中国历史上第一个没有争议的、不折不扣的教育家。

第二,孔子也是世界上第一位教育家。能够跟孔子相提并论的,世界上还有一个人,就是雅典的苏格拉底,但是他比孔子晚八十多年。

第三,孔夫子是中国第一位伟大的思想家、伟大的政治家、伟大的教育家。前面说了他是教育家,他还是伟大的思想家,思想包括哲学、伦理学、经济学等内容。他还是文学家,是音乐学家。

第四,孔夫子是中国第一位伟大的文献学家、文献整理家。西周末期,王室衰落,诸侯兴起,文献散落在各地,如果不是孔夫子细心加以搜集整理,我们现在就很难知道孔夫子以前的夏商周时代的情况。所以孔子对中国传统文化的贡献是任何人都不能比拟的。

二、继承孔子教育思想，弘扬孔子教育传统

今天，我们纪念孔夫子，就是要继承孔夫子的教育思想，弘扬孔夫子的教育传统，为实现中国民办教育的伟大复兴而奋斗！

为什么叫民办教育的伟大复兴呢？我们知道，孔夫子是民办教育的创始人，中国是民办教育最早的国家，也曾是民办教育发展最好的国家。但是中国现在是世界上民办教育较差的国家之一。在美国，排名前十的大学，除了加州大学伯克利分校以外，其余的全是民办的；韩国大学的前五名里面只有一所大学是公办的，其他四所都是民办的；再看日本，我们的民主革命那一代的风云人物，例如陈独秀、黄兴、蔡锷、廖仲恺、李大钊等许多人都在日本民办大学如早稻田大学、中央大学、明治大学等学校学习过。中国历史上民办学校是办得很好的，例如宋代的书院——白鹿洞书院、岳麓书院，都是民办的；到了民国时期，南开大学、复旦大学等民办大学，也是办得很好的。而我们现在的民办教育可以说是举步维艰，很有复兴的必要，也完全可以复兴。

关于这个题目，我主要讲三个事情：第一个是我们要学习孔夫子"学而不厌"的精神，就是要学习孔夫子怎么样自学成才的，或者说一个三岁丧父、十七岁丧母，在这样一个困难家庭长大的孩子是怎样成为圣人的；第二个内容我要讲一讲我们要学习孔夫子"诲人不倦"的教育思想和教育精神；第三个内容要讲一讲我们要学习孔夫子和他的弟子之间亲密无间、风雨同舟的师生关系。我们要学习、继承、弘扬的就是这三方面的内容。

（一）学习孔夫子"学而不厌"的精神

我们要学习孔夫子刻苦学习的精神。孔夫子的学习，我给他分了四个阶段。第一阶段，启蒙之学；第二阶段，谋生之学；第三阶段，谋仕之学；第四阶段，老来之学。

1.第一阶段——启蒙之学

孔子从小就对礼仪十分好奇。据《左传》记载，孔子小时候就学着大人的模样，用俎豆练习祭祀礼仪，可见他对礼仪有着浓厚的、自发性的兴趣，民间有句俗语，说"三岁看老"，孔子能在长大后大有作为，这在他小时候就是有些端倪了，但可惜的是史料对孔子小时候学习情况的可信记录不多，我们只知道孔子小时候颇为好学。

2.第二阶段——谋生之学

孔子的父亲死得早，家庭生活比较困难，所以他要谋生。孔子生在陬府，他父亲死了以后，他和他的母亲就成了孤儿寡母，生活想必比较艰难。他的母亲就领着他住在一个叫"阙里"的地方。我们很难考证孔子小的时候家里的生活来源是什么，用现在的话说他母亲可能就是帮别人洗洗衣服、缝缝衣服，挣点钱养家糊口；另外一种可能是有些亲戚接济一下。不管怎么说，家里肯定挺困难。孔子曾说"吾少也贱，故多能鄙事"，意思就是说他年轻的时候地位很卑微，能干许多劳苦的事。他当过仓库管理员，也帮别人放过牛羊。当仓库管理员时，他把账目记得很清楚；帮别人放牛羊时，就把牛羊养得肥肥的。他无论做什么都做得很认真，很好，这一点非常值得我们学习。

3.第三阶段——谋仕之学

所谓"谋仕"，用现在的话说，大概就是想以一个知识分子的角色，成为一名公务员。孔子年轻时，想要进入鲁国的上流社会，所以他就非常重视"六艺"的学习。今天我们说"六艺"，有大小之分，小六艺是指礼、乐、射、御、书、数，大六艺是指《诗》《书》《礼》《易》《乐》《春秋》。孔夫子对这大小六艺都很有研究。那他是怎么学习到这么多知识和技能的呢？

先说一个故事，是讲的孔子师郯子的事情。公元前525年（鲁昭公十七年），郯子朝见鲁昭公，在一次宴会上，鲁国大夫昭子问郯子，少昊的时代，以鸟名官是怎么回事呢？郯子说，少昊是我的祖先，这个情况我是知道的，当时少昊刚立的时候，正好有凤飞来，这就是以鸟名官的起因吧。接着，郯子还向昭子详细地介绍了当时的情况。孔子听到这个消息，再也坐不住了，连夜敲开了郯子所居的门，迫切地向郯子请教关于少昊时代职官制度、典籍历史等情况。他从郯子那里学到了很多，最后感慨说，周天子那里已经没有主管这类事情的人了，像您这样有学问的人，已经散落于四方了。你看，这种抓住机会就问的精神，是不是很了不起？他能够问得出问题，就证明平时有思考、有疑问。若平时没有思考，他怎么能问出问题，怎么会产生这种迫切地追着别人问问题的冲动？

还有一个例子，是说孔子师老聃的故事。老聃就是老子，是西周时期"国家档案馆"的馆长，很有智慧。孔子要研究典章制度，怎么能不去查查档案？而且老子当时也很出名，孔子也早想去向他请教，于是就带着学生去拜访老子，虚心地向老子学习礼的知识。这种不远千里求师问道的精神，难道不值得我们敬佩？

再说一个故事，是说孔子学琴于师襄。孔子学琴学了十来天都老弹一个曲子，师襄就对他说，这个你已经学会了，可以学下一个曲子了。孔子说，曲调虽然已经掌握了，但是奏曲的技巧我还不够娴熟。又过了几天，师襄又说，我看你的技巧也够娴熟了，可以学下一曲了。孔子又说，我还没有领会这个曲子的神韵。再过了几天，师襄说，我看你已经领会了这个曲子的神韵了，可以换一支曲子啦。孔子说，不，我还不知道这个曲子的作者是谁。他为谁而作，在什么情况下作的这个曲子。他继续弹、继续弹，直到有一天，孔子抬起头，若有所思地说，我已经体察到作者的风貌了。这人肯定长得高大，一表人才，庄重严肃，一心救国救民，这个曲子除了周文王，谁能做得出来呀？师襄一听，哎呀！老孔呀，我的老师传授此曲时，说这曲子就叫《文王操》啊。你怎么能体会出来呀，太不简单了！你们看，孔夫子学习一个东西，追根究底，不达到融会贯通决不罢休，这就是我们学校"止于至善"的精神啊。

4.第四阶段——老来之学

司马迁《史记·孔子世家》说孔子晚年喜欢研究《易》，以至于韦编三绝。孔子曾说："假我数年，若是，我于《易》则彬彬矣。"足见其潜心钻研的程度。还有一个故事，说叶公问孔子于子路，子路不回答。回来给他的老师说，叶公问我您是个什么样的人。孔夫子说，你怎么不告诉他说，"其为人也，发愤忘食，乐以忘忧，不知老之将至"。看书，做学问，连吃饭都忘了，这就是我们讲的"全身心投入"的精神呀。

我总结一下上面说的意思：孔夫子从小时候起就不断地坚持学习，对自己学而不厌。他有一个优点，就是学习什么，非要学到底，学会了才肯罢休。同志们，这难道不值得我们学习吗？

（二）学习孔夫子诲人不倦的精神

第二段，我们要讲讲孔夫子的诲人不倦。我想从几个方面来讲：

1.孔夫子的教育思想

像《论语》《孔子家语》等记录孔子言行的书很多，涉及他教育思想的书也很多。我这里讲比较有代表性的两句。

第一句，"有教无类"。"有教无类"是什么意思呢？就是人人都有受教育的权利。就是习近平总书记最近说的，让人民群众有机会享受优等优质的教育。孔子的做法就是：只要交最低的学费（一说是见面礼）——一束干肉，就可以到我这里来学习，不管你是当官的子弟、平民的子弟，不管你家里是富有还是贫困，我都教你。这件事现在看来可能并不稀奇。但是，在2500年前，整个社会的风气是贵族有受教育的权利，贫民没有受教育的权利。在这种情况下，孔夫子提出"有教无类"的思想，真是伟大的创举。据钱穆先生考证，一束干肉是当时学费当中最低的了。当然，有钱的可以多交，那个时候没有什么物价局给他核定收费标准，比如说孟懿子是一个大夫，他的小孩要到孔夫子那里去读书，恐怕就不止一束干肉，孔夫子要出去考察，他兴许还会赞助一笔路费。但是，对于没有钱的贫家子弟来说，一束干肉就可以。因此，我们可以说，孔夫子是我国平民教育的开创者。

第二句，"君子不器"。器，就是器物的器，是一种特定用途的工具。孔夫子说，我培养的是人而不是工具。孔子办教育的培养目标是把人培养成君子，而不是仅仅让学生学会一些知识。我们知道，孔夫子是很注重"人之所以为人"的培养的。用今天的话来说，就是很有人本思想，提倡"自由教育"，强调通识教育和专业教育相结合。你们看"六艺"里面是不是有通识教育啊？现在我们的学生都愿意学会计，财会系成了我们学院最大的系，但学会计的同时还要学音乐、学礼仪，因为我们不是要培养财会工具，而是要培养人，这叫通识教育，孔夫子很早就有这个思想了。

2.孔夫子的教育态度

子曰："知之为知之，不知为不知，是知也。"意思是说，学习知识要实事求是，不要不懂装懂，这才是真正的智慧。这是他教育学生的话，但我们当老师的也应该有这样一种态度，不要背上"权威"的包袱，以为自己非得什么都懂，不然就不是好老师。韩愈说："弟子不必不如师，师不必贤于弟子，闻道有先后，术业有专攻，如是而已。"就像一个很有名的教授可以在学生面前说，你这个问题我还没有弄懂。这个是不为过的，也不是什么水平低，而是实事求是的态度。

孔夫子特别强调"知之者，不如好之者；好之者，不如乐之者"。这里面有三种层次，三种境界。第一个是知之者，第二个是好之者，第三个是乐之者。根据学生的情况，有的只能是知之者；有的是好之者，喜欢这东西；有的是乐之者，以学习为快乐。我们为什么要鼓励计科系搞慕课试点？就是利用学生喜欢玩电脑、玩手机的特点，让他们借着电脑、手机这样的途径，喜欢上学习，也可以说是"寓教于乐"。文传系在这方面也做得比较早，搞了一个"海量平台"，也很好。我们的在线教育就是为了把知之者变为好之者，好之者变为乐之者。

孔夫子非常珍惜时间，我在开学典礼上讲的是"锦城时间"。子在川上曰："逝者如斯夫，不舍昼夜。"意思是时间就像大河一样的流去了，不抓紧什么也搞不成啊。

3.孔夫子的教学内容

孔夫子的教学内容，《论语》和有关的书上都讲得很多。《论语》里说："子以四教：文、行、忠、信。"文就是文化，行就是德行，忠就是尽己，信就是讲信用。子以四教，指孔子从四个方面教育学生。我校实施"三讲三心"明德教育，"一体两翼"知识教育，"三练三创"实践教育，不是以"四教"，而是以"三教"，但内涵比起孔夫子的时代是要丰富多了。

百人百句读《论语》活动

又有一种观点说，孔夫子以六艺为教。中学以下叫"小六艺"，礼、乐、射、御、书、数；上了高中、大学叫"大六艺"，《诗》《书》《礼》《易》《乐》和《春秋》。后来，《乐》毁于秦火，就此消亡了。现在我们叫"四书五经"，实际是"四书六经"才对。《论语》里记载了好些故事，都是能够反映孔子当时的教学情况的。举个例子，子曰："不学《诗》，无以言""不学《礼》，无以立。"就是教

《诗》、教《礼》时说的话。孔夫子动员很多人学《诗》，也动员自己的孩子学诗，他站在院子里，他的孩子孔鲤见了，趋而过庭。他说，停下来，我问你，学《诗》了没有？孔鲤说，没有。孔子说，你回去学，不学《诗》你怎么会说话啊。这些个片段都很生动，过去了几千年，我们仿佛还能见到孔子当时授业时的情貌，"其人虽已没，千载有余情"啊。

4.孔夫子的教学方法

孔夫子不但有开创性的教学思想、教学态度、教学内容，而且更讲究教学方法。现在我们所讲的方法很多都是孔夫子发明的。比如，讨论法就是孔夫子发明的。孔夫子的教育过程不是照本宣科，而是让学生提问、跟学生讨论。我们"十种学习法"中的"学思结合法"，也是从孔夫子那里来的，是所谓"学而不思则罔，思而不学则殆"。孔夫子说："吾尝终日不食，终夜不寝，以思，无益，不如学也。"意思是说，我曾经整天不吃饭，不睡觉，冥思苦想，也没有想出些什么名堂来，怎么办呢？不如直接去学习，学习完了再思考也不迟嘛，这是孔夫子讲他的求学经历，自然也是给学生讲学习和思考的方法。又比如我们的温故知新法，也是从孔子那里来的。子曰："温故而知新，可以为师矣。"孔夫子是一个好老师，但更是一个好的学习者，他从自己的学习活动中领悟、总结到了很多有效的学习方法，并注意将这些方法传授给学生，也算是我们今天所说的"授人以渔"吧。

"因材施教"是孔夫子在教学方法上的最大发明。子路和冉有问孔子同样一个问题，知道了就要去做吗？但孔子的答案却是不一样。对于子路，孔子说，听到了还要去征求父兄的意见；对于冉有，孔子说，听到了赶紧去做。另一个弟子公西华听了很迷惑，就问孔子是为什么？孔夫子说，子路这个人有点莽撞，为了慎重起见，要征求父兄的意见，再有性格优柔寡断，所以让他听到了就赶紧去做。这便是有针对性，因材施教。

不同的学生有不同的特点，尽管大家都考上了大学，但是有的人英语好，有的人文学好，有的人数学好。我们必须因材施教才行。我们曾经提出人才培养的"长板原理"，说一个人要注意发现、发展、发挥他的"长板"，短板过得去就行了。我现在找到了证据了。毛主席就曾经说过："在学习上不要搞什么五分，也不要搞二分，搞个三分、四分就行了。"我们讲的大致也是这样。门门课都考5分，那自然好，但是不容易做到，做不到门门课都考5分，但在某些方面有特长，可以考7分、8分，我看也很好，在学生叫顺应天性，在老师叫因材施教。

再比如启发式教育。举一反三，也是孔夫子发明的。子曰："不愤不启，不悱不发，举一隅而不以三隅反，则不复也。"这就是"启发"二字的出处。颜渊说："夫子循循然善诱人，博我以文，约我以礼，欲罢不能。"教育就是要"循循然善诱人"，要发挥教师的主导性，要尊重学生的主体性。孔夫子肯定没有学过什么"主导性""主体性"，但能够天才地洞察并真正地做到这一点，真是不简单！

"教学相长"也是孔夫子发明的。有人说孔夫子是"师道尊严"，似乎不许有不同意见，这是不对的。子曰："三人行，必有我师焉。"子曰："见贤思齐焉，见不贤而内自省也。"子曰："当仁，不让于师。"在"仁"这个大是大非的问题上，你不必谦让你的老师。这难道不是鼓励学生坚持自己正确的意见？

同志们，孔夫子的这些教学方法，有的我们已经写到咱们的书上去了，有的我们还要进一步学习。我看我们在座的老师都要好好学，"半部《论语》治天下"，咱们治不了天下，就来个"一部《论语》治'锦城'"嘛。

（三）学习孔夫子与弟子亲密无间、风雨同舟的师生关系

《史记》上说，孔夫子弟子三千、贤人七十二，他教育了很多学生，这些学生在政界、商界、文化界都是很活跃，有的是非常有作为的人物，他们和自己的老师孔子之间，有非常好的师生关系。

孔门的师生关系，我从两方面讲，一方面是讲孔夫子怎样对学生，另一方面是讲学生怎样对孔夫子。

1.孔夫子对学生非常了解，关爱有加，严格要求，平等切磋

第一，孔夫子对学生非常了解。所谓"柴也愚，参也鲁，师也辟，由也喭。"不同学生的特点，他是了然于胸的。我们现在有一个问题，就是辅导员不太了解学生，教师也不太了解学生，这是不好的。我们要逐步加大教师对教书育人的作用，把辅导员的功能和教师的功能结合起来。我很赞赏清华老校长蒋南翔的做法——教书育人双肩挑，不搞思政工作和教学工作两张皮，所以我们的辅导员是"四项职能"。我还支持各系逐步把教师与辅导员的职能统一起来，教书育人双肩挑、一起抓，让大家负起更大的责任。

第二，他对学生关爱有加。他的一个学生叫冉伯牛，得了传染病，老头子不顾被传染的危险，从窗子外伸进一只手去慰问他。又比如说，他最得意的学生颜回死了，孔夫子号啕大哭，说这是天要我的命啊。这些言行，都是真情流露，体现了孔夫子对学生的关爱之深，感情之深。

　　但是，孔夫子对学生也是严格要求的。最有名的就是宰予的故事了。这小子白天睡觉，孔夫子见了，很气愤，说："朽木不可雕也，粪土之墙不可圬也。"意思是说你这个浑小子，白天睡觉浪费光阴，朽木不可雕啊。你们又看他对子路，很多时候也是批评得很不客气，什么"野哉由也"，算是很不客气了。但是子路这人还真能听进去，一直很拥护他的老师。可见学生不是傻瓜，老师是不是真心对他好，他其实是很能够感受得到的。

　　孔夫子对学生既关心又严格要求，遇到了问题还能平等地切磋，有些时候还开个玩笑。说孔子的某学生在一个地方当一个小官，孔夫子说，音乐有助于维持社会秩序的稳定。他的学生就经常用音乐来教育那里的公民。孔夫子带着几个学生去考察，听到那个小地方居然还有弦歌之声，他莞尔一笑，说，杀鸡焉用牛刀，你这个小地方还用这样搞啊？他学生认了真，回答说，老师不是说过吗，音乐是教化最有力的工具，用音乐来教化老百姓，老百姓就会守秩序，讲文明。孔夫子一想，自己是说过这样的话，学生说得对。于是就转过身对陪同人员说，你们几个注意啊，他说的话是对的，我刚才只是开个玩笑。实际上他是委婉地承认错误。从这个故事，我们可以看出，孔夫子跟学生之间是平等切磋的关系，而不是以地位和权威压人。

　　2.学生对孔夫子尊重崇拜，忠心追随，维护威信

　　有人说孔子的名气是后人吹出来的，我看了资料，不对的。孔子在世的时候，在社会上就已经有很大的名气了。大家都认为他是圣人，他到过很多国家，许多国家的国君都向他问政、请益。《孟子·公孙丑》里记载宰我说，根据我对老师的观察，他已经远远超过了舜和尧。子贡说，即使从百世之后来讲，无论哪位君王，也不能违背孔子

之道。还有一个学生叫有若，他说，自有人类以来，没有比孔子更伟大的了。孟子认为宰我、子贡、有若他们的智慧足以正确认识问题，他们的品德还不至于对喜好的人阿谀奉承，认为他们的说法都是实事求是的。这说明什么问题？说明孔子在世的时候，他的学生对他尊敬有加。正是因为孔子学高为师，身正为范，对学生又关爱有加，所以学生才对他尊重、崇拜和追随。

我常说，师和道是结合在一起的。不尊师，谈不上重道。韩愈的《师说》里讲："道之所存，师之所存也。"我再三强调老师要有道，学生要尊师重道。孔夫子说，称我为圣人或者仁人的话，我不敢，我不过是诲人不倦而已。他的学生公西华就接话说，这正是弟子学不到的啊。对老师的敬仰之情溢于言表。又比如颜渊叹说，我的老师"仰之弥高，钻之弥坚；瞻之在前，忽焉在后"，这是对孔子发自肺腑的赞美。孔夫子则说"君子有道者三"，他不能做到。这三个道是什么呢？就是"仁者不忧，智者不惑，勇者不惧"。子贡说，这是"夫子自道也"，意思就是说，老师就是做到了的。可见他们多么尊敬他们老师啊！另一个学生仲弓问"仁"，孔子说："出门如见大宾，使民如承大祭，己所不欲，勿施于人，在邦无怨，在家无怨。"仲弓听了，说他自己"雍虽不敏，请事斯语矣"，也就是我虽然不聪明，但是我肯定照老师的话来做。你看，当时孔夫子教育学生，学生都是心悦诚服的，真正是"亲其师，信其道"。

学生不但崇拜孔子，而且还追随他。大家知道，孔子在鲁国做过大司寇以后，因为跟鲁国的季桓子那帮人处不好，就辞职周游列国。孔子一边走，一边收徒讲学，一边和当地官员讨论怎么治国，有很多学生追随他。我估计孔门当时是个松散的团体，来去比较自由，走到这个国家可能来了一帮子学生，走到那个国家可能又是另外一帮子学生，但是总有一些人是不离左右的。孔子一路上危险也不少，在宋国的时候，有个叫桓魋的人要杀孔子，很危险。有时候，孔子师徒没有饭吃，甚至有人饿得站也站不起来，用孔子的话来说，"累累若丧家之犬"。在这样的情况下，还有那么多学生追随他，这就叫矢志不渝。老师们，如果你们到其他的省份去讲学，还有十几个学生追随你，不离不弃，你也不简单啊。

此外，孔子的学生还注意维护老师的威信，维护老师的人格。《论语》里有一段说，子服景伯告诉子贡，说叔孙武叔在朝堂里说，子贡比他的老师强，就是"子贡贤于仲尼"。子贡怎么回答呢？他用了一个"譬如宫墙"的比喻，说我这堵墙只不过人头高，所以你一眼就看到里面了，而我的老师的墙有几丈高，"不得其门而入，不见宗庙之美，百官之富"。说你叔孙武叔根本看不到我的老师的伟大之处，不可以诋毁我的老师。你们看，他的学生如此维护他的威信。还有一个故事，也是这个叔孙武叔诋毁孔子，孔子的学生子贡说："仲尼不可毁也。他人之贤者，丘陵也，犹可逾也；仲尼，日月也，无得而逾焉。"还是在维护孔子的威信。又有一个叫陈子禽的人给子贡说，说是"仲尼岂贤于子乎？"——你老师难道比你强吗？子贡回答说，"夫子之不可及也，犹天之不可阶而升也"，我赶不上我的老师，就像不能踏着台阶到天上去一样……以上这些事例，都在说明孔子的学生很注意维护他们的老师，不允许别人诋毁自己的老师，这些都是发自内心的。孔夫子死后，他的学生到墓前守孝三年，子贡则守孝六年。同志们，师生关系能如此亲密无间，确实难能可贵啊。

我们现代还有一个人做得好，就是中山大学历史系教授刘节。若按照行政职务，他是陈寅恪的领导，但是却对陈寅恪执弟子礼。"文化大革命"的时候，陈寅恪已经双目失明了，行动不便，还被扣了顶"反动学术权威"的帽子，造反派要斗他，这个刘节就站出来说，我代替我的老师挨斗，你们就斗我吧！批斗大会完毕，红卫兵问刘节有何感想，他回答说，我能代表老师挨批斗，感到很光荣。这段师生情真是了不起！当然，没有陈寅恪这样的大师，怎能教出这样的学生啊？

孔夫子有这样的吸引力，是什么力量？师道的力量！而不是行政权威的力量。这个大家一定要注意，他那个时候没有什么级别，不是校长、系主任，没有什么行政权力，不给学生发毕业证，组织本身也较松散，学生可来可走。那么凭什么有吸引力？就是道德、人格和学问，这就是凝聚力、向心力、软实力！总是有学生慕名而来，孔夫子把孔门变成了大家庭，他的学生以父母之礼对他，我们现在同学之间称"师兄弟""师姐妹"，称老师为"师父"，称老师的夫人为"师母"，实际上也是一个大家庭。

各位老师，我们放眼全世界所有国家的人，都在维护他们的本土文化，都在维护他的老祖宗，都说他们的老祖宗是伟大的。譬如，欧洲的中世纪很黑暗，冤假错案很多，但是欧洲人说他们的祖先是最文明的。他们找到了苏格拉底，找到了柏拉图，找到了亚里士多德。实际上，柏拉图也把人分成等级，也重男轻女，雅典的女性也是没有选举权利的，但是人家就没有说自己的老祖宗一塌糊涂。我们凭什么对自己的老祖宗横挑鼻子竖挑眼呢？每个时代都有局限性，我们不能拿现在的有些观点去苛责古人。有位国外汉学家就说他一直不理解，为什么中国的知识分子不维护本国的文化。一会儿说东洋好，一会儿说西洋好，留过日本的说日本好，留过苏联的说苏联好，留过美国的就说美国好，大家都说别人好，唯独不说中国自己的好。

中华民族的伟大复兴一定包含着中华文化的伟大复兴，我们一定要有文化自信。我们现在在全世界建孔子学院，让中华文化传遍全世界，很好。有人写文章说，我们现在与东亚、东南亚的关系不如古代，其中一个重要原因是中华文化圈在衰落。想当年，这都是我们的中华文化圈。现在日本语里汉字仅占30%左右；韩国文字里面一个汉字也没有了，而1945年他们发表的官方文件里面大部分都还使用汉字。我们自五四运动以来，很多知识分子说我们自己的传统文化一塌糊涂，必须全都否定。这个谬论太荒唐了！每个国家、每个民族都有一个发展的过程。我们都不是天上掉下来的，我们都应该认祖归宗。什么叫祖国？我看过一个解释最简单也最好——老祖宗住的地方就叫祖国。

我们"锦城"的教育既要现代化，又要继承传统；既要科学民主，又要忠孝仁爱。用近代的说法就是"学贯中西"。我们要进一步继承、发扬孔夫子在教育方面的光荣传统，发扬我们中华民族文化中最优秀的部分，把锦城学院办成一个具有鲜明中国作风和中国气派的杰出高校！

谢谢大家。

爱护学校的声誉就是爱护学生的前途

——在全校学生会工作座谈会上的讲话

（2013年10月21日）

今天，各系学生会和团委学生会在一起召开座谈会，对各自的工作进行了交流。有一些工作做得很好，很有创新。总体来说，作为学生自我管理和自我服务的组织，学生会的工作是发挥了积极作用的，是值得肯定的。

现在，党的新一届领导班子提倡领导干部说真话，不说假话、套话。习近平、李克强、王岐山都曾在会议上要求不准念稿子，要讲实在话。朱镕基总理以前开会也是从来不念稿，总是言简意赅，条理分明，逻辑严密，数字准确。开会不念稿首先要从你们学生干部练起。我希望以后你们开这样的交流汇报会都可以不念稿，也不穿靴戴帽，从实际工作经验和成果谈起。当然，所有的交流汇报内容首先来自你们对于学生会工作的了如指掌，要先做好功课，这就是"台上一分钟，台下十年功"的道理。所以，你们看，今天我跟大家的交流讲话只是列一个提纲，不会照稿念。我只在十分正式的典礼和大会场合，为了严谨和体现仪式的庄严性，才会很正式地念稿子。

言归正传，各位同学，你们一定要清楚，共青团、学生会是我校最重要的学生组织。这样的组织必须办好，也只有办好，才能发挥它们最大的作用。我在2005年建校之初，在校学生会成立大会上就曾给大家讲过学生会的重要作用。今天，我想重点给大家讲三个问题。

一、明确权力的来源、组织的功能

学生会干部首先应当认识到，权力源于群众、源于组织。学生会应当为学生服务，为实现学校的人才培养目标服务，这就是习近平总书记说过的"权为民所赋，权为民所用"。学生会干部是学生选举出来的，所以要为学生服务；学生会是学校同意并支持设置的，所以要为学校服务。学校的人才培养目标与对学生服务是一致的，为学生服务和为学校服务也是一致的。

锦城学院第十次学生代表大会

学生会干部绝不能做"学生官"，就好像城管不能把自己当成

"城官"一样。城管当然应该严格执法，但他若把自己当成了"城官"，甚至暴力执法，那么，他的角色定位就大错特错了。同样，学生会干部也不是"学生官"，你们如果认为自己是来管学生、高人一等的话，那你就不宜当这个学生干部。学校就是要培养你们做"人民公仆""学生公仆"的精神，"学生公仆"就是要为学生服务，为学校服务。

有篇文章说，美国的大学就像是一个小社会，学生社团在校内要"合法"，而学校的规章制度就等同于校内"法"。你们可以根据学生的爱好特长不同举办不同的社团，但是在组织活动时首先要合乎学校的规章制度。

我们要求为学生服务，为实现学校的人才培养目标和办学目标服务，要使二者一致起来。但是，有时候，个别学生的愿望不一定都与学校的目标一致，比如有的学生想混大学，不读书，不听讲，宅在宿舍打游戏；有的学生夜里12点了还不返校，在外面喝酒、唱KTV；有的学生拿着早餐进教室上课，吃完了在教室里随处乱丢，我们就不能一味迁就。有的学生认为学校的规章制度限制了他的自由，似乎上了大学就是想干啥就干啥，不受任何约束，这也是不对的。我们的学生干部、学生会和社团组织要正面引导，开展批评与自我批评，使学生的行为与学校的培养目标一致起来。

二、发挥组织的作用，做好表率，严格自律，当好桥梁

关于学生会、学生干部应当如何发挥作用，做好工作，这里我想强调三点。

（一）学生干部要起好带头表率作用

所有的学生干部都应当起好带头表率作用，这是取得干部任职资格的基本条件。你们首先要带头遵守学校的规章制度，譬如要按时起床、晨跑、晨读、上课和休息；你们还应当充分利用我们的图书馆学习，带头多读书，读好书；对于学校布置的各项工作，你们应当带头做好；对于学校提倡的学习风气、校园文化，你们更应当带头示范，并且尽最大可能去感染和影响其他同学，让所有"锦城"学子都能形成良好的学习风气。孔夫子说"其身正，不令而行；其身不正，虽令不从"。你们都不能自身端正、做出表率，又凭什么去要求别人呢？你们要是带头示范，端正行为，不用你们三令五申，大家自然会耳濡目染、潜移默化地向你们学习。就像部队打仗一样，干部冲在阵前，大声说"跟我上"，带着战士一起冲锋陷阵，战士们才会士气高昂，愿意一起抛头颅、洒热血；你要是贪生怕死、临阵退缩，给士兵们说"给我上"，士兵们凭什么为你赴汤蹈火、出生入死？身为学生干部，首先要起好带头表率作用。

（二）严格自律，发挥学生会自律、自治的作用

同学们，你们已经是成年人了，成年人就应当对自己的行为负责。现在学生当中有三种不良行为，学校一直在做工作，但是一直没有得到妥善地解决，问题还相当严重。

首先是晚归。到夜里12点了，还有少数同学在外面喝酒唱歌，不回学校。有个别学生甚至更恶劣，晚归进校要登记，他竟然撒谎，

"假冒"其他系的学生，根本没有诚信可言。针对晚归这个问题，你们学生干部是不是可以在寝室里先带个头？你们是不是可以指出晚归可能造成哪些不良后果？现在读书时吃喝玩乐，今后工作了就难以成就事业。你们要理直气壮地反对学生当中出现的不良倾向，在学生当中树立正气。

团干大会

其次是早出。周一到周五都是行课时间，可有些同学就是要在教学时间、上课时间离校。出去干什么？大部分人还是吃喝玩乐，走走逛逛。我今年给新生的讲话题目是"锦城时间"，你们在"锦城"的时间有四年，行课的时间还不到四年，时间是十分宝贵的，古话说"一寸光阴一寸金"。我们曾经去加拿大和美国调研，周六的傍晚，大学的图书馆里都是满的，大家都在认真阅读。可是我们就有学生在行课时间里还想着怎么能去犀浦镇上聚个餐、唱个歌。犀浦镇的吸引力有那么大吗？还有些同学抨击学校的管理，说什么"锦城高中""锦城是一所来了就走不脱的大学"等。我想告诉你们，我当年读大学时，周一到周六都是上课和学习，只有周日是休息日，但是我们通常都是周日上午在图书馆读书，周日下午才出校置办一些生活用品或者整理一下个人内务。你们学生会的干部要正面引导和教育同学，让他们能够把精力更多地放在学习上。

再次就是乱丢垃圾。我们的"锦城"文明习惯"八要八不要"中早就规定了"要讲究卫生，爱护环境，穿戴整洁，不随地吐痰，不乱扔杂物"。可是现在做得并不好。上午一、二节课后教室里就堆满了垃圾。为什么就做不到不带食物进课堂呢？有的同学吃完早点随手就把纸杯、纸盒放在课桌下面；有的同学喝完饮料随手就扔在教室；还有的同学看到教室里垃圾堆积如山，但是自己视而不见，在这样的环境下你能安心学习吗？从小处可以见大处，从一个人的一个小行为就可以看出他（她）是否具有责任感和良好习惯。你一屋不扫，何以扫天下啊？有人说，我搞脏了，请清洁工来清理嘛。这种思想就更要不得了，自己的宿舍、教室为什么不能自己搞卫生？这在很多中小学都是做到了的，为什么大学反而做不到了？退一步讲，就是请了清洁工，你也应该尊重别人的劳动啊。我再给你们讲一家企业招聘员工的故事。公司人事部设计了一个小环节，面试办公室里有一处随意扔在地上的废纸团，看哪位面试者会有意将它捡起并扔进垃圾桶，说明他是一个能做好细节的人。结果，很多面试者都是视而不见，只顾自己流利应答，不见垃圾影响室容，只有最后一位面试者进去后首先主动弯身捡起了废纸团并扔进了垃圾桶。面试官说，你通过了。在著名的英特尔公司就有一个"清洁先生"的检查制度，每个月一次，由资深经理负责检视公司各个角落的整洁、卫生状况，并评定分数。所以，养成良好的行为习惯，不乱丢垃圾，不仅仅是遵守学校提倡的风气，更重要的是对你们自己礼仪的养成和修养的陶冶！

以上三个"顽疾"是让我最头疼的问题，我希望我们的学生干部都能带个好头，共同来解决这些"顽疾"。而这三个问题实际上涉及了纪律和自由的关系。同学们，有组织不能没纪律，有集体不能没规矩。很多企业员工上下班要打卡，报社记者外出采访要请示，学生出校门就要向老师请假，这是普遍的正常的管理，试问，没有交通规则，让你在路上随意开车，行吗？这是对自己和他人生命安全的不负责。没有上下课制度，没有按时就寝制度，行吗？这是对自己和对他人学习生活的不负责。所以，哲学家黑格尔早就说过："纪律是自由的第一条件。"先要有集体的纪律，然后才能实现个人的自由。教育家夸美纽斯在《论学校的纪律》里也说道："学校没有纪律犹如磨盘没有水"，"学校取消了纪律，你就是剥夺了他的发动力"。北大以前的校规也很严格，甚至要求过学生不能谈恋爱，谈恋爱就开除学籍。哈佛大学也曾因抽烟问题处分过林肯总统的儿子。所以，无论哪所学校都是有纪律的。你们要清楚，我们学校提倡的"三自三助三权"就是自由，陈寅恪先生提出的"独立之精神，自由之思想"就是自由。我们更多讲的是学术自由、表达自由，在法制和道德范围内的行为自由，而不是所有行为都可以随心所欲。自由与纪律是相辅相成的。谁要行使自己的人身自由，就必须首先尊重他人的人身自由；谁要行使自己的言论自由的权利，就必须遵守不诽谤他人、不造谣惑众的纪律！所以，我希望你们落实学生会的职能，起到带头示范作用，严格自律，明确秩序与自由密不可分，发挥学生会自治自律的作用，采取措施共同纠正部分学生晚归、早出、乱丢垃圾等不良行为。

（三）发挥桥梁纽带作用，做好信息沟通

学生会要做好学生和学校之间的桥梁，发挥纽带作用。同学的动态和正当的要求学生会应当及时反馈给学校，同时也要向同学们宣传学校的办学思想、制度、意图。事实上，校园正常教学生活秩序的维护，各项规章制度的彻底实施以及各项中心工作的顺利开展，都离不开学生会的桥梁纽带作用。具体来说，在校园管理中，学生会就应该起到参与、联络、宣传、带领、服务、督促、落实、反馈的作用。当前，沟通学校和学生，配合学校，共同建设不骄不躁、积极向上的严谨学风，是学生会首要的任务。而学风建设等重大问题本身则需要在深入调查研究的基础上，"从群众中来，到群众中去"。

任何一个单位都有优点也有缺点，不可能完美无缺。作为其中的一分子，我们要以主人翁的心态投入其中，共同为单位的建设发展出力。学校也一样，有些同学不能只看到学校的缺点，不关注优点，有的同学还很偏激、武断，希望学生会能向他们多做一些沟通和解释。

三、爱护学校的声誉是全体师生的共同职责

学校的品牌和声誉既要靠大家来共同创造，也要靠大家共同维护。我举个例子，你们知道延安抗大吗？就是在抗日战争时期，由中

国共产党创办的培养军事和政治干部的学校。那个时候，条件十分艰苦，住的是窑洞，用的教材是自己刻蜡板油印的，上课有时在露天，学员坐小板凳。但学生个个发愤图强，争分夺秒学习政治、军事知识，他们的校训是"团结、紧张、严肃、活泼"。

刚才说的是现代史上的国内学校，那我们再看看国外学校。英国最著名的贵族中学——伊顿公学已经有500多年的办学历史。它被公认是英国最好的中学，是英国王室、政界经济界精英的培训之地。这里曾造就过20位英国首相，更培养出了著名诗人雪莱和经济学家凯恩斯。伊顿公学每年250名左右的毕业生中，70余名进入牛津、剑桥，70%进入世界名校。当然，伊顿公学的严格校规和训练也是出了名的，而学生们遵守校规，接受严格的训练，也是维护学校声誉的体现之一。

各位同学，维护学校声誉是全体师生的神圣使命，爱护学校声誉就是爱护每一位学生的前途！任何人、任何团体、任何媒体都不能无端无理地挑衅我们"锦城人"的声誉和前途！我们严格管理，有人就说三道四。如果有些东西，诸如文明礼仪呀、遵纪守法呀、良好习惯呀，你在小学、中学没学好，到"锦城"来补补课，继续接受教育，有什么不好？大学教育既是一个更高的层次和阶段，也是中小学教育的延续，不可能决然分开。任何人不能用捏造的东西来"爆料"，那是造谣诽谤；也不能发表一些恶意中伤学校的网络言论。对于社会上一些不负责任的媒体和个人对学校的栽赃、陷害、诽谤、中伤，全体师生决不能听之任之，都应同仇敌忾，奋起反击，直到他们认错道歉为止。学校的声誉涉及每一位教职员工的尊严和广大学生的前途。学生干部要做好两件事，一是要在维护学校声誉的斗争中站在前列，一是用实际行动为学校赢得声誉。

最后，祝贺大家在工作中取得的成绩！同时，我校学生会的发展建设还任重道远，希望大家都能以主人翁的姿态为学校建设作出更大的贡献！

"从严治校,三不放水",努力提高人才培养质量

——在全校教职工大会上的讲话

(2013年11月15日)

今天,我主要讲三句话:第一句话,要求教师对学生学习过程考核不放水。第二句话,要求教师对学生期末考试不放水。第三句话,要求学校对教职员工的考核不放水。所以我今天讲话的主题就是"三不放水"。

为什么要讲"不放水",那是因为我们的社会和我们的高等教育界有些"水"。什么是"水"?"水"就是泡沫化,就是"豆腐渣工程",就是质量不好。什么是"放水"?"放水"就是弄虚作假,就是凑合应付,就是做的事情含金量低。有人写文章讨论中国人缺什么,说中国人最缺的是规则意识,你看社会上有的公务员不讲公务员的规则,有的企业家不讲企业家的规则;有的学校里,做教师的不讲教师的规则,做学生的不讲学生的规则……不按照规矩办事,说谎、作假、走过场、舞弊之风盛行,从过程到结果,从产品到学术,掺水严重。

拿现阶段中国的大学来说,虚假的东西也是不少的。有大学毕业生写文章,说自己毕业了,却发现在大学里什么东西都没有学到。当然,这句话是说过头了,但他说的意思是大学教育放了水。同样

一个学生，为什么到了国外的大学，就说改变了我的一生呢？我认为一个重要的原因是国内的教育有点儿"水"，没有给学生适当的压力，学生读不读书、做不做作业都能把大学"混"过去。怎么"混"过去的？靠老师"放水"，具体来说就是平时不严格要求，期末考试前，老师指重点，漏考题，学生搞突击，甚至舞弊；还有就是老师乱给过程分，不实事求是，把过程分当作是"扶贫济困"，或者"照顾人情"的手段。这些都是严重的"放水"行为，起到了很坏的导向作用。

锦城学院教师在课堂上认真教学

中国有句古话——严师出高徒。我也有一个观点："优教严管是人才培养的必由之路。"着眼点都在一个"严"字，治校治教都应如此。最近，学工部专门做了一个学风调查，调查结果显示：有一个专业的学生做作业做到很晚，晚上十一点半寝室熄灯了，还在楼道里接着做，而同样一个系的其他专业的学生却说我们没有事情干。由此可见，老师要求严格与否，会引起学生的分化。部分学生没有事情干，又是怎样打发时间的呢？据统计，周一到周五行课时间，每天都有接近 800 名学生浩浩荡荡出校门，最高峰时曾达到 1200 人。到哪里去？到犀浦去。干什么？吃饭、唱歌、逛街、购物（当然也有部分学生是出去办正事的）。有的出去逛一会儿就回来，有的出去了还要晚归，喝醉了往校门口一躺，保卫部一见到就赶紧派车送医院。这种吃喝玩乐、醉生梦死的现象是怎样产生的？原因当然很多，但是肯定有很重要的一条，那就是我们的管理还不够严格，导向还不够有力，学生没有感到学业的压力。

管理的严格与否直接关乎学生的行为、学校的风气。如果我们的学生都是一股子纨绔之气，热衷于吃喝玩乐，而舍不得下苦功夫学习，我看这样的学生前途堪忧。大家都知道，清朝刚刚兴起那阵子，努尔哈赤、多尔衮那代人，都还算朝气蓬勃，但是到了晚期，就只剩下一群纨绔子弟了。你们看电影上，那些人整天提着个鸟笼子，到处斗鸡、玩鸟、斗蛐蛐，见面就"三爷""五爷"，呼朋唤友，喝口酒，听支曲儿什么的，浑浑噩噩地过日子。用《论语》里的话来讲，就是"饱食终日，无所用心"啊！那是一股子纨绔之气、懈怠之气、迟暮之气，这就是清王朝行将就木时的景象。我看现在有些学生身上就有这些不良之气。古人讲治国，说"生于忧患，死于安乐"；讲为政，说"忧劳可以兴国，逸豫可以亡身"；讲成长，说"艰难困苦，玉汝于成"；讲治学，说"业精于勤荒于嬉"。多么明显的道理啊！我们的学生要是把大学当成是安乐窝，就知道向父母要点儿钱，然后到外面去喝酒、K 歌、瞎逛，不学无术，能有什么前途？

我说了这么多问题，归根结底是什么问题？校风问题！校风里面最重要的是什么？是教风和学风。教风和学风虽然看不见、摸不着，但是却能让人时时处处感受得到，这是一种"软环境"，就是我们通常说的风气。风气十分重要，就像水之于鱼一样。懂养鱼的人都知道"养鱼就是养水"，水好鱼就好，这是经验之谈，真知灼见。没有见过污染严重的水里能养出什么好鱼的。同理，办大学首先是开风气，没见过哪所学校风气不好而能培养出大批优秀人才的。钱学森在加州理工上学的时候是搞应用力学的，就是用数学计算来解决工程上的复杂问题，所以人家都管他们叫应用数学家。可是数学系的搞纯粹数学的人偏偏瞧不起他们那些搞工程数学的，两个学派常常在一起辩论。有一次，数学系的权威在学校布告栏里贴出了一张海报，说他在什么时间什么地点讲理论数学，欢迎大家去听讲。钱学森的老师冯·卡门一看，也马上贴出一张海报，说在同一时间另一地点讲工程数学，也欢迎大家去听讲。结果两个讲座都大受欢迎。同志们，讲数学都有那么多人去听，不得了啊。可见加州理工的学术氛围有多么浓厚！也只有这样一所教风好、学风也好的大学，才能培养出那么多的人才，孕育出那么多的大师来。因此，我们要建成一流大学，非搞好校风不可！

怎么搞好校风？首先是要认识到这是一个努力向上攀登的过程，用哲学术语来说，就是从"必然王国"向"自由王国"迈进的过程。我们建校不久，校风建设虽然取得了一些成绩，但根基还是比较薄弱的，经不住社会上不良风气的影响和诱惑。听有的学生说："我高考又没有考600分，为什么要求我们努力学习？"你就知道在这个阶段，所谓的"任其自然""垂拱而治"的思想是行不通的，得抓一抓才行。

全神贯注

一、从严治校，必须从整顿学风开始

这里，我讲三个从严治校的基本观点。

第一，没有严肃的考风就没有严谨的学风。有一点必须明确，我们反对应试教育，但并不反对考试。考试是一种评价方式，它的功能大致有三：第一是评价、诊断、反馈，常见于日常测验，期末考试；第二是筛选，常见于选拔性考试，比如高考、公务员考试；第三是导向，即我们通常说的教学指挥棒作用。我这里着重讲一讲指挥棒的作用，考试这根指挥棒指挥着什么？一方面，它指挥着学习的内容和学习的方法，你考什么，学生就学什么，你怎么考，学生就怎么学。这有好处，也有坏处，有利有弊。另一方面，它指挥着学习的程度，你考得严，要求高，学生就要刻苦一些；你放水、漏题，乱给高分，学生就难免会松松垮垮，投机取巧。现在，我们有些老师，因为把应试教育和评价考试混为一谈，迁就学生的一些不合理要求，临近期末考试时，给学生指重点、漏题目，以为这样就能帮助学生应对考试，想做"好人"，这是极端错误的。这样做必然会导致大多数学生"平时不烧香，临时抱佛脚"。这种做法就是拿着指挥棒瞎指挥，引人入歧途，这比把指挥棒弄丢了还要糟糕。我们要做正确的指挥，着力点就是要引导学生在平时狠下功夫，踏踏实实地学习，老老实实地考试。

第二，没有好的教风就没有好的学风。在教学过程中，学生是主体，教师是主导，这已是教育界的共识。我在2005年就说过，教师是学校的主导力量，有什么样的教师，就有什么样的学生。学生的"投机"很大程度上是老师的"放水"造成的。可以说，教风对学风起着决定性的作用，这是由历史实践证明了的。以清华为例，早在清华学校时期，当时梅贻琦校长和潘光旦教务长提出了"以善先人之教"和"从游"的教育命题。所谓"以善先人之教"，就是说一个合格的教育者应该在情、志诸方面为学生做出榜样、树立楷模。作为教师及一切教人者，要有相当的修养功夫，并且能在日常生活中自然流露，使学生有所效仿；而所谓"从游"，就是说教育者和受教育者要建立一种大鱼和小鱼的关系，学校似水，师生即水中鱼儿，教育过程就像游泳，大鱼在前，小鱼尾随，小鱼跟随大鱼游来游去，耳濡目染，观摩效仿，自然学会了大鱼那样的游泳样式，久而久之便领悟了游泳之大义。可见，教风在校风建设当中举足轻重，没有好的教风就没有好的学风。

第三，没有多数学生的自觉性就没有良好的学风。我们历来十分重视学生们自主学习。如果到了大学这个阶段，学生的学习还不是自觉的而是被迫的，不是主动的而是被动的，不是出于内心的渴望而是外加的"任务"，那再好的学校教育都很难得到共鸣。所以，要整顿学风，第一位的任务是把努力学习变为每个学生的第一需要，把学校从严治校、保证教育质量的意图变为每个学生的自觉行动。

要完成这第一位的任务，从理性来讲，就是要帮助学生制定生涯规划，树立恰当的人生目标。无数事例证明，人的奋斗目标可以变为行动的动力和自觉性；从情志上讲，就是要培养学生的学习兴趣。正如赫尔巴特所讲："兴趣就是主动性"，"教育的可能性取决于兴趣，是兴趣激起学习者发奋。"而教师的责任，正如蔡元培先生所说："最重要的是引起学生读书的兴味。"总之，我们要找到有效的手段，在激发学生学习自觉性上狠下功夫。

二、"三不放水"，倒逼学风好转

综合以上三条，要解决学风、校风问题，就要以解决考风和教风为主要抓手，着眼点则在一个"严"字。具体措施就是三个字——"不放水"。

（一）对教师的教学过程和学生的学习过程不放水

教学过程和教学的结果同样重要，这个观点我已讲过多次。我们要扭转以往只重视教学结果不重视教学过程的偏见，严格教学过程管理，在教学过程的考核当中，认真做到"不放水"。有的老师平时不考核，期末给分时，心情一好，大笔一挥，每个学生的平时成绩都是满分，好像没有过程考核这回事一样。学生不上课、不写作业、不交论文，照样得满分，这大概算得上是最糟糕的过程管理了——如果这种方式还能被称为"管理"的话。有的老师则把过程分当成"人情分"：学生卷面成绩没有及格，就多给点儿平时分，让他及格；或者哪个学生和自己关系好一点，或是打过招呼，求了人情的，就多给他一点分。以上两种情况，丧失了是非观念，破坏了公平公正，是坚决不允许的。在今后的工作中，老师们要注意杜绝以上两种现象，严格执行过程考核，要把工作落到实处，并注意保留凭证，以备学生查询，真正做到客观公正，有证有据。

（二）对学生的期末考试不放水

这包括两个方面。首先，从今年开始，考前一律不得漏题，不得点题，不得出复习题。坚决反对平时不努力，到了期末考试时，老师们出题目，指重点，学生们搞突击，死记硬背。其次，在评分上，实事求是，客观、公正地打分，坚决不打"心情分""人情分"。有标准答案的，按照标准答案判卷；没有标准答案的，老师有一定的自由裁量权，但是自由裁量也应该有所根据，给多少分要讲得出理由，经得起同行专家评判。

这里，我要特别说明的是，我说的不勾重点，不出复习题，指的是在临近期末考试的一段时间，不以勾重点和出复习题的方式泄露考试范围或考试题目，其目的是防止学生"平时不烧香，临时抱佛脚"，因为这种搞突击的方式本质上是一种应试的方式，不利于学生的知识掌握和长远发展。但这绝不是说老师们不能在平时的教学中给学生指明重点，更不是说反对老师出课后复习题。相反，我们反复要求，教师必须在课程开始时向学生公布并宣讲教学大纲，指明重点和难点，指明考试评价的方式和方法，并在每节课后指导学生做练习题，巩固教学成果。

（三）对教职工的考核不放水

要让教师不放水，首先要对教职员工的考核不放水，要致力于给每一位教职员工以更加公正、客观而且严肃的评价。这个评价应该以员工的工作成效为基本依据，考核应该重客观、重事实，既重过程，又重结果。所有的工作都是具体的，做了就是做了，没做就是没做；做好了就是做好了，没做好就是没做好。工作成效都是客观存在，明摆在那里的，因此是可以用事实说话，用数据说话的。任何人都不能满足于每天都来上班了，但是一问你做了些什么，你却说不出来。作为员工，应该养成记工作日志的习惯，把每天做的工作记录下来。我们规定年底要述职，述什么职？第一是岗位职责完成没有，第二是对学校有什么贡献，这些都应该在平时有所记录，到时候才有依据。我们搞述职，要杜绝浮夸、过誉之风，要求"自证和他证"相结合，"人证和物证"相结合。总之，就是从严考评，决不放水。

三、为了保证"三不放水"的落实，必须对教师和学生提出明确要求

教师应当做到如下六点：

1.开课之初即向学生公布并宣讲本课程教学大纲，并向学生指明本课程知识范围、重点、难点、考试方式等。考试试题不能超纲，不能用偏题、怪题考学生；

2.改进教学方法，提高教学艺术，增强课堂的吸引力，并用恰当的办法积极做好课堂管理；

3.与学生互动，向学生提问，组织学生讨论；

4.坚持开展随堂测验、单元考试、单元小结，坚持布置作业并指导课程论文；

5.布置、批改、评讲作业。作业量、布置作业的频率以及批改作业量占总作业量的百分比，由学院教务部提出指导性意见；

6.推荐参考书目及其他学习资源（包括参考书目、学术期刊、网络学习视频等），做好课后的辅导和答疑。

相应地，学生也应该做到六点：

1.了解教学大纲的要求；

2.坚持课前预习功课；

3.遵守课堂纪律和课堂秩序，不缺课，不迟到，不早退，不睡觉，不玩手机，不把食物带进课堂，认真听讲，认真记笔记；

4.与老师互动，积极回答老师的提问，积极发表自己的见解、观点，文明、积极地参与课堂讨论；

5.按要求做好随堂测验、单元考试、单元小结以及课程论文等过程考核事项；

6.独立完成作业，并根据老师的批改和讲评改正自己的错误和不足。

四、不放水是教育的良心和底线

"不放水"是教育的底线，是对学校、对教师的起码要求，"放水"是对学生、对家长、对学校、对社会的不负责任。"不放水"这个底线，不仅是锦城学院的底线，也不仅是中国教育的底线，而且是世界教育的底线。世界上没有哪个国家，哪所学校的教育是靠"放水"办成功的，也没有哪个时代的教育是靠凑合迁就办成功的，因此，"不放水"不仅是教育界的"普世价值"，而且应该是"永世价值"。教育从业者必须以此自律，这是基本要求，没有任何讨价还价的余地。

以学风建设为中心，坚定不移、毫不动摇地贯彻
"从严治校，三不放水"，
保持大学教育的高水准

——在全校2013年度总结大会上的讲话

（2014年1月19日）

2013年工作亮点

关于2013年的工作亮点，刚才几位副校长和各部系领导都做了很好的总结，在这里我不再赘述。我重点讲一下2013年我们工作出现的崭新局面，主要体现在以下两个方面。

首先是我校的学风有了初步的好转。这个好转主要体现在，譬如，学生不请假外出最高峰时达到每天1200人次，"三不放水"要求提出后降低为每天40人次；晚上12点之后归校的学生由每天最高40人次降低为现在的每天5人次；学生上课出勤率由上半年的90%提高到现在的95%；上课迟到的学生比例由上半年度的7.5%下降至5.5%；学生上课记笔记的情况有较为明显的好转，课堂上的师生互动也增长了10个百分点；到图书馆看书学习的学生数量也有较为明显的增加。这些都体现了我校学风进一步的好转。

其次是在 2013 年度我校的工作实现了一系列的突破：

第一，文传系的范美俊教授成为我校第一个四川省学术和技术带头人后备人选，这实现了我校该类人才的零的突破。

四川路桥—川大锦城柬埔寨王国旅游部、商务部高级国家干部培训项目结业仪式

第二，计科系计算机科学与技术专业成为我校第一个成功申报立项的"四川省首批卓越工程师计划试点专业"。

第三，文传系去年有 2 门课程即"民俗学"和"应用文写作"获批省级精品课，而我省独立院校一共仅有 5 门课程获批，我校就占有 2 席，现在文传系已经第一个实现 3 门省级精品课。

第四，由工商系、财会系、金融系共建的"现代企业管理实验室"成为我校第一个省级实验教学示范中心建设项目，这对于独立学院来说是重要突破。

第五，以外语系为主、工商系等有关单位参与举办的柬埔寨王国旅游部、商务部高级国家干部培训班，开创了我校教育国际输出的新局面。目前，我国的政界、商界、教育界的高级干部培训主要都是走出国门，到世界名校去培训；现在柬埔寨旅游部、商务部的高级国家干部到我校来接受培训，这是一项重要突破，更充分说明和肯定了我校的办学和教育水平。

第六，去年全校教职员工编印、出版教材近百部；土建系等部门还编辑出版了一批省级"十二五"规划教材，特别是土建系编辑了12册土木工程专业"十二五规划卓越工程师教材"，其中，1册是我校教师主编，其他11册均有我校教师参编；另外，文传系编辑出版的一套新媒体教材在国内也产生了广泛影响。所以，去年我校教职员工在编辑出版教材方面达到了新的高度。

第七，去年是我校师生员工发表论文最多的一年，教师发表126篇科研论文，第一次高居我省独立学院榜首。其中，核心期刊发表论文31篇，王建、李昕昕、郑焕刚、杨震等教师在EI、CSSCI核心期刊发表论文。去年，我们还有部分学生发表了科研论文，其中，土建系的蔡灏同学在省级学术期刊上发表6篇论文，金融系的夏子玉同学发表1篇，计科系的杨兰馨、张竞发表1篇，艺术系的张枫霖发表1篇，文传系的马小鸿同学发表8篇文学作品，财会系2010级ACCA专业学生张敏如在核心期刊上发表1篇论文，金融系2009级的谭中豪同学在核心期刊上发表1篇论文。这些都代表了我校师生科研水平的快速提升，实现了突破。

第八，去年是我校引进高水平教师最多的一年——共引进专职教师134人，其中，引进高级人才18人（正高5人、副高11人、应届博士生2人）。我校的师资队伍进一步壮大了。现在一大批具有副高以上职称和博士学位的教师前来应聘，说明我们已经开始逐步向办"近者悦，远者来"的大学目标迈进。同时，今年我们的专职教师在提升学历、晋升职称、双师进修等方面也不断实现突破。

第九，去年是我校招收专升本学生最多的一年，共招收了来自20多所高职高专的专升本学生达到233人，这表明我校具有高水平的教育质量和足够的吸引力，表明了教育界、学生及家长对我校教育质量的进一步认可。

第十，我校第一次为学生个人举办独唱音乐会（金融系学生甘晓芸、财会系学生余瞳），这也体现了我校"一体两翼"的教育方针，进一步营造了我校学生个性化、多元化发展的氛围。

第十一，我校学生去年在国家、省、市、县各级各类的大型竞赛中，共斩获近千个奖项，学生出作品、拿奖项进一步突破。

第十二，我校第一次受团中央表彰为"中国大学生自强之星优秀高校"，全国仅10所高校获此殊荣。

第十三，教育部指定的信息平台——"中国高等教育学生信息网"上，通过对已毕业学生的调查，我校是"学生最满意的十大独立学院"之一，以88.2分位列全国独立学院第八。全国独立学院本科满意度平均分为76分，全国本科高校满意度平均分为81分。所以，从全国绝大多数学生的调查来看，我校的学生满意度还是非常高的。

以上是在去年我们工作中所取得的一系列成绩，可能不尽完善，但是基本代表了我们一年来工作中突破和亮点。

2014年工作重点

一、今年的核心任务是什么

今年我们工作的核心任务就是以学风建设为中心，坚定不移、毫不动摇地贯彻"从严治校，三不放水"的办学思想，保持大学教育的高水准！

为什么这样说？各位老师们，我想问你们几个问题。第一，当前我们高等教育最大的问题是什么？第二，人民群众对当前高等教育最不满意的是什么？要求最多的是什么？教育部多次提出"我们要办让人民满意的教育"，但是人民群众似乎并不大满意现今的教育状况，尽管我们的教育事业在飞速发展，国家对教育的经费投入也大幅增长，但人民的满意度并没有显著提高，其中一大问题就是教育质量问题。民众对高等教育的评价是有些"水"，就是在大学的教育过程中学校和老师"掺水"了。具体说来，主要表现在管理"放羊"了，教学"放水"了，育人"放任"了！这是目前人民群众对我国的高等教育最不满意的一件事情，也是我们所有的高等学府应当严肃对待的一件事情。正是因为有这"三放"现象的出现，才有我们去年提出的"三不放水"，就是：第一，对教师的教学过程和学生的学习过程考核不放水；第二，教师对学生的期末考试不放水；第三，学校对教职员工的考核不放水。当然，这"三不放水"是对具体教学和管理环节的要求。上升到更高的层次，就是我们要对"教师教学、学校管理、教书育人"这三个宏观层面都实行"三不放水"！

其实，上海财经大学经济学院院长、美国 A&M 大学经济系终身教授田国强早在 2005 年就指出了我国的高等教育出现了教风不良、学风不好的问题，"反映在教师教学投入不高，教学手段单一，课程设计粗糙，教学内容滞后，更严重的是对学生基本上采取放任态度，平时只管自己在课堂上讲，疏于对学生学习的督促与考查，教师的'教'与学生的'学'这两个环节相互脱节。许多课程，即使是基础理论和专业课程的学习，学期间没有给学生作业，没有考试，放任学生逃课，即使布置作业而学生不交作业也没人管。在课程学习中，大部分学生往往在学期最后一两星期突击学习，然后到考场默写发挥，考完后就基本忘光"。而学生的学风也是每况愈下，"对大多数大学生来说，高考一般是学习努力程度的顶点。学生一旦进入大学后，学习努力程度就进入了抛物线的后半段，持续下滑，由于没有什么学习压力，大部分学生的学习努力程度就一路下滑，以往在小学、中学和高中所形成的努力学习的优良传统逐渐消失……本来进入大学以后的学习阶段是人生学习的黄金时段（精力最充沛、记忆力最强、思维最活跃、学习时间最集中，没有工作、家庭、社会负担），学习的努力程度应该是不断地增加，但实际情况却是相反"，结果，"放羊"这一怪异现象在国内却成为见怪不怪的现状。

管理"放羊"、教学"放水"、育人"放任"，这"三放"现象的出现，既有学校管理的问题，也有教师教学的问题，还有学生一些不良习惯的影响。不少学生没有规则意识，行为不讲纪律，在学校中安静不下来，只要是有一两节课的空余时间，就想要去外面逛一逛、玩一玩。他们没有努力学习的习惯，却有放任自己的习惯，相当多的时间耽误在上网、餐厅、歌厅、咖啡厅等娱乐时间上，而不是刻苦学习。这也是我给大学生艺术教育中心提出的要求——在校内更多地开展一些高雅艺术活动，帮助同学们静下心来学习看书，陶冶情操。学校作为一个做学问、学习的地方，学生却静不下心来，有一点时间就想出去逛街购物、吃饭喝酒、唱歌玩乐，这样的浮躁如何做学问？如何仰望天空？但有些学生还理直气壮地认为这是自己的自由。

在2013年的招生中，"锦城"也以自己独具特色的人才培养模式吸引了众多的优秀学生，其中包括部分超出一本分数线的学生。如果"锦城"不能培养出优秀的人才，就是在误人子弟，我们就愧对孩子，也愧对社会对我们的认可。所以，我们必须正确地认识我们整个教育的形势，必须正确地认识我们学校校风建设的情况，必须正确地认识我们学校应当担负的社会责任。我们必须清楚，民办学校只能走美国办学的路子，高质量高收费。我们要办对社会、对学生、对家长负责任的大学，而不是谁都可以来"混"的学校！

正是因为这个责任，我们才不能容忍管理"放羊"、教学"放水"、育人"放任"；正是因为这个责任，我们才要实行"从严""从细""从善"的教风、学风、校风建设。"放羊""放水""放任"是保证大学教育高水准的三个"天敌"。想要达到和维持大学教育质量的高水准，我们就不得不对这"三放"宣战！

二、国内外一流高校保持大学教育高水准的规律是什么

那么，第二个问题，我们就需要研究一下国内外名校保持教育的高水平、高质量的规律到底是什么。在这里，我给各位从国内到国

外，举几个例子。

（一）国内名校如何保持大学教育的高水准

国内我举三所学校，一是北京大学，二是清华大学，三是我的母校——天津大学（原北洋大学）。我们看看，这三所学校是怎么办成名校的。

首先看北大。蔡元培在《我在北京大学的经历》一文中说："我们第一要改革的，是学生的观念。我在译学馆的时候，就知道北京学生的习惯。他们平日对于学问上并没有什么兴会，只要年限满后，可以得到一张毕业文凭。教员是自己不用功的，把第一次的讲义，照样印出来，按期分散给学生，在讲坛上读一遍。学生觉得没有趣味，或瞌睡，或看看杂书；下课时，把讲义带回去，堆在书架上。等到学期、学年或毕业的考试，教员认真的，学生就拼命地连夜阅读讲义，只要把考试对付过去，就永远不再去翻一翻了。要是教员通融一点，学生就先期要求教员告知他要出的题目，至少要求表示一个出题目的范围；教员为避免学生的怀恨与顾全自身的体面起见，往往把题目或范围告知他们了。于是他们不用功的习惯，得到一种保障了。"你们看，这和我们现在的大学"放水"是一样的。他还说，"尤其是北京大学的学生，是从京师大学堂的'老爷式'学生嬗继下来"，所以对"专门研究学术的教员，他们不见得欢迎；要是点名时认真一点儿，考试时严格一点儿，他们就借个话头反对他，虽罢课也在所不惜。若是一位在政府有地位的人来兼课，虽时时请假，他们还是欢迎得很；因为毕业后可以有阔老师做靠山。这种科举时代遗留下来的劣根性，是于求学上很有妨碍的。所以我到校后第一次演说，就说明'大学学生，当以研究学术为天职，不当以大学为升官发财之阶梯'。然而要打破这些习惯，只有从聘请积学而热心的教员着手"。你们看，蔡元培到北大第一个就要改变学生的观念。所以他说："果欲达其做官发财之目的，则北京不少专门学校，入法科者尽可肄业法律学堂，入商科者亦可投考商业学校，又何必来此大学？"

第二个例子，我举清华大学。据黎诒远《刘仙洲与清华》一文记载，清华大学的原副校长、中国著名的机械专家刘仙洲，他"每周担负二十小时讲课任务，从不迟到，从不轻易缺课，经常做到全年一课不缺。他总是天一亮就起床备课，遇有比较复杂的图，就提前来到教室，先在黑板上画好，甚至在前一天晚上就去教室画好，而且尽量用不同颜色的粉笔画，以求层次分明。看到老师这样认真，学生都没有无故迟到或缺课的。刘仙洲非常讲究教学法。课程内容联系实际，组织严密，深入浅出，通俗易懂。他讲起课来，一、二、三、四，条理清晰，很好笔记。每门课应讲的内容，都能按时讲完，不拉进度。他的黑板字也极其工整，就像刻蜡纸一样。在老师的影响下，学生的笔记也都记得很好"，"刘仙洲律己以严，对学生也严格以求。布置作业时，明确规定纸张规格、作图比例、中心线的位置、各种线条所使用的颜色，甚至对各种线条的粗细也有要求。拉计算尺，必须准确到三位数，否则打'×'"，"刘仙洲讲授的课程，除期终考试外，小考至少一月一次，也有每周或两周一次的，还有事先不通知的临时测验。考试时，刘仙洲和他的助教吴仲华、郭世康三人前后监考，不许作弊，否则一经发现，就算'0'分。刘仙洲还规定，考试必须按时交卷，迟交不收。有一次，一个同学到了时间迟迟不交卷，一直等到老师收完卷子跨出教室以后才交，刘仙洲当场就把卷子撕了。从此，谁也不敢迟交"。所以，清华大学的水平怎么来的？就是这么来的。

邹广严院长为2013年度"夫子育人奖"一等奖获得者颁奖

下面，我再来给大家读一读老北洋大学的做法。这是中国著名的水利专家张含英教授写的《北洋大学回忆片断》，他说："这个学校要求很严格，教员很多是外国人，英文、德文、物理、化学等课程全部用外语讲授，听起课来很吃力。两门功课不及格就降班，制度掌握得非常严格，毫不通融，所以同学的脑子中，总是考虑着降班这件事。可以说'严格'是北洋的一个特点……北洋的毕业生所以能有点真才实学，恐怕和这种严格要求是有关系的。北洋的同学平时很少到校外去活动，顶多偶尔到东北城角大胡同等处转转，大部分同学也就是晚饭后到校旁的桃花堤上走走，一听到钟声（七点钟），便急急忙忙赶回去，不敢稍加停留。在北洋上学，头一年降班的相当多。正因为要求严格，所以基本学科的基础打得比较牢固，这一点给我的印象很深刻。"同时，北洋大学对教师要求也很严格。教师在讲课之前先要点名，点名单放在教务处，上课之前每位教师要亲自去取。教务处长王龙光经常对教师进行检查，课前站在教务处门外，向取点名单的教师们问声"早安"。但是对迟到者就不那么客气了。有一次，一位美籍教授在上课铃响之后才来取点名单。当时王龙光毫不客气地对这位迟到的教授说："教授先生，你迟到三分钟！"那位教授面红耳赤，连忙道歉。从此以后再没有教师敢迟到了。所以你们看，北洋大学对老师和学生要求都很严格。

（二）国外名校如何保持大学教育的高水准

说完国内的名校，我们再来了解一下国外的大学。

一方面，国外高校的淘汰率是非常高的。

根据美国《高等教育编年史记（2009—2010）》提供的数据显示，美国四年制大学的毕业率只有57.3%，淘汰率高达42.7%。

1993年德国科尔总理在联邦议会的一次讲话中提到，德国大学生的平均淘汰率为27%，在某些专业甚至高达50%。

英国高等教育统计局的资料显示，2008年进入大学的学生中，有超过76000人无法顺利毕业，淘汰率达21%。

法国的大学在学生学习期间有非常严格的考试，学生在第二学年达不到所要求的成绩，就要被淘汰，淘汰率高的接近50%。

丹麦大学学制一般为五年，大学的平均淘汰率为30%，部分专业高达50%—60%，故丹麦学生的大学学习时间通常长于五年。

瑞士没有高考，想去哪个大学第一年都可以去，没有任何限制，但一学年过后有一个考试，淘汰率大概为50%。很多人第一年就被淘汰了，不过还有一次机会再读一年大一，或是转专业，但如果学年考试还是不能通过就必须换大学了。瑞士的大学是三年制，第一年入学时可能有600人学这个专业，到大三时可能只有200人能拿到文凭。

加拿大的英属哥伦比亚大学（UBC）的平均淘汰率在10%以上，其商学院和文学院第一年的淘汰率高达30%，理工科淘汰率大概也有25%以上。具体淘汰的原因包括语言不过关、学生缺课率高等。

另一方面，国外高校对学生学习过程的要求也是非常严格的。

我们都知道，英国的牛津大学实行导师制。导师制要求学生每周与导师见一次面，将自己一周内研究和撰写的论文向导师宣读，然后大家讨论，导师要评论，要提问，学生要形成最终的论文，如果论文质量不行，答辩不好，会影响成绩、影响毕业。

美国麻省理工学院的理工科学习被誉为"高压锅"。学生必须拿满360个学分才能顺利毕业。在这样的压力下，你会看到"24小时房间"一直都有看书、查资料的人。

挪威科技大学在挪威理工科类大学中排名第一，教师给学生布置作业的小时数和教学小时数的比例为3∶1。

韩国新罗大学学生成绩的分布为期中成绩占20%，期末成绩占20%，出勤率占30%，作业占20%，学习态度占10%。其中，态度分为平时的操行分，包括上课主动回答问题，提问有价值的问题、尊敬师长、帮助同学、学习进步等。

我校工商管理系左仁淑教授的女儿在澳大利亚的一所名校读书，她反馈给我们一份数据。该校课程的最终成绩由平时成绩和期末成绩共同组成。平时成绩占30%—50%，平时成绩包括每次长达10页以上的个人作业、由3—5人组成一组的小组作业、期中考试、课堂表现、课堂作业、课堂测验、陈述报告。期末考试一般为闭卷，少数为开卷，期末考试时间一般为2—3小时。并且要求每门课程平时成绩要达到全班前50%，期末成绩达到全班前40%才算是及格，如果课程不及格就直接进入重修环节（而国内还有一次补考机会）。连续两次不及格，就有老师约谈你，要求讲述不及格的原因，如果理由不充分，将被要求离开学校。你们看看，他们对学生学习过程的要求是相当严格的。

此外，办公室和外事部对我校留学生在国外学习的情况也做了一个问卷调查，可以看出，他们所在的学校，考试都绝不会"放水"。

我们的问题是："您所在的大学的校内考试是否存在和国内相似的'放水'情况？比如，老师是否给'人情分'，考试之前是否勾重点甚至漏题？"

在美国肯特州立大学的留学生回答说："不会，考试挺公平。"

在法国格勒诺贝尔管理学院的留学生回答说："没有什么人情分，老师从来不勾重点。"

在瑞典哈姆斯塔德大学的留学生回答说："我跟我的BIT老师关系很好，但是BIT-I的笔试他一点水都不放，是多少就是多少，他宁愿拿出自己的私人时间来给我调整时间补考，也不给我放水，而且一再叮嘱我，他会帮助我，目的是要我掌握知识。"

在韩国新罗大学的留学生回答说："考试随便给分的老师被调查以后，可能不会再继续教授这门学科。"

从国内外高等教育的经验和实例可以看出，名校保持大学教育高水准的规律主要源于以下几个方面：

第一，严格要求。以老北大、清华、北洋大学为代表，对教师教学和学生学习从严要求。

第二，过程管理。以挪威科技大学、澳大利亚的大学为代表，非常重视对学生平时学习过程的管理。

第三，目标导向。以欧美高校为代表，考试不"放水"，保持较高的淘汰率。

在这三点中，"锦城"可以做到并且正在做的是前两点，第三点的高淘汰率在我国现行的教育体制下实行有困难。所以，在"锦城"要依靠高淘汰率维持高水准是有难度的，但没有一定的淘汰率就不会有好的学风，因此我们也必须保持一定的淘汰率（不一定要淘汰出校，可以降级、重修等）。因此，我们就要更加重视严格管理、严格要求、严格过程，加上适当的淘汰率。

这就是我们需要研究的高质量人才培养的道路。"不放水"并不是我个人的发明，"不放水"是全世界有良心的大学共同的做法！所以去年在贵阳的中层干部学习中，我们学习大学的来源，学习何为大学，学习如何才能办成一所像"大学"的大学，这需要在座的诸君共同努力。我们必须思考，我们怎样办一所有良心的大学、有责任的大学、像一所"大学"的大学！

三、怎样完成今年的核心任务

今年的核心任务明确了，我们就要全校总动员，各部系要组织全体师生员工认真学习，认真领会，认真制定措施，认真抓落实。要把学校的意图转化为师生员工的自觉行为，并坚定不移、毫不动摇地贯彻到底，抓出成效。

具体地说，要"三管齐下"。

（一）抓制度建设和完善

任何一个组织机构要正常运转都必须有一套良好的制度，任何一所学校要达到它要达到的人才培养目标可以有若干措施，但最重要的措施是有一套良好的制度作保证。邓小平同志说过，一个好的制度可以使坏人变为好人，一个坏的制度也可以把好人变成坏人。中国自古以来就强调"没有规矩，不成方圆"，讲的就是规章制度；孔夫子讲"礼"，而且讲悠悠万事，唯此为大。礼是什么？就是规范、制度，所以才叫"约之以礼"嘛。

在现代社会中，任何一个人都不是一个纯粹孤立的自然人，而是隶属于一定社会组织的社会人，这就决定了其在社会中既有私人生活，也有公共生活。公共生活与组织秩序的建构主要通过规范的设立来保障。国家和社会层面的规范主要是法律法规，组织或单位层面的规范是规章制度，家庭和个人层次的行为规范主要是伦理道德。有人说学校的规章制度限制了我的自由。这当然是事实。其实法律法规同样是限制个人行动自由的。个人的行为不能没有界限，超越了界限就要被限制，甚至要被处罚。个人行为不能没有底线，超越了底线就要受到谴责，中国的大学生缺的就是规则意识和遵纪守法的精神。

我们在整顿校风当中，要把学校的办学思想和理念以及培养方向、目标落实到规章制度上，使全体师生员工有所遵循。大家一定要明白：只有制度化了的东西才是最可靠的，只有制度才能保证办学的秩序，一流的大学必须建立一流的规章制度，靠人治不靠法治是危险的，也是不可持续的。

其实，在很多世界名校，都有对学生在校行为的制度规范——哈佛大学建校早期曾制定校规要求学生不得有冒犯他人的举止；不得穿奇装异服、披金戴银、留长发卷发或烫发；上课缺席，或不认真完成导师布置的作业，或不参加教授私人开设的讲座要接受罚款；学生到镇上酒店、食品店吃喝须有监护人在场或导师的假条；屡教不改的学生要被送到乡下某绅士那里接受监督和教育，等等。剑桥大学的校规明确规定了一个学生要在学院住多少晚，夜不归校是不能通融的。至于西点军校这样的军事院校，校规就更严格了——刚进校的新学员在校园里走路必须按校园里划定好的直线走。要求新学员背诵新学员知识，除了记住会议厅有多少盏灯，蓄水库有多大蓄水量外，还包括大声当众背诵日行事历，等等。可就是这些琐碎而严格的规定，培养了不少优秀的军人。据英国《每日电讯》日前报道，英国公立学校欲推军事化管理，他们认为，军事化的管理理念，比如自律、韧性、团队合作与领导能力，无论是对年轻人自身还是整个社会而言，都将起到积极的导向作用。同时，中国大学校规也体现出"严格管理"的特点。原华西协和大学当时对学生入学、注册、选课及学分、编级、留级、考试、成绩记录、缺席等均有严格具体的规定，许多学生一入医学院的大门就战战兢兢，如履薄冰；西南师范大学（今西南大学）在恢复高考之初，对学生每天几点起床，宿舍什么时间关灯，什么时间上课、下课，都有明确规定。

（二）抓思想教育工作

思想政治工作是生命线，也是我党的光荣传统。在贯彻"从严治校，三不放水"的校风整顿工作中，加强思想教育工作尤为重要。

思想教育工作的首要目标是使师生心悦诚服地贯彻学校的意图，这既是学校发展的关键所在，也是全体师生员工的利益所在。共青团和学工系统必须做到把对学生的规定和意图变为每个学生的自觉行动。

思想教育工作必须旗帜鲜明地拨乱反正，在理论和实践的结合上厘清师生认识上存在的糊涂观念，例如自由和纪律，个性和任性，自主和放纵等。要理直气壮地批评不正之风，例如个别学生制造谣言，攻击学校；有的学生不假外出，半夜不归；有的学生无视学校"三不准"的规定，抽烟、喝酒，甚至到校外打牌等。要告诉学生别把任性当个性，别把放纵当自由。要全体师生明白：教是为了不教，现在必须教；管是为了不管，现在必须管。一味迁就学生，学生要咋样就咋样是"尾巴主义"。管理放羊、考试放水、育人放任是教育的公害，必须像孔夫子说的，要"鸣鼓而攻之"。

做思想教育工作要深入调查研究，掌握学生的思想动向。辅导员和学工干部要向川师影视学院学习，要深入宿舍、课堂、运动场和其他课外活动，要做学生的知心朋友，把电话、QQ、微博、微信都用上，学生在想什么，干什么，酝酿什么，都要早知道，要运用大数据原理，发现和掌握学生的成长规律，高效能地做好思想工作。

要做好学生思想工作，可以多种手段并用。例如对违纪学生进行约谈劝导，批评教育，甚至给予必要的处分；还要很好地利用奖学金、助学金评选，进而鼓励先进；利用共青团、学生会和其他社团干部的选拔和各类评优评奖树立榜样。

（三）抓绩效考核

"从严治校，三不放水"，整顿校风是全校教职员工和学生共同的事情，没有全员抓、全面抓是抓不好的。抓得好不好，关键看成效，例如到图书馆看书的人多了没有？到教室自习的人多了没有？在宿舍里做作业的人多了没有？在实验室做实验、搞发明的人多了没有？还有，早出晚归的人少了没有？在学校抽烟喝酒的人少了没有？打游戏的人少了没有？上课玩手机的人少了没有？学生的行为反映的是学校的管理和教师的教育，所以，我们必须用许多具体化的指标对全体员工进行考核，并与工资、晋升、奖惩挂钩。

我相信，切实把上述三条做好，"三管齐下"，我们的校风、学风一定会有根本好转！